工业和信息化普通高等教育“十三五”规划教材立项项目
21世纪高等学校会计学系列教材

ADVANCED FINANCIAL ACCOUNTING

高级财务会计理论与实务

◆ 吕春艳 江霞 崔冰 主编
◆ 刘恩杰 王富兰 国风兰 副主编

人民邮电出版社
北京

图书在版编目（CIP）数据

高级财务会计理论与实务 / 吕春艳，江霞，崔冰主编. -- 北京 : 人民邮电出版社，2017.8（2018.6重印）
21世纪高等学校会计学系列教材
ISBN 978-7-115-46127-8

Ⅰ. ①高… Ⅱ. ①吕… ②江… ③崔… Ⅲ. ①财务会计－高等学校－教材 Ⅳ. ①F234.4

中国版本图书馆CIP数据核字(2017)第152627号

内 容 提 要

本书介绍了高级会计学的相关理论与操作实务，共分十章，内容包括外币折算、租赁、股份支付、或有事项、会计调整与会计估计变更、企业合并、合并财务报表、每股收益、分部报告和中期财务报告、衍生金融工具会计。

本书可作为普通高等院校会计、财务管理等专业“高级财务会计”课程的教材，也可作为社会从业人员的参考用书。

◆ 主　　编　吕春艳　江　霞　崔　冰
副 主 编　刘恩杰　王富兰　国风兰
责任编辑　许金霞
责任印制　周昇亮

◆ 人民邮电出版社出版发行　　北京市丰台区成寿寺路 11 号
邮编　100164　　电子邮件　315@ptpress.com.cn
网址　http://www.ptpress.com.cn
大厂聚鑫印刷有限责任公司印刷

◆ 开本：787×1092　1/16
印张：15.25　　2017 年 8 月第 1 版
字数：399 千字　　2018 年 6 月河北第 2 次印刷

定价：42.00 元

读者服务热线：(010)81055256　印装质量热线：(010)81055316
反盗版热线：(010)81055315
广告经营许可证：京东工商广登字 20170147 号

前 言 Preface

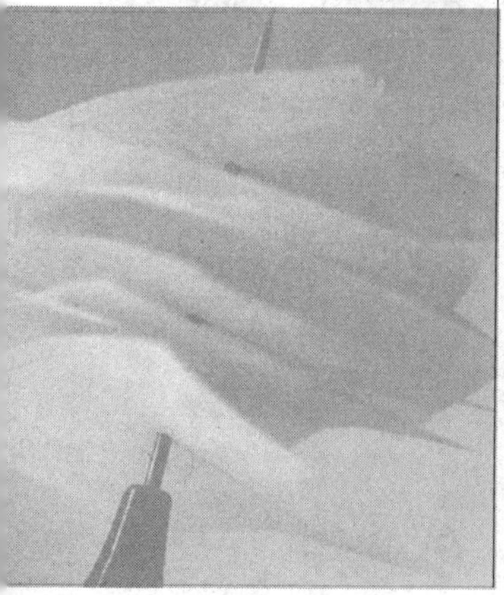

“高级财务会计”是会计学专业、财务管理专业的重要主干课程，它以中级财务会计为基础，主要涉及复杂业务与特殊业务的会计处理问题。随着社会经济的不断发展，高级财务会计研究与处理的内容越来越丰富，但对于“高级财务会计”课程的基本内容，目前尚无完全一致的看法。近几年，国内出版了很多相关书籍，但真正适用于应用型本科人才培养的教材却很少。应用型本科人才培养应以“注重实用性，兼顾研究性”为原则，以知识传授的应用性来构建课程及其内容。基于这种认识，本书择取了理论界普遍认同且具有现实意义的，特别是我国注册会计师考试中要求而中级财务会计未涉及的内容作为主要素材，同时，用一定的篇幅介绍了其他会计专题，以开拓学生的视野，并给学有余力的学生以引导与启发。本书具有以下特点。

（1）衔接性。注重财务会计体系的完整性与系统性，在避免重复的基础上，实现了与中级财务会计的衔接。

（2）新颖性。严格按照我国最新的《企业会计准则》及企业会计准则的相关解释编写。

（3）实用性。以我国注册会计师考试中要求而中级财务会计未涉及的内容作为全书的主要内容，同时，以一定的篇幅介绍了其他会计专题。

（4）注重应用能力的培养。每章之后附有复习思考题与实务练习题，帮助学生巩固所学知识，提高分析问题、解决问题的能力。

本书由山东省精品课程“高级财务会计”课题组编写完成。吕春艳、江霞、崔冰任主编，刘恩杰、王富兰、国风兰任副主编。全书共十章，具体分工如下：吕春艳编写前言、第一章、第二章，并负责教材的体系结构构建和统编工作；江霞编写第六章、第七章；崔冰编写第三章、第八章，王富兰编写第四章；刘恩杰编写第九章、第十章；戴华江、崔冰、国风兰编写第五章。张承前、刘明传、孙立新也参与了部分内容的编写、录入与校对工作。

在本书的编写过程中，编者参阅了许多专家、学者的著作和教材，在此向他们表示由衷的谢意。

由于编者水平有限，本书难免出现错误和不妥之处，欢迎各位读者批评指正。

编者

2017年3月

目 录 Contents

第一章 外币折算

第一节 外币折算的相关概念

一、外汇和外币

（一）外汇

按照国际货币基金组织的解释，外汇是货币行政管理当局以银行存款、国库券、长短期政府债券等形式所保有的在国际收支逆差时可以使用的债权。我国《外汇管理暂行条例》规定，外汇是指以外国货币表示的用于国际结算的支付手段以及可用于国际支付的特殊债券和其他货币资产。外汇具体包括以下内容。

（1）外国货币，包括纸币、铸币等。

（2）外币有价证券，包括政府公债、国库券、公司债券、股票、息票等。

（3）外汇收支凭证，包括票据、银行存款凭证、邮政储蓄凭证等。

（4）其他外汇资金。

由于黄金可以作为国际支付和结算的手段，执行世界货币的职能，因此许多国家也将其列入外汇范畴。

（二）外币

外币通常是指除了本国货币以外的其他国家和地区的货币。可见，外汇和外币是两个不同的概念，外汇包括外币，但不仅仅指外币，还包括其他国际支付手段。

需要注意的是，会计上的外币是指企业所采用的记账本位币以外的货币。当企业采用本国货币作为记账本位币时，外币指的是外国货币；当企业采用某种外国货币作为记账本位币时，外币包括本国货币。

二、记账本位币

记账本位币是指企业经营所处的主要经济环境中的货币。通常这一货币是企业主要收、支现金的经济环境中的货币。在我国，企业通常选择人民币作为记账本位币。业务收支以人民币以外的货币为主的企业，可以按规定选定其中一种货币作为记账本位币，但编报的财务报表应当折算为人民币。需要说明的是，我国会计业务中所称的记账本位币，与国际财务报告准则中的功能货币，虽然名称不同，但实质上是一致的。

（一）企业记账本位币的选定

企业选定记账本位币时，应考虑下列因素。

（1）该货币主要影响商品和劳务的销售价格，通常以该货币进行商品和劳务的计价和结算；

（2）该货币主要影响商品和劳务所需人工、材料和其他费用，通常以该货币进行上述费用的计价和结算；

（3）融资活动获得的货币以及保存从经营活动中收取款项所使用的货币。

在确定企业的记账本位币时，上述因素的重要程度因企业具体情况不同而不同，需要企业管理当局根据实际情况进行判断。一般情况下，综合考虑前两项因素即可确定企业的记账本位币，第三项为参考因素。在综合考虑前两项因素仍不能确定企业记账本位币的情况下，结合第三项因素进行综合分析后可做出判断。

（二）境外经营记账本位币的选定

境外经营，是指企业在境外的子公司、合营企业、联营企业、分支机构；在境内的子公司、合营企业、联营企业、分支机构，选定的记账本位币不同于企业记账本位币的，也视同境外经营。可见，确定境外经营不是以位置是否在境外为判定标准，而是要看其选定的记账本位币是否与企业的记账本位币相同。

境外经营选定记账本位币时，除考虑上述因素外，还应考虑下列因素。

（1）境外经营对其所从事的活动是否拥有很强的自主性。

（2）境外经营活动中与企业的交易是否在境外经营活动中占有较大比重。

（3）境外经营活动产生的现金流量是否直接影响企业的现金流量，是否可以随时汇回。

（4）境外经营活动产生的现金流量是否足以偿还其现有债务和可预期的债务。

（三）记账本位币的变更

企业的记账本位币一经确定，不得随意变更，除非与确定记账本位币相关的企业经营所处的主要经济环境发生了重大变化。企业因经营所处的主要经济环境发生重大变化，确需变更记账本位币的，应当采用变更当日的即期汇率将所有项目折算为变更后的记账本位币，折算后的金额作为以新的记账本位币计量的历史成本，由于采用同一即期汇率进行折算，不会产生汇兑损益。但企业需要提供确凿的证据证明企业经营所处的主要经济环境确实发生了重大变化，并应当在附注中披露变更的理由。

企业记账本位币发生变更的，在按照变更当日的即期汇率将所有项目折算为变更后的记账本位币时，其比较财务报表也应当以可比当日的即期汇率折算所有资产负债表和利润表项目。

三、外汇汇率

汇率又称汇价，是指以一国货币表示的另一国货币的价格，亦即将一国货币兑换或折算为另一国货币所使用的比率。

（一）汇率的标价方法

汇率的标价是指以外国货币表示本国货币的价格或以本国货币表示外国货币的价格。具体包括直接标价法和间接标价法两种。

1. 直接标价法

直接标价法又称应付标价法，是指每单位外国货币可兑换的本国货币金额，或以一定单位的外国货币为标准，来计算应付若干单位的本国货币。直接标价法的特点是，外国货币的数额固定不变，本国货币标价数额与汇率的高低成正比，本国货币币值的大小与汇率的高低成反比。目前，世界上大多数国家均采用直接标价法，我国国家外汇管理局对外公布的外汇牌价采用的就是直接标价法。

2. 间接标价法

间接标价法又称应收标价法，是指每单位本国货币可兑换的外国货币金额，或以一定单位的本国货币为标准，来计算应收若干单位的外国货币。间接标价法的特点是，本国货币的数额固定不变，外国货币标价数额与汇率的高低成正比，本国货币币值的大小与汇率的高低成正比。通常，英国、美国采用这种方法，但美国对英国采用直接标价法。

直接标价法和间接标价法没有本质的区别，只是计算方法和表示方法不同而已。实际上，同一汇率的直接标价与间接标价互为倒数。

（二）汇率的种类

1. 买入汇率、卖出汇率和中间汇率

通常情况下，人民币汇率是以直接标价法表示的。由于大多数外汇交易都与银行发生关系，因此，汇率总是从银行买卖外汇的角度进行标价的。买入汇率指银行买入其他货币的价格，也称买入价。卖出汇率指银行出售其他货币的价格，也称卖出价。买入汇率与卖出汇率的平均数，称为中间汇率或中间价。会计上将外币金额折合为记账本位币金额的折合汇率一般采用中间汇率或中间价。在直接标价法下，卖出价高于买入价，其间的差额即为银行经营外汇的毛利。

2. 现行汇率、历史汇率和平均汇率

现行汇率也称现时汇率，是指当前外币经济业务发生时的当天汇率，或当前编制财务报表时的当天汇率。企业发生外币经济业务时所采用的记账汇率，往往是现行汇率。

历史汇率是指最初取得外币资产或最初承担外币负债时的汇率，也即经济业务最初发生时的汇率。现行汇率与历史汇率是相对而言的，在记录外币交易之日，应用的折算汇率是现行汇率，但此日一过，也就成了历史汇率。

平均汇率是会计上为了处理的简便，而将现行汇率或历史汇率进行了简单平均或者加权平均后的汇率。

3. 即期汇率、即期汇率的近似汇率和远期汇率

即期汇率也称现汇汇率，是指在外汇买卖成交后立即或最迟不超过两个营业日进行交割的汇率，即现汇交易中即期交割的汇率。根据支付凭证的不同，现汇又分为电汇、信汇和票汇，其汇率也有所不同。由于电汇交款迅速，国际上大额款项大多采用电汇方式。世界各国外汇市场公布的即期汇率指的就是电汇汇率。在我国，即期汇率一般指当日中国人民银行公布的人民币汇率的中间价。

即期汇率的近似汇率是按照系统合理方法确定的、与交易发生日即期汇率近似的汇率，通常是指当期平均汇率或加权平均汇率等。

远期汇率也称期汇汇率，是指外汇买卖双方订立外汇买卖契约，事先约定在将来的一定时日据以交割的外汇汇率，即期汇交易中所采用的汇率。约定后，不论到期时日的即期汇率如何变化，均按原定的约定汇率交割。

同一时日的远期汇率与即期汇率之间的差额，被称为升水或贴水。在直接标价法下，远期汇率高于即期汇率时为升水；反之，则为贴水。在间接标价法下，远期汇率低于即期汇率时为升水，而高于即期汇率时则为贴水。

四、汇兑损益

汇兑损益是指将一种货币兑换或折算成另一种货币时，由于汇率的变动所产生的收益或损失。汇兑损益依据标准不同，可以分为不同的类别。

（一）按性质不同，汇兑损益分为兑换损益和折算损益

兑换损益是将一种货币实际交换成另一种货币时，由于实际交换价格与记账汇率之间的差异所产生的汇兑损益。

折算损益是指以记账本位币来重新表述外币金额时所产生的汇兑损益。既包括外币交易中因收回债权或偿付债务、期末外币账户余额调整而产生的汇兑损益，又包括报表折算损益。

（二）按来源不同，汇兑损益分为交易损益和报表折算损益

交易损益是指在外币交易中形成的汇兑损益，包括外币交易中形成的兑换损益和折算损益。

报表折算损益是指将外币反映的财务报表折算为某一特定货币表示的财务报表时所产生的汇兑损益。

（三）按是否在本期已实现，汇兑损益分为已实现汇兑损益和未实现汇兑损益

已实现汇兑损益是指产生汇兑损益的外币业务在资产负债表日前已完成结算，汇兑损益金额已经最终确定，如债权已经收回，债务已经偿付。当然也包括外币兑换损益。

未实现汇兑损益是指产生汇兑损益的外币业务在资产负债表日前尚未完成结算，汇兑损益金额尚未最终确定。未实现汇兑损益包括外币交易中期末外币账户的调整损益和报表折算损益。

第二节 外币交易的会计处理

一、外币交易

外币交易是指以外币计价或者结算的交易。此处所指的外币是企业记账本位币以外的货币。常见的外币交易包括以下几种。

（1）外币兑换，即一种货币兑换成另一种货币。

（2）买入或者卖出以外币计价的商品或者劳务。

（3）借入或者借出外币资金。

（4）其他以外币计价或者结算的交易，如接受外币资金投资业务。

二、外币交易的记账方法

外币交易的记账方法有外币统账制和外币分账制两种，企业可根据实际情况加以选择。

（一）外币统账制

外币统账制，是指企业在发生外币业务时，均按照业务发生时的即期汇率或即期汇率的近似汇率折算为记账本位币入账，除了外币兑换业务外，平时不确认汇兑损益，月末再将各外币账户的外币余额按月末汇率折合为记账本位币金额，折合后的记账本位币金额与账面记账本位币金额的差额，确认为汇兑损益。目前，我国绝大多数企业采用这种记账方法。

（二）外币分账制

外币分账制，是指企业在发生外币业务时，直接按照原币种记账，不需要按一定的汇率折算成记账本位币，月末再将所有原币的发生额按一定的市场汇率折算为记账本位币，并确认汇兑损益。采用这种方法，需要按币种分设账户，分币种核算损益。这种方法既减少了日常会计核算的工作量，又可及时、准确地反映外币业务情况，一般适用于外币交易频繁、外币币种较多的企业。目前，我国许多金融类企业采用这种记账方法。

三、外币交易会计处理的基本方法

外币商品购销交易中，如果货物的交易和款项的结算没有同时进行，采用什么方法进行会计处理，取决于企业在记录外币交易业务时所选择的观点，即单一交易观点和两项交易观点。

（一）单一交易观点

单一交易观点亦称一笔业务交易观点，是指企业将发生的购货或销货业务以及以后的账款结算视为一项交易的两个阶段。在这种观点下，汇率变动的影响应作为原入账营业收入或购货成本的调整，即按记账本位币计量的销售收入和购货成本，最终取决于结算日的汇率。

这种方法的会计处理如下。

（1）在交易发生日，按当日汇率将交易发生的外币金额折合为记账本位币入账。

（2）在资产负债表日，如果交易尚未结算，应按资产负债表日的汇率将交易发生额折算为记账本位币金额，并对有关外币资产、负债、收入、成本账户进行调整。

（3）在交易结算日，按照结算日汇率将交易发生额折算为记账本位币金额，并对有关外币资产、负债、收入、成本账户进行调整。

单一交易观点要求购入的资产成本未结算前随资产负债表日汇率变动要不断调整，当存货在资产负债表日前已售出的情况下，资产负债表日与结算日的差额如何调整是个难以解决的问题。另外，在单一交易观点下，无法单独反映外币的风险程度，亦即无法向企业管理当局提供决策的有用信息。

（二）两项交易观点

两项交易观点亦称两笔业务交易观点，是指对企业发生的购货或销货业务，将交易的发生和以后的货款结算视为两项交易。在这种观点下，购货成本或营业收入均按照交易日的汇率确定，即确认的购货成本或营业收入取决于交易日的汇率，而与结算日的汇率无关。在交易中形成的应收或应付外币账款将承受汇率变动的风险。

在两项交易观点下，对于结算日前的资产负债表日，由于汇率变动产生的汇兑损益有两种处理方法。第一种方法是作为已实现的损益，计入“财务费用”，列入当期利润表；第二种方法是作为未实现损益进行递延处理，计入“递延汇兑损益”，列入资产负债表，待到结算日再作为已实现的汇兑损益入账，转入“财务费用”，列入利润表。

两项交易观点已为大多数国家的会计准则所采用。《国际会计准则第 21 号——汇率变动的影响》（IAS 21）规定，原则上采用两项交易观点的第一种方法，但也未完全否定第二种方法。我国基本上采用两项交易观点的第一种方法。

四、外币交易的会计处理

（一）账户的设置

在外币统账制的记账方法下，对外币交易采用两项交易观点的第一种方法进行会计核算不必单独设置科目，对外币交易金额因汇率变动而产生的差额可在“财务费用”账户下设置二级账户“汇兑损益”反映。该账户借方反映因汇率变动而产生的汇兑损失，贷方反映因汇率变动而产生的汇兑收益，期末转入“本年利润”账户后一般无余额。

（二）外币交易会计核算的基本程序

企业外币交易会计核算的基本程序如下。

第一，将外币金额按照交易日的即期汇率或即期汇率的近似汇率折算为记账本位币金额，按照折算后的记账本位币金额登记有关账户；在登记有关记账本位币账户的同时，按照外币金额登记相应的外币账户。

第二，期末（指月末、季末或年末，下同），将所有外币货币性项目的外币余额，按照期末即期汇率折算为记账本位币金额，并与原记账本位币金额相比较，其差额记入“财务费用——汇兑损益”账户。

第三，结算外币货币性项目时，将其外币结算金额按照当日即期汇率折算为记账本位币金额，并与原记账本位币金额相比较，其差额记入“财务费用——汇兑损益”账户。

（三）外币交易初始确认的会计处理

企业发生外币交易在初始确认时，采用交易日的即期汇率或即期汇率的近似汇率将外币金额折算为记账本位币金额。这里的即期汇率可以是外汇牌价的买入价或卖出价，也可以是中间价。在不与银行进行货币兑换的情况下，一般以中间价作为即期汇率。

中国人民银行每日仅公布银行间外汇市场人民币兑美元、欧元、日元、港元的中间价。企业发生的外币交易只涉及人民币与这 4 种货币之间折算的，可直接采用公布的人民币汇率的中间价作为即期汇率进行折算；企业发生的外币交易涉及人民币与其他货币之间折算的，根据美元对人民币的基准汇率和国家外汇管理局提供的纽约外汇市场美元对其他主要外币的汇率进行套算，按照套算后的汇率作为折算汇率；企业发生的外币交易涉及人民币以外的货币之间折算的，可直接采用国家外汇管理局提供的纽约外汇市场美元对其他主要外币的汇率进行套算，按套算后的汇率作为折算汇率。

1. 外币兑换业务

外币兑换业务，是指企业从银行买入外币或将外币卖给银行以及将一种外币兑换为另一种外币经济业务。

（1）企业将外币卖给银行

企业按规定将持有的外币卖给银行，即结汇业务，银行买进外汇并按其买入价兑付人民币给企业。企业应按实际收到的人民币金额借记“银行存款——人民币户”账户，按向银行结售的外币与企业选定的折算汇率折合的人民币金额贷记“银行存款——外币户”，将两者之间的差额记入“财务费用——汇兑损益”账户。

【例1-1】M公司以人民币为记账本位币，对外币交易采用交易日的即期汇率折算。2015年6月2日，将100 000美元到银行兑换为人民币，银行当日的美元买入价为1美元=6.81元人民币，中间价为1美元=6.83元人民币。

借：银行存款——人民币　　（100 000×6.81）681 000
　　财务费用——汇兑损益　　2 000
　　贷：银行存款——美元　　（100 000×6.83）683 000

（2）企业从银行买入外币

企业因业务需要从银行买入外币，银行售汇时按其卖出价向企业计算收取人民币，企业应按选定的折算汇率折合的人民币金额借记“银行存款——外币户”账户，按实际付出的人民币金额贷记“银行存款——人民币户”账户，将两者之间的差额记入“财务费用——汇兑损益”账户。

【例1-2】M公司以人民币为记账本位币，对外币交易采用交易日的即期汇率折算。2015年6月4日，因外币支付需要，从银行购入100 000欧元，银行当日的欧元卖出价为1欧元= 9.71元人民币，当日的中间价为1欧元= 9.64元人民币。

有关会计分录如下。

借：银行存款——欧元　　（100 000×9.64）964 000
　　财务费用——汇兑损益　　7 000
　　贷：银行存款——人民币　　（100 000×9.71）971 000

2．外币购销业务

【例1-3】M公司属于增值税一般纳税企业，选择确定的记账本位币为人民币，其外币交易采用交易日即期汇率折算。2015年6月5日，从美国N公司购入某种工业原料500吨，每吨价格为4 000美元，当日的即期汇率为1美元=6.8元人民币，进口关税为1 360 000元人民币，支付进口增值税2 543 200元人民币，货款尚未支付，进口关税及增值税由银行存款支付。

有关会计分录如下。

借：原材料　　（500×4 000×6.8+1 360 000）14 960 000
　　应缴税费——应缴增值税（进项税额）　　2 543 200
　　贷：应付账款——N公司（美元）　　（500×4 000×6.8）13 600 000
　　　　银行存款——人民币　　3 903 200

【例1-4】M公司的记账本位币为人民币，对外币交易采用交易日的即期汇率折算。2015年6月8日，向N公司出口销售商品12 000件，销售合同规定的销售价格为每件200美元，当日的即期汇率为1美元=6.77元人民币。假设不考虑相关税费，货款尚未收到。

有关会计分录如下。

借：应收账款——N公司（美元）　　（12 000×200×6.77）16 248 000
　　贷：主营业务收入　　16 248 000

【例1-5】M公司的记账本位币为人民币，对外币交易采用交易日的即期汇率折算。2015年6月13日，从境外丙公司购入不需要安装的设备一台，设备价款为200 000美元，购入该设备当日的即期汇率为1美元=6.72元人民币，适用的增值税税率为17%，款项尚未支付，增值税以银行存款支付。

有关会计分录如下。

借：固定资产——机器设备　　1 344 000

　　应缴税费——应缴增值税（进项税额）　　228 480

　贷：应付账款——丙公司（美元）　　（200 000×6.72）1 344 000

　　　银行存款——人民币　　228 480

3. 外币借款业务

【例1-6】M公司的记账本位币是人民币，对外币交易采用交易日即期汇率折算。2015年6月20日，M公司从中国银行借入150 000美元，期限为6个月，借入的美元暂存银行，本金及利息到期一次偿还。借入当日的即期汇率为1美元=6.74元人民币。

有关会计分录如下。

借：银行存款——美元　　（150 000×6.74）1 011 000

　贷：短期借款——美元　　（150 000×6.74）1 011 000

4. 接受外币资本投资业务

企业收到投资者以外币投入的资本，无论是否有合同约定汇率，均不得采用合同约定汇率和即期汇率的近似汇率折算，而是采用交易日即期汇率折算，这样，外币投入资本与相应的货币性项目的记账本位币金额相等，不产生外币资本折算差额。

【例1-7】M公司的记账本位币为人民币，对外币交易采用交易日的即期汇率折算。根据其与外商签订的投资合同，外商将分两次投入外币资本，投资合同约定的汇率是1美元=7.00元人民币。2015年6月25日，M公司第一次收到外商投入资本300 000美元，当日即期汇率为1美元=6.78元人民币。

有关会计分录如下。

借：银行存款——美元　　（300 000×6.78）2 034 000

　贷：实收资本　　2 034 000

虽然“股本（或实收资本）”账户的金额不能反映股权比例，但并不改变企业分配和清算的约定比例，这一约定比例通常已经包括在合同中。

（四）外币交易余额的期末调整

期末，企业应将外币交易余额分为外币货币性项目和外币非货币性项目进行会计处理。

1. 货币性项目的处理

货币性项目是企业持有的货币和将以固定或可确定金额的货币收取的资产或者偿付的负债。货币性项目分为货币性资产和货币性负债，货币性资产包括现金、银行存款、应收账款、其他应收款及长期应收款等；货币性负债包括应付账款、其他应付款、短期借款、应付债券、长期借款、长期应付款等。

在资产负债表日，对于外币货币性项目的账户外币余额，应以当日即期汇率折算为记账本位币，由于期末即期汇率不同于该项目初始入账时的汇率或前一期末的即期汇率而产生的与原账面记账本位币余额之间的差额，作为汇兑损益，记入“财务费用”或相关账户。外币货币性项目的期末调整程序如下（假定记账本位币是人民币）。

（1）根据各外币货币性账户账面记录计算出各自的期末外币余额和原账面人民币余额，将原账面人民币余额作为调整前人民币余额。

（2）将各外币货币性账户的期末外币余额，按照期末即期汇率折算出人民币余额，作为调整后人民币余额。

（3）比较调整后人民币余额与调整前人民币余额，计算出二者的差额作为汇兑差额。

（4）对外币货币性账户期末账面余额，根据各账户的性质及其汇兑差额进行调整的账务处理，并确认汇兑损益记入“财务费用”或相关账户。

外币货币性项目的期末调整可以逐项分别进行，也可以如【例 1-8】综合进行，两种方法的结果相同。

【例1-8】假定M公司2015年5月31日外币货币性项目余额如表1-1所示。

表 1-1 外币货币性项目余额表

账户名称	币种	外币余额	汇率	折合人民币（元）
银行存款	美元	150 000	6.8	1 020 000

2015年6月30日即期汇率如下。

1美元=6.75元人民币；1欧元=9.6元人民币；1港元=0.92元人民币

【例1-1】～【例1-7】为M公司2015年6月发生的所有外币业务，沿用【例1-1】～【例1-7】的资料，2015年6月30日M公司可编制外币货币性项目期末余额调整计算表如表1-2所示。

表 1-2 外币货币性项目期末余额调整计算表

外币账户名称	币种	期末外币余额 ①	期末即期汇率 ②	调整后人民币余额（元） ③=①×②	调整前人民币余额（元） ④	汇兑差额 ⑤=③-④
银行存款	美元	500 000	6.75	3 375 000	3 382 000	−7 000
银行存款	欧元	100 000	9.6	960 000	964 000	−4 000
应收账款-N 公司	美元	2 400 000	6.75	16 200 000	16 248 000	−48 000
应付账款-N 公司	美元	2 000 000	6.75	13 500 000	13 600 000	−100 000
应付账款-丙公司	美元	200 000	6.75	1 350 000	1 344 000	+6 000
短期借款	美元	150 000	6.75	1 012 500	1 011 000	+1 500

据表1-2进行期末调整分录如下。

借：应付账款——N公司（美元）　　100 000

　　贷：银行存款——美元　　7 000

　　　　银行存款——欧元　　4 000

　　　　应收账款——N公司（美元）　　48 000

　　　　应付账款——丙公司（美元）　　6 000

　　　　短期借款——美元　　1 500

　　　　财务费用——汇兑损益　　33 500（倒挤数）

【例1-9】沿用【例1-4】有关资料，假定M公司2015年7月20日收到上述货款，兑换成人民币后直接存入银行，当日银行的美元买入价为1美元=6.82元人民币。

有关会计分录如下。

借：银行存款——人民币　（12 000×200×6.82）16 368 000

　　贷：应收账款——N公司（美元）　16 200 000

　　　　财务费用——汇兑损益　168 000

【例1-10】沿用【例1-7】有关资料，假定M公司2016年2月3日第二次收到外商投入资本300 000美元，当日即期汇率为1美元=6.6元人民币。

有关会计分录如下。

借：银行存款——美元　（300 000×6.6）1 980 000

　　贷：实收资本　1 980 000

2. 非货币性项目

非货币性项目是货币性项目以外的项目，如存货、长期股权投资、交易性金融资产（股票、基金）、固定资产、无形资产、实收资本（股本）等。

（1）对于以历史成本计量的外币非货币性项目，已在交易发生日按当日即期汇率折算，构成这些项目的历史成本，资产负债表日不应再做调整改变其原记账本位币金额，故不产生汇兑损益。

（2）对于以成本与可变现净值孰低计量的存货，如果其可变现净值以外币确定，在计提存货跌价准备时应当考虑汇率变动的影响。即在确定存货的期末价值时，应先将可变现净值折算为记账本位币，再与以记账本位币反映的存货账面价值进行比较，计算确定存货跌价准备的计提。

【例1-11】M公司以人民币为记账本位币。2015年11月6日，M公司从美国W公司采购国内市场尚无的A商品10 000件，每件价格为1 000美元，当日即期汇率为1美元=6.7元人民币。2015年12月31日，尚有1 000件A商品未销售出去，国内市场仍无A商品供应，A商品在国际市场的价格降至900美元。12月31日的即期汇率是1美元=6.8元人民币。假定不考虑增值税等相关税费。

本例中，期末，在计算库存商品——A商品的可变现净值时，在国内没有相应产品的价格，因此，只能依据A商品的国际市场价格为基础确定其可变现净值，但需要考虑汇率变动的影响，期末，以国际市场价格为基础确定的可变现净值应按照期末汇率折算，再与库存A商品的记账本位币成本相比较，确定其应提的跌价准备。因此，该公司应做会计分录如下。

11月6日，购入A商品

借：库存商品——A　（10 000×1 000×6.7）67 000 000

　　贷：银行存款——美元　67 000 000

12月31日，计提存货跌价准备

借：资产减值损失　580 000

　　贷：存货跌价准备　580 000

1 000×1 000×6.7−1 000×900×6.8=580 000（元人民币）

（3）对于以公允价值计量的股票、基金等非货币性项目，如果期末的公允价值以外币反映，则应当先将该外币按照公允价值确定当日的即期汇率折算为记账本位币金额，再与原记账本位币金额进行比较，其差额作为公允价值变动损益，计入当期损益。如属于可供出售金融资产项目的，形成的汇兑损益计入其他综合收益。

【例1-12】M公司的记账本位币为人民币。2015年12月20日以每股1.5美元的价格购入N公司B股10 000股作为交易性金融资产，当日汇率为1美元=6.75元人民币，款项已付。2015年12月31日由于市价变动，当月购入的N公司B股的市价变为每股1美元，当日汇率为1美元=6.8元人民币。假定不考虑相关税费的影响。

2015年12月20日，该公司应对上述交易做以下处理。

借：交易性金融资产——成本　　　　（10 000×1.5×6.75）101 250

　　贷：银行存款——美元　　　　101 250

根据《企业会计准则第22号——金融工具确认和计量》，交易性金融资产以公允价值计量。由于该项交易性金融资产是以外币计价，在资产负债表日，不仅应考虑股票市价的变动，还应考虑美元与人民币之间汇率变动的影响，上述交易性金融资产在资产负债表日的人民币金额以68 000元（即10 000×1×6.8）入账，与原账面价值101 250元的差额为33 250元人民币，计入公允价值变动损益。相应的会计分录如下。

借：公允价值变动损益　　　　33 250

　　贷：交易性金融资产——公允价值变动　　　　33 250

33 250人民币既包含M公司所购N公司B股股票公允价值变动的影响，又包含人民币与美元之间汇率变动的影响。

2016年1月15日，M公司将所购N公司B股股票按当日市价每股1.2美元全部售出，所得价款为12 000美元，按当日汇率1美元=6.5元人民币折算为人民币金额为78 000元，与其原账面价值人民币金额68 000元的差额为10 000元人民币，对于汇率的变动和股票市价的变动不进行区分，均作为投资收益进行处理。因此，售出当日，N公司应做如下会计分录。

借：银行存款——美元　　　　（1.2×10 000×6.5）78 000

　　贷：交易性金融资产　　　　（101 250−33 250）68 000

　　　　投资收益　　　　10 000

借：投资收益　　　　33 250

　　贷：公允价值变动损益　　　　33 250

第三节　外币财务报表折算

外币财务报表折算是指将外币反映的财务报表折算为某一特定货币表示的财务报表的会计处理程序。在企业经营中，需要进行外币财务报表折算的有以下两种情况。一是当企业有境外经营，在将境外经营通过合并、权益法核算等纳入到企业的财务报表中时，需要将企业境外经营的财务报表折算为以企业记账本位币表示的财务报表；二是当企业以人民币之外的货币作为记账本位币，而法规规定企业必须以人民币报告，这时需要将外币财务报表折算为人民币财务报表。

在外币财务报表折算中，会计上主要处理两大问题。一是采用何种汇率对外币财务报表各个项目数据进行折算，是现行汇率、历史汇率，还是平均汇率？二是外币财务报表折算过程中产生的折算差额如何处理，是计入当期损益，还是做递延处理？不同的外币财务报表折算方法采用了不同的会计处理。

一、外币财务报表折算的基本方法

目前，世界各国所采用的外币财务报表折算方法基本上可以划分为单一汇率法和多种汇率法两大类。单一汇率法主要指现行汇率法；多种汇率法主要包括流动与非流项目动法、货币与非货币项目法和时态法 3 种折算方法。

1. 现行汇率法

现行汇率法又称期末汇率法，在这一折算方法下，外币财务报表中所有的资产和负债项目均按资产负债表日（会计期末）的现行汇率进行折算，收入和费用项目均按当期平均汇率法进行折算，对于实收资本项目按发生时的历史汇率折算。报表折算过程中产生的折算差额确认为“报表折算差额”，在资产负债表中所有者权益部分单列一项，做递延处理。

现行汇率法简便易行，并且折算后的财务报表仍能保持折算前的财务状况的各比率关系。但是，这种方法假设企业的所有资产均暴露在外币汇率的风险下，显然不符合事实。

2. 流动与非流动项目法

流动与非流动项目法是将资产负债表的项目按照流动性，划分为流动性项目和非流动性项目两大类，分别具体情况采用不同的汇率进行折算。对于属于流动性项目类的流动资产和流动负债项目，按照现行汇率进行折算；对于属于非流动性项目类的非流动资产和非流动负债项目，按原来入账的历史汇率折算。对于利润表中的各个项目，除折旧费用和摊销费用按照取得相关资产时的历史汇率折算外，其他项目均按照当期的平均汇率进行折算。报表折算过程中产生的折算差额依不同情况分别处理：折算净损失，直接列入利润表；折算利得，则予以递延。

流动与非流动项目法把存货列为流动性项目按现行汇率折算，表明货币性资产与存货要承受同样的汇率波动风险，这对按历史成本计价的存货项目是不合理的，也与事实不符。

3. 货币与非货币项目法

货币与非货币项目法是将资产负债表所有项目划分为货币性项目和非货币性项目两大类，分具体情况采用不同的汇率进行折算。货币性项目按现行汇率折算；对于非货币性项目和实收资本项目，按原入账时的历史汇率折算。对于利润表中的项目，除了折旧费用及摊销费用按照取得相关资产时的历史汇率折算外，其他项目均按当期的平均汇率折算。报表折算过程中产生的折算差额确认为当期损益。

货币与非货币项目法避免了流动与非流动项目法的缺点，但对于本身按现行市价表述的非货币性项目（如以成本与可变现净值孰低表述的存货等）按历史汇率折算就不合理了。

4. 时态法

时态法也称时间性量度法，它是针对货币与非货币项目法的缺点提出来的。这种方法认为外币财务报表折算只是一个计量过程，是对既定价值的重新表述，财务报表折算只能改变计量单位，不能用来改变计量项目的属性。应根据资产负债表上各项目发生的时态来选择采用的汇率。

在时态法下，货币资金、应收项目和应付项目按照现行汇率进行折算；对于按历史成本反映的非货币性资产，必须按照历史汇率折算；对于按现行成本反映的非货币性资产，必须按照现行汇率折算；对于所有者权益项目，除未分配利润项目外也都按照历史汇率折算，未分配利润则为折算的平衡数。利润表中的项目，一般按当期的平均汇率折算，但其中折旧费用及摊销费用按照取得相关资产时的历史汇率折算，主营业务成本则要求在对期初存货、本期购货、期末存货按照不同的适用汇率分别折算后确定。报表折算过程中产生的折算差额确认为当期损益。

各种外币财务报表折算方法的比较见表 1-3。

表 1-3　　外币财务报表折算方法比较表

报表项目	现行汇率法	流动与非流动项目法	货币与非货币项目法	时态法
现金	现行汇率	现行汇率	现行汇率	现行汇率
应收账款	现行汇率	现行汇率	现行汇率	现行汇率
存货：				
以成本计价时	现行汇率	现行汇率	历史汇率	历史汇率
以市价计价时	现行汇率	现行汇率	历史汇率	现行汇率
投资：				
以成本计价时	现行汇率	历史汇率	历史汇率	历史汇率
以市价计价时	现行汇率	历史汇率	历史汇率	现行汇率
固定资产	现行汇率	历史汇率	历史汇率	历史汇率
其他资产	现行汇率	历史汇率	历史汇率	历史汇率
应付账款	现行汇率	现行汇率	现行汇率	现行汇率
长期负债	现行汇率	历史汇率	现行汇率	现行汇率
实收资本	历史汇率	历史汇率	历史汇率	历史汇率
留存收益	平衡数	平衡数	平衡数	平衡数

二、我国外币财务报表折算的相关规定

根据我国《企业会计准则第 19 号——外币折算》规定，企业对境外经营的财务报表进行折算时，首先应当调整境外经营的会计期间和会计政策，使之与企业会计期间和会计政策相一致，据调整后会计政策及会计期间编制相应货币（企业记账本位币以外的货币）的财务报表，再按照相应方法对境外经营财务报表进行折算，具体如下。

（一）一般情况下境外经营财务报表的折算

（1）资产负债表中的资产和负债项目，采用资产负债表日的即期汇率折算，所有者权益项目除“未分配利润”项目外，其他项目采用发生时的即期汇率折算。

（2）利润表中的收入和费用项目，采用交易发生日的即期汇率或即期汇率的近似汇率折算。

（3）按照上述两步折算所产生的外币财务报表折算差额在编制合并财务报表时，应在合并资产负债表中所有者权益项目下作为“其他综合收益”项目单独列示，其中属于少数股东权益的，应列入少数股东权益项目下。

比较财务报表的折算比照上述规定处理。

由此可见，我国的外币财务报表折算实质上采用的是现行汇率法。

【例1-13】国内M公司的记账本位币为人民币，该公司仅有一家全资子公司N公司，无其他境外经营。N公司设在美国，自主经营，所有办公设备及绝大多数人工成本等均以美元支付，除极少量的商品购自M公司外，其余的商品采购均来自当地，N公司对所需资金自行在当地融资、自担风险。因此，根据记账本位币的选择确定原则，N公司的记账本位币应为美元。2014年12月31日，M公司

准备编制合并财务报表，需要先将N公司的美元财务报表折算为人民币表述。N公司的有关资料如下。

2014年12月31日的即期汇率为1美元=8元人民币，2014年的平均汇率为1美元=8.2元人民币，实收资本为125 000美元，发生日的即期汇率为1美元=8.3元人民币，2013年12月31日的即期汇率为1美元=8.25元人民币，累计盈余公积为11 000美元，折算为人民币90 300元，累计未分配利润为20 000美元，折算为人民币166 000元，N公司在年末提取盈余公积6 000美元。

N公司相关的利润表、资产负债表、所有者权益变动表的编制分别如表1-4、表1-5、表1-6所示。

表1-4　利润表

编制单位：N公司　（2014年度）　单位：元

项目	本年累计数（美元）	汇率	折算为人民币金额
一、营业收入	105 000	8.2	861 000
减：营业成本	40 000	8.2	328 000
营业税金及附加	6 000	8.2	49 200
销售费用	8 000	8.2	65 600
管理费用	12 000	8.2	98 400
财务费用	10 000	8.2	82 000
二、营业利润	29 000		237 800
加：营业外收入	5 000	8.2	41 000
减：营业外支出	4 000	8.2	32 800
三、利润总额	30 000		246 000
减：所得税费用	10 000	8.2	82 000
四、净利润	20 000		164 000
五、每股收益			

表1-5　资产负债表

编制单位：N公司　（2014年12月31日）　单位：元

资产	期末数（美元）	汇率	折算为人民币金额	负债和股东权益	期末数（美元）	汇率	折算为人民币金额
流动资产：				流动负债：			
货币资金	20 000	8	160 000	短期借款	10 000	8	80 000
交易性金融资产	10 000	8	80 000	应付票据	2 000	8	16 000
应收票据	8 000	8	64 000	应付账款	15 000	8	120 000
应收账款	22 000	8	176 000	应付职工薪酬	12 000	8	96 000
存货	40 000	8	320 000	应缴税费	3 000	8	24 000
流动资产合计	100 000		800 000	流动负债合计	42 000		336 000
非流动资产：				非流动负债：			
固定资产	120 000	8	960 000	长期借款	12 000	8	96 000
无形资产	30 000	8	240 000	长期应付款	20 000	8	160 000
非流动资产合计	150 000		1 200 000	非流动负债合计	32 000		256 000
				所有者权益：			
				实收资本	125 000	8.3	1 037 500
				盈余公积	17 000		139 500
				未分配利润	34 000		280 800
				其他综合收益	0		-49 800
				所有者权益合计	176 000		1 408 000
资产总计	250 000		2 000 000	负债和所有者权益总计	250 000		2 000 000

表 1-6 所有者权益变动表

编制单位 N 公司 （2007 年度） 单位：元

项目	实收资本			盈余公积			未分配利润		外币报表折算差额	所有者权益合计（人民币）
	美元	汇率	人民币	美元	汇率	人民币	美元	人民币		
一、本年年初余额	125 000	8.3	1 037 500	11 000		90 300	20 000	166 000		1 293 800
二、本年增减变动金额										
（一）净利润							20 000	164 000		164 000
（二）直接计入所有者权益的利得和损失										
其中：外币报表折算差额									−49 800	−49 800
（三）利润分配										
提取盈余公积				6 000	8.2	49 200	−6 000	−49 200		
三、本年年末余额	125 000	8.3	1 037 500	17 000		139 500	34 000	280 800	−49 800	1 408 000

（二）恶性通货膨胀经济中境外经营财务报表的折算

1. 恶性通货膨胀经济的判定

恶性通货膨胀经济通常具有以下特征。

（1）3 年累计通货膨胀率接近或超过 100%；

（2）利率、工资和物价与物价指数挂钩，物价指数是物价变动趋势和幅度的相对数；

（3）一般公众不是以当地货币，而是以相对稳定的外币为单位作为衡量货币金额的基础；

（4）一般公众倾向于以非货币性资产或相对稳定的外币来保存自己的财富，持有的当地货币立即用于投资以保持购买力；

（5）即使信用期限很短，赊销、赊购交易仍按补偿信用期预计购买力损失的价格成交。

2. 处于恶性通货膨胀经济中境外经营财务报表的折算

企业对处于恶性通货膨胀经济中的境外经营财务报表进行折算时，为了消除恶性通货膨胀的影响，需要先对其财务报表进行重述，对资产负债表项目运用一般物价指数予以重述，对利润表项目运用一般物价指数变动予以重述。然后，再按资产负债表日即期汇率进行折算。

在境外经营不再处于恶性通货膨胀经济中时，应当停止重述，按照停止之日的价格水平重述的财务报表进行折算。

（三）境外经营的处置

企业可能通过出售、清算、返还股东或放弃全部或部分权益等方式处置其在境外经营中的利益。企业在处置境外经营时，应当将资产负债表中所有者权益项目下列示的、与该境外经营相关的外币财务报表折算差额，自所有者权益项目转入处置当期损益；部分处置境外经营的，应当按处置的比例计算处置部分的外币财务报表折算差额，转入处置当期损益。

（四）外币折算信息的披露

根据我国《企业会计准则第 19 号——外币折算》规定，企业在附注中应披露以下与外币折算相关的信息。

（1）企业及其境外经营选定的记账本位币及选定的原因，记账本位币发生变更的，说明变更理由；

（2）采用近似汇率的，说明近似汇率的确定方法；

（3）计入当期损益的汇兑差额；

（4）处置境外经营对外币财务报表折算差额的影响。

复习思考题

1. 什么是外汇？外汇包括哪些内容？
2. 何为记账本位币？企业选定记账本位币时应考虑哪些因素？
3. 何为外汇汇率？外汇汇率的基本标价方法有哪几种？各自有什么特点？
4. 什么是汇兑损益？汇兑损益是如何分类的？
5. 什么是外币交易？包括哪些类型？外币交易的会计处理方法有哪些？
6. 会计期末对外币货币性项目如何进行会计处理？
7. 会计期末对外币非货币性项目如何进行会计处理？
8. 外币财务报表折算的基本方法有哪些？各有什么特点？
9. 我国对外币财务报表折算有哪些规定？

实务练习题

1. N股份有限公司（本例下称“N公司”）为增值税一般纳税人，适用的增值税税率为17%。N公司以人民币作为记账本位币，外币业务采用业务发生时的即期汇率折算，按月计算汇兑损益。

（1）N公司有关外币账户2007年2月28日的余额如表1-7所示。

表 1-7　　N 公司外币账户余额

账户名称	金额（万美元）	汇率	折合人民币（万元）
银行存款	800	8.05	6 440
应付账款	200	8.05	1 610
应收账款	400	8.05	3 220
长期借款	1 200	8.05	9 660

（2）N公司2007年3月发生的有关外币交易或事项如下。

① 3月3日，将20万美元兑换为人民币，兑换取得的人民币已存入银行。当日市场汇率为1美元=8.1

元人民币，当日银行买入价为1美元=8.02元人民币。

② 3月8日，收到国外M公司追加的外币资本投资300万美元，款项于当日存入银行，当日市场汇率为1美元=8.00元人民币。N公司与M公司的投资合同于2007年1月1日签订。投资合同中对外币资本投资的约定汇率为1美元=8.20元人民币，签约当日市场汇率为1美元=8.18元人民币。

③ 3月10日，从国外购入一批原材料，货款总额为400万美元。该原材料已验收入库，货款尚未支付。当日市场汇率为1美元=8.04元人民币。另外，以银行存款支付该原材料的进口关税584万元人民币，增值税646万元人民币。

④ 3月14日，出口销售一批商品，销售价款为600万美元，货款尚未收到。当日市场汇率为1美元=8.02元人民币。假设不考虑相关税费。

⑤ 3月31日，尚有10件A商品未销售出去，国内市场仍无A商品供应，A商品在国际市场的价格突然降至9万美元。该批商品是1月2日从美国公司采购国内市场尚无的A商品100件，每件价格为10万美元，当日市场汇率为1美元=8.02元人民币。假定不考虑增值税等相关税费。

⑥ 3月31日，由于市价变动，上月购入的Y公司10 000股作为交易性金融资产的B股股票的市价由每股1.5美元变为每股1美元，购入股票当日汇率为1美元=8.20元人民币。假定不考虑相关税费的影响。3月31日，市场汇率为1美元=7.98元人民币。

⑦ 3月31日，计提长期借款第一季度发生的利息。该长期借款是2007年1月1日从中国银行借入，用于购买建造某生产线的专用设备的，借入款项已于当日支付给该专用设备的外国供应商。该生产线的土建工程已于2007年1月1日开工。该外币借款金额为1 200万美元，期限2年，年利率为4%，按季计提借款利息，到期一次还本付息。该专用设备于2月20日验收合格并投入安装。至2007年3月31日，该生产线尚处于建造过程中。

假定3月31日的市场汇率为1美元=7.98元人民币。

要求：

（1）编制N公司3月份外币交易或事项的相关会计分录。

（2）计算N公司2007年3月31日外币货币性账户发生的汇兑损益，并编制期末调整的会计分录。

2. 某公司一境外子公司记账本位币为美元，期初汇率为1美元=8.2元人民币，期末汇率为1美元=8.4元人民币，该企业利润表采用平均汇率折算，资产负债表盈余公积期初数为50万美元，折合人民币405万元，本期提取盈余公积70万美元，则本期该企业资产负债表盈余公积的期末数额应该是多少万元人民币？

第二章 租赁

第一节 租赁概述

一、租赁的含义

租赁，是指在约定的期间内，出租人将资产使用权让与承租人，以获取租金的协议。租赁的主要特征是：在租赁期内转移资产的使用权而不是转移资产的所有权，且这种转移是有偿的，是以支付租金为代价取得使用权。租赁有别于资产的购置和不把资产的使用权从合同的一方转移给另一方的服务性合同，如服务合同、运输合同、保管合同等以及无偿提供资产使用权的借用合同。

租赁有广义和狭义之分。狭义的租赁又称现代租赁，是指以融资为主要目的，以设备等资产为主要租赁对象的契约租赁业务。而广义的租赁则泛指一切财产使用权的有偿转让活动，它不仅包括现代租赁，还包括为满足短期、临时需要，或以不动产为租赁对象，不立契约的财产使用权的转让活动。会计上所讨论的租赁主要指现代租赁。

在现代租赁活动中，一般会涉及 3 个当事人：出租人、承租人和供货人。其中，出租人一般将根据承租人的要求购入设备并出租给承租人，在租赁期间，出租人拥有该设备的所有权，并定期收取租金，其所收取的租金中既包含购买设备的本金，还包含为承租人购买设备的资金而应收取的利息；承租人在租赁期间拥有租赁资产的使用权并定期向出租人支付租金；供货人则根据承租人的特定要求购买或制造设备并将设备提供给出租人。上述涉及 3 个当事人的业务关系，也正是现代租赁与分期付款购买的最大区别之一。

二、租赁的分类

租赁按不同的标准可以有多种分类。根据我国《企业会计准则第 21 号——租赁》对会计处理的不同要求，承租人和出租人应当在租赁开始日将租赁分为融资租赁和经营租赁。

融资租赁和经营租赁是从租赁资产所有权的风险和报酬是否从出租人转移给承租人的角度划分的。如果一项租赁实质上转移了与租赁资产所有权相关的全部风险与报酬，那么该项租赁就应当归类为融资租赁，否则就为经营租赁。所谓与租赁资产所有权相关的风险，是指由于生产能力的闲置或工艺技术的陈旧所可能造成的损失，以及由于经济情况变动所可能造成的相关收入的减少。所谓与租赁资产所有权相关的报酬，是指在资产的有效使用年限内直接使用租赁资产所可能获取的经济利益，以及因资产升值或变卖余值所可能实现的额外收入。

判断一项租赁是融资租赁还是经营租赁，应根据租赁业务的实质，即其与租赁资产所有权相关的全部风险与报酬是否转移来判断，而不能根据租赁合同的形式来判断。根据企业会计准则规定，满足下列一条或多条标准的，应确定为融资租赁，否则，确定为经营租赁。

（1）在租赁期届满时，租赁资产的所有权转移给承租人。如果在租赁协议中已经约定，或者根据其他条件在租赁开始日就可以合理地判断，租赁期届满时出租人会将资产的所有权转移给承租人，那么该项租赁应当确定为融资租赁。

（2）据租赁协议约定，在租赁期满时，承租人有购买租赁资产的选择权，并且协议订立的购买价格预计将远低于行使选择权时租赁资产的公允价值，因而在租赁开始日就可合理地确定承租人将会行使这种选择权。

例如，出租人和承租人签订了一项租赁协议，租赁期限为 3 年，租赁期届满时承租人有权以 10 000 元的价格购买该租赁资产，在签订租赁协议时预计该租赁资产租赁期满时的公允价值为 50 000 元，由于购买价格仅为公允价值的 20%（远低于公允价值 50 000 元），如果没有其他特殊情况，在租赁开始日即可判断承租人在租赁期满时将会购买该项资产，这种情况下的租赁应当确定为融资租赁。

（3）即使租赁期届满租赁资产的所有权不转移，但租赁期占租赁资产使用寿命的大部分。需要注意的是，这里的“大部分”一般指租赁期占租赁期开始日租赁资产尚可使用寿命的 75%以上（含 75%，下同），而非租赁期占该项资产全部可使用年限的比例。如果租赁资产是旧资产，在租赁开始日前已使用年限超过资产全新时全部可使用年限的 75%以上时，则这条判断标准不适用，不能使用这条标准确定租赁的分类。需要说明的是 75%以上量化标准只是指导性标准，企业在具体运用时，必须以准则规定的相关条件进行判断。

例如，某项租赁设备全新时可使用年限为 10 年，已经使用了 3 年，从第 4 年开始租出，租赁期为 6 年，由于租赁开始时该设备尚可使用寿命为 7 年，租赁期占尚可使用寿命的 85.7%（6 年 / 7 年），符合第 3 条标准，因此，该项租赁应当归类为融资租赁。假如该项设备已经使用了 8 年，从第 9 年开始租赁，租赁期为 2 年，此时，该设备尚可使用寿命为 2 年，虽然租赁期为使用寿命的 100%（2 年/2 年），但由于在租赁前该设备的已使用年限超过了可使用年限（10 年）的 75%以上（8 年/10 年=80%>75%），则不能采用这条标准来判断为融资租赁。

（4）就承租人而言，租赁开始日最低租赁付款额的现值几乎相当于租赁开始日租赁资产的公允价值；就出租人而言，租赁开始日最低租赁收款额的现值几乎相当于租赁开始日租赁资产的公允价值。这里的“几乎相当于”，通常掌握在 90%以上（含 90%）。需要说明的是，这里的量化标准同样只是指导性标准，企业在具体运用时，必须以准则规定的相关条件进行判断。

（5）租赁资产性质特殊，如果不进行较大改造，只有承租人才能使用。这条标准是指租赁资产是由出租人根据承租人对资产型号、规格等方面的特殊要求专门购买或建造的，具有专购、专用性质。这些租赁资产如果不进行较大的重新改制，其他企业通常难以使用。这种情况下，该项租赁也应当认定为融资租赁。

以上为会计准则规定的租赁判断的一般标准。在我国，由于土地的所有权归国家所有，土地租赁不能归类为融资租赁。对于建筑物的租赁按租赁准则的规定标准进行相应的分类。对于同时涉及土地和建筑物的租赁，企业通常应当将土地和建筑物分开考虑。将最低租赁付款额根据土地部分的租赁权益和建筑物的租赁权益的相对公允价值的比例进行分配。如果土地和建筑物无法分离和不能可靠计量的，应归类为一项融资租赁，除非两部分都明显是经营租赁，在后一种情况下，整个租赁应归类经营租赁。

三、租赁业务涉及的相关概念

1. 租赁期

租赁期是指租赁合同规定的不可撤销的租赁期间。如果租赁协议规定，租赁期满时承租人有权选择续租该资产，并且在租赁开始日就可以合理确定承租人将会行使这种选择权，那么，不论是否再支付租金，续租期都应包括在租赁期之内。租赁合同签订后一般不可撤销，但经出租人同意、承租人与原出租人就同一资产或同类资产订立了新的租赁合同、承租人支付一笔足够大的额外款项或发生某些很少会出现的或有事项等情况除外。

2. 租赁开始日、租赁期开始日

（1）租赁开始日是指租赁协议日与租赁各方就主要租赁条款做出承诺日中的较早者。在租赁开始日，承租人和出租人应当将租赁认定为融资租赁或者经营租赁。

（2）租赁期开始日是指承租人有权行使其使用租赁资产权利的日期，表明租赁行为的开始。在租赁期开始日，承租人应当对租入资产、最低租赁付款额和未确认融资费用进行初始确认；出租人应当对应收融资租赁款、未担保余值和未实现融资收益进行初始确认。租赁期开始日既是租赁资产使用权转移的日期，也是会计上对租赁业务进行初始确认的日期。

3. 初始直接费用

初始直接费用是指承租人和出租人在租赁谈判和签订租赁合同过程中发生的、可直接归属于某租赁项目的费用，主要包括印花税、佣金、律师费、差旅费、谈判费等。

4. 或有租金、履约成本

（1）或有租金是指在租赁协议中签订的，承租人支付给出租人的金额不固定、以时间长短以外的其他因素（如销售量、使用量、物价指数等）为依据计算的租金。

（2）履约成本是指承租人在租赁期内为有效使用租赁资产而支付的各种相关费用，如技术咨询和服务费、人员培训费、维修费、保险费等。

5. 资产余值、担保余值、未担保余值

（1）资产余值是指租赁双方在租赁开始日合理预计的租赁资产在租赁期满时的公允价值。

（2）担保余值就承租人而言，是指在租赁开始日由承租人或与其有关的第三方担保的资产余值。就出租人而言，担保余值是指承租人的担保余值加上由独立于承租人和出租人的第三方（如担保公司）担保的资产余值。

担保余值主要是针对承租人而言的，即主要由承租人作为担保人。担保余值可以督促承租人谨慎地使用租赁资产，尽量减少出租人作为资产所有者而承担的风险和可能发生的损失，也是租赁期满时租赁资产剩余价值的最低保障。

（3）未担保余值是指在租赁开始日从预计的租赁资产余值中扣除就出租人而言的担保余值以后的资产余值。

6. 最低租赁付款额

最低租赁付款额是指在租赁期内，承租人应支付或可能被要求支付给出租人的各种款项（不包括或有租金和履约成本），加上就承租人而言的担保余值。

如果承租人在租赁期满时有购买租赁资产的选择权，且租赁合同中订立的购买价款预计将远低于行使选择权时租赁资产的公允价值，那么在租赁开始日就可以合理确定承租人将会行使这种选择权，这时，购买价款也应当计入最低租赁付款额。

7. 最低租赁收款额

最低租赁收款额是指承租人的最低租赁付款额加上独立于承租人和出租人的第三方担保余值。

8. 租赁内含利率

租赁内含利率是指在租赁开始日，由出租人计算的、使最低租赁收款额的现值与未担保余值的现值之和等于租赁资产公允价值与出租人的初始直接费用之和的折现率。

第二节 经营租赁的会计处理

一、承租人对经营租赁的会计处理

在经营租赁下，与租赁资产所有权有关的风险和报酬并没有实质上转移给承租人，承租人不能将租入的资产作为本企业的资产计价入账，也不必计提折旧。但为了保证租赁资产的安全和有效使用，承租人应设置“经营租赁资产”备查簿作备查登记，以反映和监督租赁资产的使用、归还和结存情况。

（一）租金的会计处理

承租人对经营租赁的会计处理，主要是解决应支付的租金与计入当期费用的关系。

（1）承租人在经营租赁下发生的租金应当在租赁期内的各个期间按直线法确认为费用。如果其他方法更合理，也可以采用其他方法。

（2）某些情况下，出租人可能对经营租赁提供激励措施，如免租期、承担承租人某些费用等。在出租人提供了免租期的情况下，应将租金总额在整个租赁期内，而不是在租赁期扣除免租期后的期间内进行分摊，免租期内也确认租金费用；在出租人承担了承租人的某些费用的情况下，应将该费用从租金总额中扣除，并将租金余额在租赁期内进行分摊。

租金的账务处理为：确认各期租金费用时，借记“管理费用”等科目，贷记“其他应付款”“长期待摊费用”等科目；实际支付租金时，借记“其他应付款”“长期待摊费用”等科目，贷记“银行存款”“库存现金”等科目。

（二）初始直接费用的会计处理

对于承租人在经营租赁中发生的初始直接费用，应当直接计入当期损益。其账务处理为：借记“管理费用”等科目，贷记“银行存款”等科目。

（三）或有租金的会计处理

在经营租赁下，承租人对或有租金的处理与融资租赁下相同，即在实际发生时计入当期损益。其账务处理为：借记“财务费用”等科目，贷记“银行存款”等科目。

（四）租赁资产的修理支出和改良支出

由承租人负担的租入固定资产的修理支出应于发生时直接计入当期损益。

由承租人负担租入固定资产改良支出，若金额不大，应于发生时直接计入“制造费用”“管理费用”等科目。若金额较大，应于发生时先计入“长期待摊费用”科目，并在租赁期内平均摊销。

【例2-1】 N企业为季节性制造企业，每年1—3月为生产月份，为满足生产需求，N企业在这一期间内都会从其他企业租入相关生产设备。2014年1月，N企业按惯例租入一台生产设备，租赁期限为3个月，租金总计15 000元，分3个月支付，每月支付5 000元。另外，在租赁开始日还需支付押金20 000元。在此次租赁期间，N企业对租入设备进行了一次修理，支付维修费1 000元。

分析：此项租赁没有满足融资租赁的任何一条标准，应作为经营租赁处理。根据上述经济业务，N企业应做如下账务处理。

（1）支付押金时：

借：其他应收款　　20 000

　贷：银行存款　　20 000

（2）每月支付租金时：

借：制造费用——租赁费　　5 000

　贷：银行存款　　5 000

（3）支付租赁资产修理费用时：

借：制造费用——修理费　　1 000

　贷：库存现金　　1 000

（4）收回押金时：

借：银行存款　　20 000

　贷：其他应收款　　20 000

【例2-2】 2014年1月1日，M公司向N公司租入办公设备一台，设备价值为1 000 000元，预计使用年限为10年，租期为3年。租赁合同规定，租赁开始日（2014年1月1日）M公司向N公司一次性预付租金150 000元，第1年年末支付租金100 000元，第2年年末支付租金150 000元，第3年年末支付租金200 000元。租赁期届满后N公司收回设备，3年的租金总额为600 000元（假定M公司和N公司均在年末确认租金费用和租金收入，并且不存在租金逾期支付的情况）。

分析：此项租赁没有满足融资租赁的任何一条标准，应作为经营租赁处理。确认租金费用时，不能依据各期实际支付的租金的金额确定，而应采用直线法分摊确认各期的租金费用。此项租赁租金费用总额为600 000元，按直线法计算，每年应分摊的租金费用为200 000元。M公司应做如下账务处理。

2014年1月1日：

借：长期待摊费用　　150 000

　贷：银行存款　　150 000

2014年12月31日：

借：管理费用　　200 000

　贷：长期待摊费用　　100 000

　　　银行存款　　100 000

2015年12月31日：

借：管理费用　　200 000

　贷：长期待摊费用　　50 000

　　　银行存款　　150 000

2016年12月31日：

借：管理费用　　2 001 000

　　贷：银行存款　　200 000

二、出租人对经营租赁的会计处理

在经营租赁下，与租赁资产所有权有关的风险和报酬并实质上没有转移给承租人，出租人对经营租赁的会计处理主要是解决应收的租金与确认当期收入之间的关系以及经营租赁资产折旧的计提问题。

（一）租金的会计处理

出租人在经营租赁下收取的租金应当在租赁期内的各个期间按直线法确认为收入，如果其他方法更合理，也可以采用其他方法。

某些情况下，出租人可能对经营租赁提供激励措施，如免租期、承担承租人某些费用等。在出租人提供了免租期的情况下，应将租金总额在不扣除免租期的整个租赁期内，按直线法或其他合理的方法进行分配，免租期内应确认租赁收入；在出租人承担了承租人的某些费用的情况下，应将该费用从租金收入总额中扣除，并将租金收入余额在租赁期内进行分配。

租金的账务处理：确认各期租金收入时，借记“应收账款”“其他应收款”等科目，贷记“租赁收入”“其他业务收入”科目。实际收到租金时，借记“银行存款”等科目，贷记“应收账款”“其他应收款”等科目。

（二）租赁资产折旧的会计处理

如果经营租赁资产属于固定资产，出租人应当采用对类似折旧资产通常所采用的折旧政策计提折旧。会计处理为：借记“销售费用”科目，贷记“经营租赁资产累计折旧”科目；或借记“其他业务成本”科目，贷记“累计折旧”科目。

（三）初始直接费用的会计处理

对于初始直接费用，出租人与承租人会计处理相同，发生时直接将其计入当期损益。

（四）或有租金的会计处理

在经营租赁下，出租人对或有租金的处理与融资租赁下相同，即在实际发生时计入当期收益。其账务处理为：借记“银行存款”等科目，贷记“租赁收入”等科目。

此外，出租人应在财务报告中披露每类租出资产在资产负债表日的账面价值。

【例2-3】沿用【例2-2】相关资料。另外，假设N公司对租赁资产采用平均年限法计提折旧（不考虑净残值）。

分析：此项租赁没有满足融资租赁的任何一条标准，出租人应作为经营租赁处理。确认租金收入时，不能依据各期实际收到的租金的金额确定，而应采用直线法分配确认各期的租赁收入。此项租赁租金收入总额为600 000元，按直线法计算，每年应分配的租金收入为200 000元。

如果N公司为专业租赁公司，应做如下账务处理。

2014年1月1日：

借：银行存款	150 000	
贷：应收账款		150 000

2014年12月31日：

（1）借：银行存款	100 000	
应收账款	100 000	
贷：租赁收入		200 000
（2）借：销售费用	100 000	
贷：经营租赁资产累计折旧		100 000

2015年12月31日：

（1）借：银行存款	150 000	
应收账款	50 000	
贷：租赁收入		200 000

（2）同2014年折旧的计提（略）

2016年12月31日：

（1）借：银行存款	200 000	
贷：租赁收入		200 000

（2）同2009年折旧的计提（略）

如果N公司为非专业租赁公司，应做如下账务处理。

2014年1月1日：

借：银行存款	150 000	
贷：其他应收款		150 000

2014年12月31日：

（1）借：银行存款	100 000	
其他应收款	100 000	
贷：其他业务收入		200 000
（2）借：其他业务成本	100 000	
贷：累计折旧		100 000

2015年12月31日：

（1）借：银行存款	150 000	
其他应收款	50 000	
贷：其他业务收入		200 000

（2）同2014年折旧的计提（略）

2016年12月31日：

（1）借：银行存款	200 000	
贷：其他业务收入		200 000

（2）同2014年折旧的计提（略）

第三节 融资租赁的会计处理

融资租赁与经营租赁相比，会计处理复杂一些，要解决的会计问题也比较多，主要包括承租人和出租人在租赁开始日的会计确认与计量（租赁资产公允价值的确认、最低租赁付款额和最低租赁收款额及其现值的确认、未确认融资费用及未确认融资收益的确认、初始直接费用的核算，以及未担保余值的核算等），以及在租赁期内按照实际利率法分摊未确认融资费用及未实现融资收益等的会计处理。

一、承租人对融资租赁的会计处理

（一）租赁期开始日的会计处理

承租人在租赁期开始日应设置“固定资产——融资租入固定资产”“长期应付款——应付融资租赁款”“未确认融资费用”等会计科目。

1. “固定资产——融资租入固定资产”科目

“固定资产——融资租入固定资产”科目用于核算承租人以融资租赁方式取得的固定资产的价值。其借方登记租赁开始日收到的融资租赁固定资产的成本（租赁开始日租赁资产公允价值与最低租赁付款额现值两者中的较低者加上初始直接费用），贷方登记租赁期满退还出租人或因购买而转入自有固定资产的成本。在计算最低租赁付款额现值时应注意以下几点。

（1）最低租赁付款额的确定

由定义可知，最低租赁付款额=各期租金之和+对承租人而言的担保余值+购买价款。

一般情况下，若租赁协议包含购买选择权，最低租赁付款额=各期租金之和+购买价款；若租赁协议不包括购买选择权，则最低租赁付款额=各期租金之和+对承租人而言的担保余值。

（2）折现率的选择

如果知悉出租人的租赁内含利率，应当采用出租人的租赁内含利率作为折现率；否则，应当采用租赁协议规定的利率作为折现率；如果出租人的租赁内含利率和租赁协议规定的利率均无法知悉，应当采用同期银行贷款利率作为折现率。也就是说，折现率的选择应按照“租赁内含利率——合同利率——同期银行贷款利率”顺序依次选择。

2. “长期应付款——应付融资租赁款”科目

“长期应付款——应付融资租赁款”科目用于核算承租人以融资租赁方式取得固定资产时所引起的长期负债。其贷方登记租赁期开始日形成的、应支付给出租人的最低租赁付款额，借方登记按期偿还的应付融资租赁款金额。

3. “未确认融资费用”科目

“未确认融资费用”科目用于核算企业应当按照实际利率法计算并分期摊销计入利息费用的融资费用。其借方登记企业在融资租赁等业务中发生的未确认融资费用金额，贷方登记每期摊销计入财务费用的金额。该科目的余额在借方，反映企业尚未确认的融资费用的摊余价值。在租赁期开始日，未确认融资费用=应付融资租赁款-租赁资产公允价值与最低租赁付款额现值两者中的较低者。

在租赁期开始日的账务处理为：承租人应将租赁资产公允价值与最低租赁付款额的现两者中的较低者加上初始直接费用作为租赁资产的入账价值，借记“固定资产——融资租入固定资产”科目，同时，将最低租赁付款额作为长期应付款入账，贷记“长期应付款——应付融资租赁款”科目，按发生的初始直接费用金额，贷记“银行存款”等科目，将其差额作为未确认融资费用入账，借记“未确认融资费用”科目。如果融资租入的固定资产在租赁开始日需要经过安装才能投入使用，则应先通过“在建工程”科目核算，安装完毕交付使用时，再由“在建工程”科目转入“固定资产——融资租入固定资产”科目。

（二）租金的会计处理

承租人在每期支付租金时，应借记“长期应付款——应付融资租赁款”科目，贷记“银行存款”科目。

（三）未确认融资费用的会计处理

在租赁期开始日，“长期应付款——应付融资租赁款”科目反映的是承租人应向出租人支付的租金总额，其中既包含了租赁资产的本金（即租赁资产的初始入账价值），也包括了利息（即未确认融资费用）。因此，承租人在每期支付租金时，一方面应减少长期应付款，另一方面还应把因租赁资产而承担的融资费用摊销计入财务费用。根据企业会计准则的规定，在租赁期开始日确认的“未确认融资费用”应在整个租赁期内采用实际利率法予以分摊。在摊销时，应借记“财务费用”科目，贷记“未确认融资费用”科目。

承租人在采用实际利率法分摊未确认融资费用时，应当根据租赁期开始日租入资产入账价值的不同情况，合理选择分摊率。具体方法如下。

如果在租赁期开始日，租赁资产以最低租赁付款额的现值作为入账价值，那么未确认融资费用的分摊率应与计算最低租赁付款额现值时的折现率一致。

如果在租赁期开始日，租赁资产是以公允价值作为入账价值，承租人则应当重新计算未确认融资费用的分摊率，而此时的分摊率应该等于使最低租赁付款额的现值与租赁资产公允价值相等时的折现率。

（四）租赁资产折旧的会计处理

由于在租赁期开始日，承租人已将租入资产作为固定资产入账，根据固定资产的核算方法，承租人应按期对融资租入的固定资产计提折旧。在计提折旧时，应特别注意折旧政策和折旧期间的选择方法。

1. 折旧政策

对于融资租入资产计提折旧时，承租人应采用与自有应折旧资产相一致的折旧政策。同自有应折旧资产一样，租赁资产的折旧方法一般有年限平均法、工作量法、双倍余额递减法、年数总和法等。如果承租人或与其有关的第三方对租赁资产余值提供了担保，则应计折旧总额为租赁开始日固定资产的入账价值扣除担保余值后的余额；如果承租人或与其有关的第三方未对租赁资产余值提供担保，则应计折旧总额为租赁期开始日固定资产的入账价值。

2. 折旧期间

确定租赁资产的折旧期间时，应视租赁协议的规定而论。如果能够合理确定租赁期满时承租人将会取得租赁资产所有权，即可认为承租人拥有该项资产的全部尚可使用寿命，因此应以租赁开始日租赁资产的尚可使用寿命作为折旧期间；如果无法合理确定租赁期满后承租人是否能够取得租赁资产的所有权，则应以租赁期与租赁资产尚可使用寿命两者中较短者作为折旧期间。

（五）履约成本的会计处理

在融资租赁过程中发生的履约成本名目较多，如技术咨询和服务费、人员培训费、维修费、保险费等，承租人在实际工作中可根据其内容分别进行处理。对于融资租入固定资产发生的技术咨询和服务费、人员培训费等，如果金额较大，应先予以递延，借记“长期待摊费用”科目，贷记“银行存款”科目，然后分摊计入各租赁期费用账户，借记“制造费用”“管理费用”等科目，贷记“长期待摊费用”科目；如果金额不大，可于费用发生时，直接计入当期费用，借记“制造费用”“管理费用”等科目，贷记“银行存款”科目。对于融资租入固定资产发生的修理费、保险费等，一般均于费用发生时，直接计入当期损益。

（六）或有租金的会计处理

由于或有租金的金额不固定，无法采用系统合理的方法对其进行分摊，或有租金一般在实际发生时直接计入当期损益。

（1）对于以销售量、使用量为依据计算并支付的或有租金，应借记“销售费用”科目，贷记“银行存款”等科目。

（2）对于以物价指数为依据计算并支付的或有租金，应借记“财务费用”科目，贷记“银行存款”等科目。

（七）租赁期满时的会计处理

租赁期满时，承租人对租赁资产的处理通常有返还、优惠续租和留购 3 种情况。

1. 返还租赁资产

租赁期满承租人向出租人返还租赁资产时，通常借记“长期应付款——应付融资租赁款”“累计折旧”科目，贷记“固定资产——融资租入固定资产”科目。

2. 优惠续租租赁资产

租赁期满如果承租人行使优惠续租选择权，则应视同该项租赁一直存在而做出相应的账务处理，如果承租人没有续租，根据租赁协议规定须向出租人支付违约金时，借记“营业外支出”科目，贷记“银行存款”等科目。

3. 留购租赁资产

在承租人享有优惠购买选择权的情况下，租赁期满支付购买价款时，借记“长期应付款——应付融资租赁款”科目，贷记“银行存款”等科目；同时，将固定资产从“融资租人固定资产”明细科目转入自有固定资产的相关明细科目。

（八）相关会计信息的列报与披露

资产负债表日，承租人应当在资产负债表中，将与融资租赁相关的长期应付款减去未确认融资费用的差额，列入“长期负债”或“一年内到期的长期负债”项目。同时，应在报表附注中披露与融资租赁有关的下列信息。

（1）各类租入固定资产的期初和期末原价、累计折旧额。

（2）资产负债表日后连续 3 个会计年度每年将支付的最低租赁付款额，以及以后年度将支付的最低租赁付款额总额。

（3）未确认融资费用的余额以及分摊未确认融资费用所采用的方法。

（九）承租人会计处理举例

【例2-4】2012年12月30日，M公司与N公司签订了一份租赁合同，向N公司租入塑钢机一台。合同主要条款如下。

1. 租赁标的物：塑钢机。
2. 起租日：2012年12月31日。
3. 租赁期：2012年12月31日—2015年12月31日，共36个月。
4. 租金支付：每隔6个月于月末支付租金150 000元。
5. 该机器的保险、维护等费用均由M公司负担，估计每年约10 000元。
6. 该机器在2012年12月31日的公允价值为700 000元。
7. 租赁合同规定的利率为7%（6个月利率）（N公司租赁内含利率未知）。
8. M公司在租赁谈判和签订租赁合同过程中发生可归属于租赁项目的手续费、差旅费1 000元。
9. 该机器的估计使用年限为8年，已使用3年，期满无残值。承租人采用平均年限法计提折旧。
10. 租赁期满时，M公司享有优惠购买该机器的选择权，购买价为100元，估计该日租赁资产的公允价值为80 000元。
11. 2014年和2015年两年，M公司每年按该机器所生产的产品——塑钢窗户的年销售收入的5%向N公司支付经营分享收入。

假设M公司在2014年和2015年实现的塑钢窗销售收入分别为100 000元和150 000元，并在2015年末租赁期满时，M公司向N公司支付了100元，行使了优惠购买该塑钢机的选择权。

根据上述资料，承租人（M公司）的会计处理如下（不考虑相关税费）。

1. 判断租赁类型

本例存在优惠购买选择权，优惠购买价100元远低于行使选择权日租赁资产的公允价值80 000元，所以在租赁开始日，即2012年12月30日就可合理确定M公司将会行使这种选择权，符合第2条判断标准；另外，最低租赁付款额的现值为715 116.60元（计算过程见后）大于租赁资产公允价值的90%即630 000元（700 000元×90%），符合第4条判断标准。所以这项租赁应当认定为融资租赁。

2. 计算租赁期开始日最低租赁付款额的现值，确定租赁资产入账价值

（1）确定最低租赁付款额。

本例中，最低租赁付款额=各期租金之和+行使优惠购买选择权支付的金额

=150 000×6+100=900 100（元）

（2）计算最低租赁付款额的现值，确定租赁资产的入账价值。

因为：每期租金150 000元的年金现值=150 000×（P/A，7%，6）=150 000×4.767=715 050

优惠购买选择权行使价格100元的复利现值=100×（P/F，7%，6）= 100×0.666=66.60

所以：最低租赁付款额的现值=715 050+66.60=715 116.60（元）>公允价值700 000（元）

根据公允价值与最低租赁付款额现值孰低原则，M公司租入资产的入账价值应为该资产的公允价值700 000元与初始直接费用之和。本例中M公司发生了1 000元的初始直接费用，因此，M公司融资租赁资产的入账价值应该为701 000元。

（3）计算未确认融资费用。

未确认融资费用=最低租赁付款额-租赁资产公允价值与最低租赁付款额现值两者中的较低者

=900 100-700 000=200 100（元）

（4）据以上计算，租赁期开始日的会计分录如下。

借：固定资产——融资租入固定资产　　701 000

　　未确认融资费用　　200 100

　　贷：长期应付款——应付融资租赁款　　900 100

　　　　银行存款　　1 000

3. 支付租金和分摊未确认融资费用的会计处理

（1）确定未确认融资费用的分摊率。

本例中，由于租赁资产入账价值为公允价值，根据融资费用分摊率的确定方法，应当重新计算分摊率。该分摊率是使最低租赁付款额的现值等于租赁资产公允价值的折现率。

根据公式租赁开始日最低租赁付款额的现值=租赁开始日租赁资产公允价值，假定未确认融资费用的分摊率为r，可以得出：

150 000×（P/A，r，6）+100×（P/F，r，6）=700 000

可在多次测试的基础上，用插值法计算融资费用分摊率r。

当r=7%时，150 000×4.767+100×0.666=715 050+66.6=715 116.6>700 000

当r=8%时，150 000×4.623+100×0.630=693 450+63=693 513<700 000

因此，7%<r<8%。用插值法计算如下。

现值	利率
715 116.6	7%
700 000	r
693 513	8%

（715 116.6-700 000）/（715 116.6-693 513）=（7%-r）/（7%-8%）

r=（21 603.6×7%+15 116.6×1%）/21 603.6=7.70%

即融资费用分摊率为7.70%。

（2）未确认融资费用分摊计算。

在租赁期内采用实际利率法计算分摊未确认融资费用，见表2-1。

表2-1　　未确认融资费用分摊表（实际利率法）

2013年1月1日　　单位：元

日期	租金	确认的融资费用	应付本金减少额	应付本金额
①	②	③=期初⑤×7.70%	④=②-③	期末⑤=期初⑤-④
2012年12月31日				700 000
2013年6月30日	150 000	53 900	96 100	603 900
2013年12月31日	150 000	46 500.3	103 499.70	500 400.30
2014年6月30日	150 000	38 530.82	111 469.18	388 931.12
2014年12月31日	150 000	29 947.70	120 052.30	268 878.82
2015年6月30日	150 000	20 703.67	129 296.33	139 582.49

续表

日期	租金	确认的融资费用	应付本金减少额	应付本金额
①	②	③=期初⑤×7.70%	④=②-③	期末⑤=期初⑤-④
2015年12月31日	150 000	10 517.51*	139 482.49*	100
2015年12月31日	100		100	
合计	900 100	200 100	700 000	

*尾数调整：10 517.51=150 000-139 482.49；139 482.49=139 582.49-100。

（3）据以上计算，每期支付租金、分摊未确认融资费用的会计分录如下。

2013年6月30日，支付第一期租金

借：长期应付款——应付融资租赁款　　150 000

　　贷：银行存款　　150 000

借：财务费用　　53 900

　　贷：未确认融资费用　　53 900

2013年12月31日，支付第二期租金

借：长期应付款——应付融资租赁款　　150 000

　　贷：银行存款　　150 000

借：财务费用　　46 500.30

　　贷：未确认融资费用　　46 500.30

2014年6月30日，支付第三期租金

借：长期应付款——应付融资租赁款　　150 000

　　贷：银行存款　　150 000

借：财务费用　　38 530.82

　　贷：未确认融资费用　　38 530.82

2014年12月31日，支付第四期租金

借：长期应付款——应付融资租赁款　　150 000

　　贷：银行存款　　150 000

借：财务费用　　29 947.70

　　贷：未确认融资费用　　29 947.70

2015年6月30日，支付第五期租金

借：长期应付款——应付融资租赁款　　150 000

　　贷：银行存款　　150 000

借：财务费用　　20 703.67

　　贷：未确认融资费用　　20 703.67

2015年12月31日，支付第六期租金

借：长期应付款——应付融资租赁款　　150 000

　　贷：银行存款　　150 000

借：财务费用　　10 517.51

　　贷：未确认融资费用　　10 517.51

4. 租赁资产折旧计提的会计处理

根据本例中的租赁条款分析：（1）由于承租人及与其有关的第三方未对租赁资产余值提供担保，计提折旧总额应为租赁期开始日租赁资产的入账价值701 000。（2）承租人租赁期满时有优惠购买权，优惠购买价款为100元，远远低于行权当日租赁资产公允价值80 000元，可以确定M公司在租赁期满时，会取得这项租赁资产的所有权，M公司应在该项租赁资产剩余使用年限（即5年）内计提折旧。

承租人对租入资产采用年限平均法计提折旧时，其计算见表2-2。

表2-2　融资租入固定资产折旧计算表（年限平均法）

2013年1月1日　单位：元

日期	固定资产原价	估计余值	折旧率	当年折旧费	累计折旧	固定资产净值
2012年12月31日	701 000					701 000
2013年12月31日	701 000		20%	140 200	140 200	560 800
2014年12月31日	701 000		20%	140 200	280 400	420 600
2015年12月31日	701 000		20%	140 200	420 600	280 400
2016年12月31日	701 000		20%	140 200	560 800	140 200
2017年12月31日	701 000		20%	140 200	701 000	
合计	701 000			701 000		

据以上计算，M公司计提折旧的会计分录如下。

2013年12月31日，计提本年折旧（假定按年计提折旧）

借：制造费用——折旧费　140 200

　贷：累计折旧　140 200

2014—2017年各年分录同上。

5. 履约成本的处理

承租人对融资租入固定资产发生的修理费、保险费等履约成本，应于费用发生时直接计入当期损益。M公司对于租入资产每年支付的10 000元修理费、保险费等履约成本，应做如下会计分录。

借：管理费用　10 000

　贷：银行存款　10 000

6. 或有租金的处理

根据租赁合同规定，在2014年和2015年，M公司每年应按塑钢窗销售收入的5%向N公司支付经营分享收入，即或有租金。这两年应支付给N公司经营分享收入分别为5 000元和7 500元。相应的会计分录如下。

2014年12月31日

借：销售费用　5 000

　贷：其他应付款——N公司　5 000

2015年12月31日

借：销售费用　7 500

　贷：其他应付款——N公司　7 500

7. 租赁期满时的处理

2015年12月31日，租赁合同期满时，M公司向N公司支付购买价款100元，行使了购买选择权，相应的会计分录如下。

借：长期应付款——应付融资租赁款　　100

　　贷：库存现金　　100

同时，将该租入资产转为自有资产。

借：固定资产——生产用固定资产　　701 000

　　贷：固定资产——融资租入固定资产　　701 000

二、出租人对融资租赁的会计处理

（一）租赁期开始日的会计处理

出租人在租赁期开始日应设置“融资租赁资产”“长期应收款——应收融资租赁款”“未担保余值”“未实现融资收益”等会计科目。

1. “长期应收款——应收融资租赁款”科目

在融资租赁下，由于出租人将与租赁资产所有权有关的风险和报酬实质上转移给承租人，将租赁资产的使用权长期转让给承租人，并以此获取租金，因此，出租人的租赁资产在租赁开始日实际上就变成了收取租金的债权。该科目用于核算出租人以融资租赁方式出租固定资产所引起的长期债权。其借方登记租赁开始日最低租赁收款额与初始直接费用之和，贷方登记每期收回的应收融资租赁款。

其中，最低租赁收款额=最低租赁付款额+独立于承租人和出租人的第三方担保余值。

2. “未担保余值”科目

“未担保余值”科目用于核算出租人采用融资租赁方式租出资产的未被担保的那部分资产余值。其借方登记已出租融资租赁资产未担保余值的金额，贷方登记租赁期满转回的或发生了减值的未担保余值金额。

3. “融资租赁资产”科目

“融资租赁资产”科目用于核算出租人为开展融资租赁业务而取得的、以租赁为目的的资产的成本。其借方登记企业购入或以其他方式取得的资产的成本；贷方登记以融资租赁方式租出的租赁资产在租赁期开始日的公允价值（最低租赁收款额的现值和未担保余值的现值之和），租赁资产公允价值与其账面价值的差额，借记“营业外支出”科目或贷记“营业外收入”科目。

4. “未实现融资收益”科目

“未实现融资收益”科目用于核算出租人应当按照实际利率法等计算并分期摊销计入租赁收入或利息收入的融资收益。其贷方登记企业在融资租赁业务中发生的未实现的融资收益金额，借方登记每期摊销计入租赁收入或利息收入的金额。该科目的余额在贷方，反映企业尚未实现的融资收益的摊余价值。

出租人在租赁期开始日的账务处理为：按最低租赁收款额与初始直接费用之和，借记“长期应收款——应收融资租赁款”科目，按未担保余值，借记“未担保余值”科目，按租赁资产的公允价值，贷记“融资租赁资产”科目，租赁资产公允价值与其账面价值的差额，借记“营业外支出”科目或贷记“营业外收入”科目，按发生的初始直接费用，贷记“银行存款”等科目，按借方与贷方的差额，贷记“未实现融资收益”科目。

（二）初始直接费用的会计处理

出租人在租赁期开始日将初始直接费用进行资本化，计入“长期应收款——应收融资租赁款”账户。由于计算租赁内含利率时，考虑了初始直接费用因素，为避免以后各期未实现融资收益的摊销延后及未实现融资收益的高估，在租赁期开始日应对未实现融资收益进行调整，将初始直接费用由“长期应收款——应收融资租赁款”账户转出，直接抵减未实现融资收益。账务处理为：借记“未实现融资收益”科目，贷记“长期应收款——应收融资租赁款”科目。

（三）收取租金的会计处理

出租人每期收到租金时，应借记“银行存款”科目，贷记“长期应收款——应收融资租赁款”科目。

（四）未实现融资收益的会计处理

根据租赁准则的规定，未实现融资收益应当在租赁期内各个期间进行分配，确认为各期的租赁收入。出租人分配未实现融资收益、确认各期租赁收入时，应当采用实际利率法。根据每期确认的租赁收入金额，借记“未实现融资收益”科目，贷记“租赁收入”科目。

其中，出租人分配未实现融资收益时采用的实际利率应为其租赁内含利率，也就是在租赁开始日，使最低租赁收款额的现值与未担保余值的现值之和等于租赁资产公允价值与出租人的初始直接费用之和的折现率。

（五）或有租金的会计处理

出租人对于或有租金，应在实际发生时确认为当期损益。其会计处理为：借记“应收账款”等科目，贷记“租赁收入”科目。

（六）租赁期满时的会计处理

租赁期满时，出租人针对收回租赁资产、承租人优惠续租资产、承租人留购租赁资产 3 种不同情况做相应的会计处理。

1. 收回租赁资产

（1）对资产余值全部担保的，应按担保余值金额，借记“融资租赁资产”科目，贷记“长期应收款——应收融资租赁款”科目。如果收回租赁资产的价值低于担保余值，则应向担保人收取价值损失补偿金，借记“其他应收款”科目，贷记“营业外收入”科目。

（2）对资产余值部分担保的，在出租人收到承租人交还的租赁资产时，借记“融资租赁资产”科目，贷记“长期应收款——应收融资租赁款”“未担保余值”等科目。如果收回租赁资产的价值扣除未担保余值后的余额低于担保余值，则应向担保人收取价值损失补偿金，借记“其他应收款”科目，贷记“营业外收入”科目。

（3）对资产余值全部未担保的，在出租人收到承租人交还的租赁资产时，借记“融资租赁资产”科目，贷记“未担保余值”科目。

2. 承租人优惠续租资产

（1）如果租赁期满时承租人行使优惠续租选择权，则出租人应视同该项租赁一直存在而做出相应的账务处理，如继续分配未实现融资收益等。

（2）如果租赁期满时承租人未按租赁合同规定续租，出租人应向承租人收取违约金，并将其确认为营业外收入。同时，收回的租赁资产可参照“收回租赁资产”情况进行会计处理。

3. 承租人留购租赁资产

租赁期满时，承租人行使了优惠购买选择权。出租人应按收到的承租人支付的购买资产的价款，借记“银行存款”等科目，贷记“长期应收款——应收融资租赁款”科目。

（七）出租人融资租赁业务的披露

资产负债表日，出租人应将“长期应收款——应收融资租赁款”减去“未实现融资收益”的差额，在资产负债表中列入“长期应收款”项目。同时，应当在财务报表附注中披露与融资租赁有关的下列信息。

（1）资产负债表日后连续 3 个会计年度每年将收到的最低租赁收款额，以及以后年度将收到的最低租赁收款额总额；

（2）未实现融资收益的余额，以及分配未实现融资收益所采用的方法。

（八）出租人会计处理举例

【例2-5】沿用【例2-4】，并假设融资租赁固定资产账面价值为700 000元。出租人（N公司）为签订该项租赁合同发生初始直接费用10 000元，已用银行存款支付。

根据资料，出租人（N公司）的会计处理如下（不考虑相关税费）。

1. 判断租赁类型

本例存在优惠购买选择权，优惠购买价100元远远小于行使选择权日租赁资产的公允价值70 000元，因此在2012年12月30日就可合理确定甲公司将会行使这种选择权，符合第2条判断标准；另外，在本例中，最低租赁收款额的现值=710 000元（计算过程见后），大于租赁开始日租赁资产公允价值的90%，即630 000元（700 000元×90%），符合第4条判断标准；因此这项租赁应认定为融资租赁。

2. 计算租赁开始日最低租赁收款额及其现值和未实现融资收益

最低租赁付款额=各期租金之和+行使优惠购买选择权支付的金额

=150 000×6+100=900 100（元）

最低租赁收款额=最低租赁付款额+独立于承租人和出租人的第三方担保余值

= 900 100+0=900 100（元）

应收融资租赁款入账价值=最低租赁收款额+初始直接费用

=900 100+10 000=910 100

最低租赁收款额现值=租赁开始日租赁资产公允价值+初始直接费用

=700 000+10 000=710 000（元）

未实现融资收益=910 100−710 000=200 100（元）

据以上计算，租赁期开始日的会计分录如下。

借：长期应收款——应收融资租赁款	910 100	
贷：银行存款		10 000
融资租赁固定资产		700 000
未实现融资收益		200 100

3. 计算租赁内含利率

本例中，最低租赁收款额=租金×期数+优惠购买价格=150 000×6+100=900 100（元）

假定租赁内含利率为r，可以得出：

150 000×（P/A，r，6）+100×（P/F，r，6）=710 000（租赁资产的公允价值十初始直接费用）。

根据该等式，可在多次测试的基础上，用插值法计算租赁内含利率。

当r=7%时，150 000×4.767+100×0.666=715 050+66.6=715 116.6（元）>710 000（元）

当r=8%时，150 000×4.623+100×0.630=693 450+63=693 513（元）<710 000（元）

因此，7%<r<8%。用插值法计算如下。

现值	利率
715 116.6	7%
710 000	r
693 513	8%

（715 116.6−710 000）/（715 116.6−693 513）=（7%−r）/（7%−8%）

r=（21 603.6×7%+5 116.6×1%）÷21 603.6=7.24%

即，租赁内含利率为7.24%。

4. 初始直接费用的会计处理

在计算租赁内含利率时已考虑了初始直接费用的因素，为了避免未实现融资收益高估，在初始确认时应对未实现融资收益进行调整，借记“未实现融资收益”科目，贷记“长期应收款——应收融资租赁款”科目。本例在租赁期开始日应做会计分录如下。

借：未实现融资收益　　10 000

　贷：长期应收款——应收融资租赁款　　10 000

5. 租金收取和未实现融资收益分配的处理

（1）计算租赁期内各期应分摊的融资收益，见表2-3。

表2-3　未确认融资收益分配表（实际利率法）

2013年1月1日　　单位：元

日期	租金	确认的融资收入	租赁投资净额减少额	租赁投资净额余额
①	②	③=期初⑤×7.24%	④=②−③	期末⑤=期初⑤−④
2012年12月31日				710 000.00
2013年6月30日	150 000	51 404.00	98 596.00	611 404.00
2013年12月31日	150 000	44 265.00	105 734.35	505 669.65
2014年6月30日	150 000	36 610.48	113 389.52	392 280.13
2014年12月31日	150 000	28 401.08	121 598.92	270 681.21
2015年6月30日	150 000	19 597.32	130 402.68	140 278.53
2015年12月31日	150 000	9 821.47*	140 178.53*	100.00
2015年12月31日	100		100.00	
合计	900 100	190 100.00	710 000.00	

*尾数调整：9 821.47=150 000−140 178.53；140 178.53=140 278.53−100.00。

（2）租金收取和未实现融资收益分配的会计分录如下。

2013年6月30日

借：银行存款　　150 000

　　贷：长期应收款——应收融资租赁款　　150 000

借：未实现融资收益　　51 404

　　贷：租赁收入　　51 404

2013年12月31日

借：银行存款　　150 000

　　贷：长期应收款——应收融资租赁款　　150 000

借：未实现融资收益　　44 265.65

　　贷：租赁收入　　44 265.65

2014年6月30日

借：银行存款　　150 000

　　贷：长期应收款——应收融资租赁款　　150 000

借：未实现融资收益　　36 610.48

　　贷：租赁收入　　36 610.48

2014年12月31日

借：银行存款　　150 000

　　贷：长期应收款——应收融资租赁款　　150 000

借：未实现融资收益　　28 401.08

　　贷：租赁收入　　28 401.08

2015年6月30日

借：银行存款　　150 000

　　贷：长期应收款——应收融资租赁款　　150 000

借：未实现融资收益　　19 597.32

　　贷：租赁收入　　19 597.32

2015年12月31日

借：银行存款　　150 000

　　贷：长期应收款——应收融资租赁款　　150 000

借：未实现融资收益　　9 821.47

　　贷：租赁收入　　9 821.47

6. 或有租金的处理

根据租赁合同规定，在2014年和2015年，N公司每年可按塑钢窗销售收入的5%向M公司收取经营分享收入，即或有租金。这两年可向M公司收取经营分享收入分别为5 000元和7 500元。相应的会计分录如下。

2014年

借：银行存款（或应收账款）　　5 000

　　贷：租赁收入　　5 000

2015年

借：银行存款（或应收账款） 7 500

　　贷：租赁收入 7 500

7. 租赁期满的处理

2015年12月31日，租赁合同期满时，N公司收到M公司支付的购买价款100元，相应的会计分录如下。

借：银行存款 100

　　贷：长期应收款——应收融资租赁款 100

（九）出租人会计处理中的几个特殊问题

1. 租金逾期未能收回

根据谨慎性原则的要求，出租人对于超过一个租金支付期而未收到的租金，不应确认当期的租赁收入；对于以前已经确认的租赁收入，应予冲回，借记“租赁收入”科目，贷记“未实现融资收益”科目。对于未确认和已冲回的租赁收入，在备查账中登记。如果超期支付的租金以后又收回，应将租金中所含租赁收入确认为收到当期的收入，借记“未实现融资收益”科目，贷记“租赁收入”科目。

2. 计提“长期应收款——应收融资租赁款”坏账准备

为了真实、客观地反映出租人在融资租赁中的债权，出租人应当定期根据承租人的财务及经营管理情况，以及租金的逾期期限等因素，分析应收融资租赁款的风险程度和收回的可能性，对应收融资租赁款合理计提坏账准备。值得注意的是，由于逾期租金所含租赁收入已停止确认，出租人只需对应收融资租赁款减去未实现融资收益的差额部分（在金额上等于本金的部分）计提坏账准备，而不是对应收融资租赁款全额计提坏账准备。坏账准备的计提方法由出租人根据有关规定自行确定，但一经确定，不得随意变更。具体会计处理如下。

（1）根据有关规定合理计提坏账准备时，借记“资产减值损失”科目，贷记“坏账准备”科目。

（2）对于确实无法收回的应收融资租赁款，经批准作为坏账损失，冲销计提的坏账准备，借记“坏账准备”科目，贷记“长期应收款——应收融资租赁款”科目。

（3）已确认并转销的坏账损失，如果以后又收回，按实际收回的金额，借记“长期应收款——应收融资租赁款”科目，贷记“坏账准备”科目；同时，借记“银行存款”科目，贷记“长期应收款——应收融资租赁款”科目。

可见，除了计算的基数不同外，“长期应收款——应收融资租赁款”与“应收账款”计提坏账准备的会计处理方法相同。

3. 未担保值发生变动

根据谨慎性原则的要求，出租人应定期对未担保余值进行复核，至少于每年年末复核一次。如果有证据表明未担保余值已经发生减少，应重新计算租赁内含利率，并将由此而引起的租赁投资净额（租赁投资净额是指最低租赁收款额及未担保余值之和与未实现融资收益之间的差额）的减少确认为当期损失，以后各期根据修正后的租赁投资净额和重新计算的租赁内含利率确定应确认的租赁收入。如已确认损失的未担保余值得以恢复，应在原先已确认的损失金额内转回，并重新计算租赁内含利率，以后各期根据修正后的租赁投资净额和重新计算的租赁内含利率确定应确认的融资收入。未担保余值增加时，则不做任何调整。

在未担保余值发生减少时，对前期已确认的融资收入不做追溯调整，只对未担保余值发生减少的当期和以后各期，根据修正后的租赁投资净额和重新计算的租赁内含利率计算应确认的融资收入。具体会计处理如下。

（1）期末，出租人的未担保余值的预计可收回金额低于其账面价值的差额，借记“资产减值损失”科目，贷记“未担保余值减值准备”科目。同时，将上述减值金额与由此所产生的租赁投资净额的减少额之间的差额，借记“未实现融资收益”科目，贷记“资产减值损失”科目。

（2）如果已确认损失的未担保余值得以恢复，应按未担保余值恢复的金额，借记“未担保余值减值准备”科目，贷记“资产减值损失”科目。同时，按原减值额与由此所产生的租赁投资净额的增加额之间的差额，借记“资产减值损失”科目，贷记“未实现融资收益”科目。

【例2-6】沿用【例2-5】，并假设未担保余值为1 000元，于2014年12月31日减值为500元。

在租赁期开始日，N公司的会计处理如下。

借：长期应收款——应收融资租赁款　　910 100
　　未担保余值　　1 000
　　贷：银行存款　　10 000
　　　　融资租赁固定资产　　700 000
　　　　未实现融资收益　　201 100

同时，将初始直接费用调整为未实现融资收益。

借：未实现融资收益　　10 000
　　贷：长期应收款——应收融资租赁款　　10 000

计算租赁内含利率r如下。

$$150\,000\times(P/A,\ r,\ 6)+(100+1\,000)\times(P/F,\ r,\ 6)=710\,000$$

计算可得r=7.27%

据此，计算租赁期内各期应分摊的未实现融资收益，见表2-4。

表2-4　　未确认融资收益分配表（实际利率法）

2013年1月1日

日期	租金	确认的融资收入	租赁投资净额减少额	租赁投资净额余额
①	②	③=期初⑤×7.27%	④=②-③	期末⑤=期初⑤-④
2012年12月31日				710 000.00
2013年6月30日	150 000	51 617.00	98 383.00	611 617.00
2013年12月31日	150 000	44 464.56	105 535.44	506 081.56
2014年6月30日	150 000	36 792.13	113 207.87	392 873.69
2014年12月31日	150 000	28 561.92	121 438.08	271 435.6
2015年6月30日	150 000	19 733.37	130 266.63	141 168.97
2015年12月31日	150 000	9 931.03*	140 068.97*	1 100.00
2015年12月31日	100		100.00	
合计	900 100	191 100.00	709 000.00	

*尾数调整：9 931.03=150 000-140 068.97；141 068.97=141 168.97-1 100.00。

由以上可见，当存在1 000元未担保余值时，N公司的租赁内含利率发生了变化，各期应分摊的未实现融资收益金额也相应发生了变化，对应会计分录（略）也将有所变化。

2015年12月31日，未担保余值发生减值时，重新计算租赁内含利率r如下。

150 000×（P/A，r，3）+（100+500）×（P/F，r，3）=392 873.69

计算可得：r=7.19%

据此，重新计算租赁期内各期应分摊的未实现融资收益，见表2-5。

表 2-5　　未确认融资收益分配表

日期	租金	确认的融资收入	租赁投资净额减少额	租赁投资净额余额
①	②	③=期初⑤×7.27%或×7.19%	④=②-③	期末⑤=期初⑤-④
2012 年 12 月 31 日				710 000.00
2013 年 6 月 30 日	150 000	51 617.00	98 383.00	611 617.00
2013 年 12 月 31 日	150 000	44 464.56	105 535.44	506 081.56
2014 年 6 月 30 日	150 000	36 792.13	113 207.87	392 873.69
2014 年 12 月 31 日	150 000	28 247.62	121 752.38	271 121.30
2015 年 6 月 30 日	150 000	19 493.62	130 506.38	140 614.92
2015 年 12 月 31 日	150 000	9 985.08*	140 014.92*	600.00
2015 年 12 月 31 日	100		100.00	
合计	900 100	190 600.00	709 500.00	

*尾数调整：9 985.08=150 000−140 014.92；140 014.92=140 614.92−600.00。

由表2-5可见，2015年12月31日未担保余值发生变动的租赁投资净额的减少额=271 435.60−271 121.30=314.30。

2015年12月31日，针对未担保余值发生变动的情况，N公司还应做如下会计处理。

借：资产减值损失　　500

　　贷：未担保余值减值准备　　500

借：未实现融资收益　　314.30

　　贷：资产减值损失　　314.30

以后各期的会计分录（略）。

第四节　售后租回的会计处理

一、售后租回的含义与实质

售后租回是一种特殊形式的租赁业务，是指卖主（即承租人）将一项自制或外购的资产出售后，又将该项资产从买主（即出租人）租回，习惯上称之为“回租”。在售后租回交易中，资产的原所有者（即承租人）在保留对资产的使用权和控制权的前提下，将固定资本转化为货币资本，在出售时可取得全部价款的现金，而租金则是分期支付的，从而获得了所需的资金，实现融资的目的；而资产的新所有者（即出租人）通过售后租回交易，找到了一个风险小、回报有保障的投资机会。

由于在售后租回交易中资产的售价和租金是相互关联的，是以一揽子方式谈判和一并计算的，因此，资产的出售和租回实质上是同一项交易。也就是说，售后租回交易实质上一种融资行为，而不是独立的销售行为。因此，在会计处理上，不能按照单纯的商品买卖来处理。卖方在售后租回交易中，出售租赁资产时获得的损益，应视具体情况而论，不能一律将其确认为当期损益。对于某些售后租回业务来讲，该损益应在日后回租的租赁期内进行分摊，并调整租回业务中发生的租赁成本或费用。

二、售后租回的会计处理

对于售后租回交易，无论是承租人还是出租人，均应按照租赁的分类标准，将售后租回交易认定为融资租赁或经营租赁。对于出租人来讲，售后租回交易无论是形成融资租赁还是形成经营租赁，同一般租赁业务的会计处理没有什么区别。而对于承租人来讲，由于其既是资产的承租人同时又是资产的出售者，因此，售后租回交易同一般租赁业务的会计处理有所不同。因此，本部分将重点介绍售后租回交易中承租人的会计处理方法。

售后租回的会计处理可按融资租赁和经营租赁这两种不同的租赁类型分别进行会计处理。

（一）售后租回形成融资租赁的会计处理

如果售后租回交易按照我国《企业会计准则第 21 号——租赁》关于融资租赁的判断标准被认定为融资租赁，那么，这种交易实质上转移了买主（即出租人）所保留的与该项租赁资产的所有权有关的全部风险和报酬，是出租人提供资金给承租人并以该项资产作为担保。因此，售价与资产账面价值之间的差额（无论是售价高于资产账面价值还是低于资产账面价值）在资产销售日并未实现，不能计入当期损益，而应予以递延，在随后的租赁期内，按该项租赁资产的折旧进度进行分摊，作为折旧费用的调整。所谓按折旧进度进行分摊是指在对该项租赁资产计提折旧时，按与该项资产计提折旧所采用的折旧率相同的比例对未实现售后租回损益进行分摊。

1. 具体的会计处理方法

（1）出售资产时，按固定资产账面净值，借记“固定资产清理”科目，按固定资产已提折旧，借记“累计折旧”科目，按固定资产的账面原价，贷记“固定资产”科目；如果出售资产已计提减值准备，还应结转已计提的减值准备。

（2）收到出售资产的价款时，借记“银行存款”科目，贷记“固定资产清理”科目，借记或贷记“递延收益——未实现售后租回损益”。

（3）租回资产时，按租赁资产的公允价值与最低租赁付款额的现值中较低者，借记“固定资产”科目（假设不需安装），按最低租赁付款额，贷记“长期应付款——应付融资租赁款”科目，按其差额，借记“未确认融资费用”科目。

（4）各期根据该项租赁资产的折旧进度分摊未实现售后租回损益时，借记或贷记“递延收益——未实现售后租回损益”科目，贷记或借记“制造费用”“销售费用”“管理费用”等科目。

2. 会计处理举例

【例2-7】2011年1月1日，M公司将一台塑钢机按700 000元的价格销售给N公司。该机器的公允价值为700 000元，账面原价为1 000 000元，已提折旧400 000元。同时又签订了一份融资租赁协议将机器租回。假如M公司对租赁资产塑钢机计提折旧的期限为5年，按年限平均法计提折旧。则相关的会计处理如下。

（1）2011年1月1日，结转出售固定资产的成本。

借：固定资产清理　　600 000

　　累计折旧　　400 000

　　贷：固定资产——塑钢机　　1 000 000

（2）2011年1月1日，向乙公司出售塑钢机。

借：银行存款　　700 000

　　贷：固定资产清理　　600 000

　　　　递延收益——未实现售后租回损益（融资租赁）　　100 000

（3）2011年12月31日，确认本年度应分摊的未实现售后租回损益。

未实现售后租回损益分摊计算过程，见表2-6。

表 2-6　　未实现售后租回损益分摊表（年限平均法）

2011 年 1 月 1 日　　单位：元

日期	售价	固定资产账面价值	摊销期	分摊率	摊销额	未实现售后租回损益
2011 年 1 月 1 日	700 000	600 000	5 年			100 000
2011 年 12 月 31 日				20%	20 000	80 000
2012 年 12 月 31 日				20%	20 000	60 000
2013 年 12 月 31 日				20%	20 000	40 000
2014 年 12 月 31 日				20%	20 000	20 000
2015 年 12 月 31 日				20%	20 000	
合计	700 000	600 000		100%	100 000	

据表2-6，可做如下会计分录。

借：递延收益——未实现售后租回损益（融资租赁）　　20 000

　　贷：制造费用——折旧费　　20 000

（4）卖主（即承租人：M公司）对融资租赁资产的初始确认入账、租金的支付、未确认融资费用的摊销及折旧的计提等的会计处理，与一般融资处理相同（略）。

（二）售后租回形成经营租赁的会计处理

售后租回交易根据租赁判断标准认定为经营租赁的，会计处理相对比较复杂。在某些情况下，资产售价和账面价值之间的差额，应予以递延；在某些情况下，资产售价和账面价值之间的差额则不允许递延，而应直接计入当期损益。

1. 具体的会计处理方法

售后租回交易形成经营租赁的会计处理，应当分别情况采用不同的方法。

（1）有确凿证据表明售后租回交易是按照公允价值达成的。在这种情况下，资产的销售业务通常被认定为一项正常的交易，应按正常出售固定资产的会计方法来处理，资产售价与账面价值之间的差额直接计入当期损益。

（2）售后租回交易不是按照公允价值达成的。在这种情况下，交易业务通常不被认定为一项正常的交易，其会计处理方法又分以下两种情况。

一种情况是售价高于公允价值。在这种情况下，需要对资产售价与账面价值的差额中属于售价超过公允价值的那部分予以递延，并在租赁期内进行摊销，调整租金成本。借记“递延收益——未实现售后租回损益”科目，贷记“制造费用”“销售费用”“管理费用”等科目；而将属于公允价值超过账面价值差额的部分直接计入当期损益。

另一种情况是售价低于公允价值时。在这种情况下，如果在处置销售资产中发生了损失，且有确凿证据表明该损失将由未来低于市场价的租金予以补偿，则应将资产售价与账面价值的差额予以递延，并按与确认租金费用相一致的方法分摊于预计的租赁内，借记“制造费用”“销售费用”“管理费用”等科目，贷记“递延收益——未实现售后租回损益”科目。否则，资产售价与账面价值的差额，一律计入当期损益。

2. 会计处理举例

【例2-8】假定2011年1月1日，M公司拥有办公设备一台，账面价值900 000元（假设无折旧和其他清理费用），公允价值1 000 000元。2011年1月1日，M公司将其出售给N租赁公司，同时与N公司签订了一份租赁该办公设备的协议，租赁期4年，每年租金200 000元，于每年年末支付，该办公设备预计使用年限为10年。其他有关资料如下。

（1）假设M公司以1 000 000元出售了该办公设备。

（2）假设M公司以1 100 000元出售了该办公设备。

（3）假设M公司以950 000元出售了该办公设备。

（4）假设M公司以800 000元出售了该办公设备，且有确凿证据表明，未来租赁付款总额低于市价。

（5）假设M公司以800 000元出售了该办公设备，且有确凿证据表明，未来租赁付款总额不低于市价。

要求：分别就以上几种情况，做出M公司的会计处理。

分析：根据上述资料，可以推出，M公司与N公司签订的租赁协议没有满足融资租赁判断标准中的任何一条，属于售后租回形成的经营租赁。据此，M公司应做会计处理如下。

（1）M公司以1 000 000元出售该办公设备。

在这种情况下，应按正常处置固定资产的方法来处理，具体处理如下。

2011年1月1日，结转出售固定资产的成本

借：固定资产清理　　　　　　　　　　　　　　　　90 000

　　贷：固定资产　　　　　　　　　　　　　　　　　　900 000

2011年1月1日，向N公司出售设备

借：银行存款　　　　　　　　　　　　　　　　1 000 000

　　贷：固定资产清理　　　　　　　　　　　　　　　900 000

　　　　营业外收入　　　　　　　　　　　　　　　　100 000

（2）当M公司以1 100 000元出售该办公设备。

在这种情况下，对于卖价高于公允价值的部分应予以递延；对于公允价值高于账面价值的部分应计入当期损益。具体处理如下。

2011年1月1日，结转出售固定资产的成本

借：固定资产清理　　　　　　　　　　　　　　　　900 000

　　贷：固定资产　　　　　　　　　　　　　　　　　　900 000

2011年1月1日，向N公司出售设备

借：银行存款　　1 100 000

　　贷：固定资产清理　　900 000

　　　　营业外收入　　100 000

　　　　递延收益——未实现售后租回损益（经营租赁）　　100 000

2011年12月31日，确认本年应分摊的未实现售后租回损益（在本例中，按年分摊未实现售后租回损益只是为了简化核算。在实际工作中，承租人一般应在按月确认租金费用的同时合理分摊未实现售后租回损益）

借：递延收益——未实现售后租回损益（经营租赁）　　25 000

　　贷：管理费用——租赁费　　25 000

（3）M公司以950 000元出售该办公设备。

在这种情况下，虽然售价低于公允价值，但甲公司因处置该办公设备产生了50 000元的营业外收入，因此，应将资产售价与账面价值的差额直接计入当期损益。具体处理如下。

2011年1月1日，结转出售固定资产的成本

借：固定资产清理　　900 000

　　贷：固定资产　　900 000

2011年1月1日，向N公司出售设备

借：银行存款　　950 000

　　贷：固定资产清理　　900 000

　　　　营业外收入　　50 000

（4）M公司以800 000元出售该办公设备，且有确凿证据表明，未来租赁付款总额低于市价。

在这种情况下，甲公司在处置该办公设备时，虽然发生了100 000元的损失。但未来租赁付款额却低于市价。因此，应将资产售价与账面价值的差额予以递延。具体处理如下。

2011年1月1日，结转出售固定资产的成本

借：固定资产清理　　900 000

　　贷：固定资产　　900 000

2011年1月1日，向N公司出售设备

借：银行存款　　800 000

　　递延收益——未实现售后租回损益（经营租赁）　　100 000

　　贷：固定资产清理　　900 000

2011年12月31日，确认本年应分摊的未实现售后租回损益

借：管理费用——租赁费　　25 000

　　贷：递延收益——未实现售后租回损益（经营租赁）　　25 000

（5）M公司以800 000元出售该办公设备，且有确凿证据表明未来租赁付款总额不低于市价。

在这种情况下，甲公司在处置该办公设备时，发生了100 000元的损失，未来租赁付款额却不低于市价。因此，应将售价与资产账面价值之间的差额计入当期损益。具体处理如下。

2011年1月1日，结转出售固定资产的成本

借：固定资产清理　　900 000

　　贷：固定资产　　900 000

2011年1月1日，向N公司出售设备

借：银行存款　　800 000

　　营业外支出　　100 000

　　贷：固定资产清理　　900 000

注意　在该例题的以上各种情况下，M公司有关租金费用的确认、处理与一般经营租赁相同（略）。

三、售后租回交易的披露

承租人和出租人除应当按照有关规定披露售后租回交易外，还应对售后租回合同中的特殊条款做出披露。这里的“特殊条款”是指售后租回合同中规定的区别于一般租赁交易的条款，比如租赁标的物的售价等。

复习思考题

1. 什么是租赁？如何划分经营租赁与融资租赁？
2. 最低租赁付款额和最低租赁收款额包括哪些内容？
3. 在经营租赁中，承租人与出租人在会计处理上有什么不同？
4. 在融资租赁中，承租人与出租人的会计处理上有什么不同？
5. 什么是售后租回？简述售后租回业务中承租人与出租人的会计处理方法。

实务练习题

1. A公司于2010年12月10日与B租赁公司签订了一份设备租赁合同。合同主要条款如下。

（1）租赁标的物：甲生产设备。

（2）起租日：2010年12月31日。

（3）租赁期：2010年12月31日至2014年12月31日。

（4）租金支付方式：2011年至2014年每年年末支付租金800万元。

（5）租赁期满时，甲生产设备的估计余值为400万元，其中A公司担保的余值为300万元，未担保的余值为100万元。

（6）甲生产设备2010年12月31日的原账面价值为3 500万元，已提折旧400万元，公允价值为3 100万元，已使用3年，预计还可使用5年。

（7）租赁合同年利率为6%。

（8）2014年12月31日，A公司将甲生产设备归还给B租赁公司。

甲生产设备于2010年12月31日运抵A公司，当日投入使用。A公司当日的资产总额为4 000万元，其固定资产均采用平均年限法计提折旧，与租赁有关的未确认融资费用采用实际利率法摊销，并假定未确认融资费用在相关资产的折旧期限内摊销。

要求：

（1）判断该租赁的类型，并说明理由。

（2）编制A公司在起租日的有关会计分录。

（3）编制A公司在2011年年末至2014年年末与租金支付以及其他与租赁事项有关的会计分录（假定相关事项均在年末进行账务处理，金额单位用万元表示。）

（利率为6%，期数为4期的普通年金现值系数为3.465 1；利率为6%，期数为4期的复利现值系数为0.792 1。）

2. 2010年12月31日，A企业从B租赁公司租入不需安装的设备一台且已经达到可使用状态，签订一份租赁合同，主要条款如下。

（1）租赁标的物：大型制造设备。

（2）租赁期开始日：2010年12月31日。

（3）租赁期：2010年12月31日到2014年12月31日共4年。

（4）租金支付方式：每年年末支付租金500 000元。

（5）租赁期满时该设备的估计余值为600 000元，其中由A企业的母公司担保的余值为300 000元，C担保公司担保的余值为200 000元。

（6）该设备的维修费用等费用由A企业负担，每年40 000元。

（7）租赁合同规定的利率为6%。

其他条件如下。

（1）该设备在2011年1月1日的公允价值为1 900 000元，估计使用年限为10年，已使用6年。

（2）承租人采用年数总和法计提折旧。

（3）2014年12月31日A企业将该资产交回B租赁公司。

要求：做出A企业和B公司的账务处理。（A企业未确认融资费用分摊率=7.49%，B公司租赁内含利率12%。实务当中通常承租方并不了解出租方的租赁内含利率，所以本题因租赁资产以公允价值为入账价值需重新计算融资费用分摊率，为方便计算将分摊率和内含利率分别作为给定条件，不必再按照分摊率的确定顺序另行确定。）

第三章 股份支付

第一节 股份支付概述

一、股份支付的定义及特征

企业向其雇员支付期权作为薪酬或奖励措施的行为，是目前具有代表性的股份支付交易，我国部分企业目前实施的职工期权激励计划即属于这一范畴。股份支付，是“以股份为基础的支付”的简称，是指企业为获取职工和其他方提供服务而授予权益工具[①]或者承担以权益工具为基础确定的负债的交易。《企业会计准则第 11 号——股份支付》（以下简称股份支付准则）规范了企业按规定实施的职工期权激励计划的会计处理和相关信息披露要求。

股份支付具有以下特征。

（一）股份支付是企业与职工或其他方之间发生的交易

以股份为基础的支付可能发生在企业与股东之间、合并交易中的合并方与被合并方之间或者企业与其职工之间，其中，只有发生在企业与其职工或向企业提供服务的其他方之间的交易，才可能符合股份支付准则对股份支付的定义。

（二）股份支付是以获取职工或其他方服务为目的的交易

企业在股份支付交易中意在获取其职工或其他方提供的服务（费用）或取得这些服务的权利（资产），用于其正常生产经营，而不是转手获利等。

（三）股份支付交易的对价或其定价与企业自身权益工具未来的价值密切相关

股份支付交易与企业同其职工间其他类型交易的最大不同，是交易对价或其定价与企业自身权益工具未来的价值密切相关。在股份支付中，企业要么向职工支付其自身权益工具，要么向职工支付一笔现金，而其金额高低取决于结算时企业自身权益工具的公允价值。

二、股份支付的4个主要环节

以薪酬性股票期权为例，典型的股份支付通常涉及 4 个主要环节：授予、可行权、行权和出售，如图 3-1 所示。

授予日是指股份支付协议获得批准的日期。其中“获得批准”，是指企业与职工或其他方就股份支付的协议条款和条件已达成一致，该协议获得股东大会或类似机构的批准。

① 股份支付准则所指的权益工具是指企业自身权益工具，包括企业本身、企业的母公司或同集团其他会计主体的权益工具。

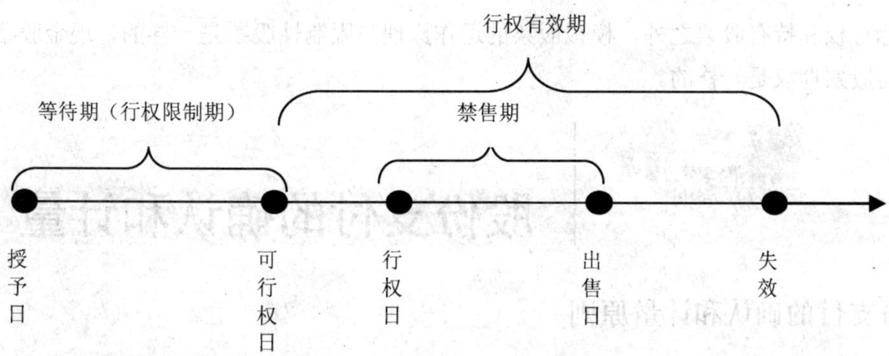

图 3-1　典型股份支付交易环节示意图

可行权日是指可行权条件得到满足、职工或其他方具有从企业取得权益工具或现金权利的日期。有的股份支付协议是一次性可行权，有的则是分批可行权。只有已经可行权的股票期权，才是职工真正拥有的“财产”，才能去择机行权。从授予日至可行权日的时段，是可行权条件得到满足的期间，因此称为“等待期”，又称“行权限制期”。

行权日是指职工和其他方行使权利、获取现金或权益工具的日期。例如，持有股票期权的职工行使了以特定价格购买一定数量本公司股票的权利，该日期即为行权日。行权是按期权的约定价格实际购买股票，一般是在可行权日之后到期权到期日之前的可选择时段内行权。

出售日是指股票的持有人将行使期权所取得的期权股票出售的日期。按照我国法规规定，用于期权激励的股份支付协议，应在行权日与出售日之间设立禁售期，其中，国有控股上市公司的禁售期不得低于 2 年。

三、股份支付工具的主要类型

按照股份支付的方式和工具类型，主要可划分为两大类、四小类，具体如下。

（一）以权益结算的股份支付

以权益结算的股份支付，是指企业为获取服务而以股份或其他权益工具作为对价进行结算的交易。以权益结算的股份支付最常用的工具有两类：限制性股票和股票期权。

限制性股票是指职工或其他方按照股份支付协议规定的条款和条件，从企业获得一定数量的本企业股票。企业授予职工一定数额的股票，在一个确定的等待期内或在满足特定业绩指标之前，职工出售股票要受到持续服务条款或业绩条件的限制。

股票期权是指企业授予职工或其他方在未来一定期限内以预先确定的价格和条件购买本企业一定数量股份的权利。

（二）以现金结算的股份支付

以现金结算的股份支付，是指企业为获取服务而承担的以股份或其他权益工具为基础计算的交付现金或其他资产的义务的交易。以现金结算的股份支付最常用的工具有两类：模拟股票和现金股票增值权。

模拟股票和股票增值权，是用现金支付模拟的股权激励机制，即与股票挂钩、但用现金支付。

除无须实际行权和持有股票之外，模拟股票的运作原理与限制性股票是一样的，现金股票增值权的运作原理与股票期权是一样的。

第二节 股份支付的确认和计量

一、股份支付的确认和计量原则

（一）以权益结算的股份支付

1. 换取职工服务的权益结算的股份支付

对于换取职工服务的股份支付，企业应当以股份支付所授予的权益工具的公允价值计量。企业应在等待期内的每个资产负债表日，以对可行权权益工具数量的最佳估计为基础，按照权益工具在授予日的公允价值，将当期取得的服务计入相关资产成本或当期费用，同时计入资本公积中的其他资本公积。

对于授予后立即可行权的换取职工提供服务的权益结算的股份支付（例如授予限制性股票的股份支付），应在授予日按照权益工具的公允价值，将取得的服务计入相关资产成本或当期费用，同时计入资本公积中的股本溢价。

2. 换取其他方服务的权益结算的股份支付

对于换取其他方服务的股份支付，企业应当以股份支付所换取的服务的公允价值计量。一般而言，职工以外的其他方提供的服务能够可靠计量的，应当优先采用其他方提供服务在取得日的公允价值；如果其他方服务的公允价值不能可靠计量，但权益工具的公允价值能够可靠计量，应当按照权益工具在服务取得日的公允价值计量。企业应当根据所确定的公允价值计入相关资产成本或费用。

3. 权益工具公允价值无法可靠确定时的处理

在极少情况下，授予权益工具的公允价值无法可靠计量。在这种情况下，企业应当在获取对方提供服务的时点、后续的每个报告日以及结算日，以内在价值①计量该权益工具，内在价值变动计入当期损益。同时，企业应当以最终可行权或实际行权的权益工具数量为基础，确认取得服务的金额。企业对上述内在价值计量的已授予权益工具进行结算，应当遵循以下要求。

（1）结算发生在等待期内的，企业应当将结算作为加速可行权处理，即立即确认本应于剩余等待期内确认的服务金额。

（2）结算时支付的款项应当作为回购该权益工具处理，即减少所有者权益。结算支付的款项高于该权益工具在回购日内在价值的部分，计入当期损益。

（二）以现金结算的股份支付的确认和计量原则

企业应当在等待期内的每个资产负债表日，以对可行权情况的最佳估计为基础，按照企业承担负债的公允价值，将当期取得的服务计入相关资产成本或当期费用，同时计入负债，并在结算前的每个资产负债表日和结算日对负债的公允价值重新计量，将其变动计入损益。

对于授予后立即可行权的现金结算的股份支付（例如授予虚拟股票或业绩股票的股份支付），企

① 内在价值是指交易对方有权认购或取得的股份的公允价值，与其按照股份支付协议应当支付的价格的差额。

业应当在授予日按照企业承担负债的公允价值计入相关资产成本或费用，同时计入负债，并在结算前的每个资产负债表日和结算日对负债的公允价值重新计量，将其变动计入损益。

二、可行权条件及其修改

（一）可行权条件及相关处理

股份支付中通常涉及可行权条件，在满足这些条件之前，职工无法获得股份。可行权条件包括服务期限条件和业绩条件。服务期限条件是指职工完成规定服务期间才可行权的条件。业绩条件是指企业达到特定业绩目标职工才可行权的条件，具体包括市场条件和非市场条件。

市场条件是指行权价格、可行权条件以及行权可能性与权益工具的市场价格相关的业绩条件，如股份支付协议中关于股价至少上升至何种水平职工可相应取得多少股份的规定。企业在确定权益工具在授予日的公允价值时，应考虑市场条件的影响，而不考虑非市场条件的影响。但市场条件是否得到满足，不影响企业对预计可行权情况的估计。

非市场条件是指除市场条件之外的其他业绩条件，如股份支付协议中关于达到最低盈利目标或销售目标才可行权的规定。企业在确定权益工具在授予日的公允价值时，不考虑非市场条件的影响。但非市场条件是否得到满足，影响企业对预计可行权情况的估计。

对于可行权条件为业绩条件的股份支付，只要职工满足了其他所有非市场条件（如利润增长率、服务期限等），企业就应当确认已取得的服务。市场条件与非市场条件处理的比较如图3-2所示。

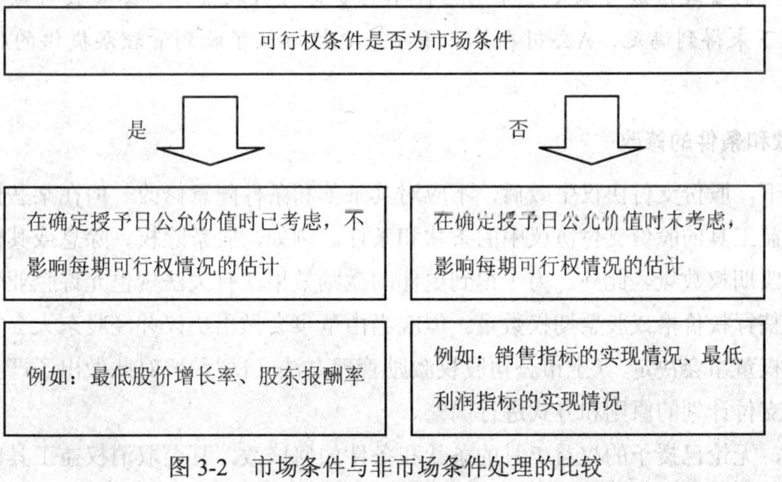

图 3-2　市场条件与非市场条件处理的比较

【例3-1】2015年1月，为奖励并激励高管，M上市公司与其管理层成员签署股份支付协议，规定如果管理层成员在其后3年中都在公司任职服务，并且公司股价每年提高12%以上，管理层成员即可以低于市价的价格购买一定数量的本公司股票。

同时作为协议的补充，公司把全体管理层成员的年薪提高了40 000元，但公司将这部分年薪将按月存入公司专门建立的内部基金，3年后，管理层成员可用属于其个人的部分抵减未来行权时支付的购买股票款项。如果管理层成员决定退出这项基金，可随时全部提取。

A公司以期权定价模型估计授予的此项期权在授予日公允价值为2 100 000元，在授予日，A公司估计3年内管理层离职的比例为10%；在第二年年末，A公司调整其估计离职率为6%；到第三年年末，实际离职率为8%。

在第一年中，公司股价提高了10%，第二年提高了13%，第三年提高了8%。公司在第一年、第二年年末预计下年能实现当年股价增长12%以上的目标。

请问此例涉及哪些条款和条件？A公司应如何处理？

分析：如果不同时满足服务3年和公司股价年增长10%以上的要求，管理层成员就无权行使其股票期权，因此二者都属于可行权条件，其中服务满3年是一项服务期限条件，10%的股价增长要求是一项市场业绩条件。虽然公司要求管理层成员将部分薪金存入统一账户保管，但不影响其可行权，因此统一账户条款不是可行权条件。

按照股份支付准则的规定，第一年年末确认的服务费用如下。

2 100 000×1/3×90%=630 000（元）

第二年年末累计确认的服务费用如下。

2 100 000×2/3×94%=1 316 000（元）

第三年年末累计确认的服务费用如下。

2 100 000×92%=1 932 000（元）

由此，第二年应确认的费用如下。

1 316 000−630 000=686 000（元）

第三年应确认的费用如下。

1 932 000−1 316 000=616 000（元）

最后，92%的管理层成员满足了市场条件下的全部可行权条件。尽管股价每年增长10%以上的非市场条件下未得到满足，A公司在第三年年末也均确认了收到管理层提供的服务，并相应确认了费用。

（二）条款和条件的修改

通常情况下，股份支付协议生效后，不应对其条款和条件随意修改。但在某些情况下，可能需要修改授予权益工具的股份支付协议中的条款和条件。例如，股票除权、除息或其他原因需要调整行权价格或股票期权数量。此外，为了得到更佳的激励效果，有关法规也允许企业依据股份支付协议的规定，调整行权价格或股票期权数量。但应当由董事会做出决议并经股东大会审议批准，或者由股东大会授权董事会决定。《上市公司股权激励管理办法（试行）》对此做出了严格的限定，必须按照批准股份支付计划的原则和方式进行调整。

在会计上，无论已授予的权益工具的条款和条件如何修改，甚至取消权益工具的授予或结算该权益工具，企业至少应确认按照所授予的权益工具在授予日的公允价值来计量获取的相应的服务，除非因不能满足权益工具的可行权条件（除市场条件外）而无法可行权。

1．条款和条件的有利修改

企业应当分别以下情况，确认导致股份支付公允价值总额升高以及其他对职工有利的修改的影响。

（1）如果修改增加了所授予的权益工具的公允价值，企业应按照权益工具公允价值的增加相应地确认取得服务的增加。权益工具公允价值的增加是指，修改前后的权益工具在修改日的公允价值之间的差额。

如果修改发生在等待期内，在确认修改日至修改后的可行权日之间取得服务的公允价值时，应当既包括在剩余原等待期内以原权益工具授予日公允价值为基础确定的服务金额，也包括权益工具公允价值的增加。如果修改发生在可行权日之后，企业应当立即确认权益工具公允价值的增加。如果股份支付协议要求职工只有先完成更长期间的服务才能取得修改后的权益工具，则企业应在整个等待期内确认权益工具公允价值的增加。

（2）如果修改增加了所授予的权益工具的数量，企业应将增加的权益工具的公允价值相应地确认为取得服务的增加。

如果修改发生在等待期内，在确认修改日至增加的权益工具可行权日之间取得服务的公允价值时，应当既包括在剩余原等待期内以原权益工具授予日公允价值为基础确定的服务金额，也包括权益工具公允价值的增加。

（3）如果企业按照有利于职工的方式修改可行权条件，如缩短等待期、变更或取消业绩条件（而非市场条件），企业在处理可行权条件时，应当考虑修改后的可行权条件。

2. 条款和条件的不利修改

如果企业以减少股份支付公允价值总额的方式或其他不利于职工的方式修改条款和条件，企业仍应继续对取得的服务进行会计处理，如同该变更从未发生，除非企业取消了部分或全部已授予的权益工具。具体包括如下几种情况。

（1）如果修改减少了所授予的权益工具的公允价值，企业应当继续以权益工具在授予日的公允价值为基础，确认取得服务的金额，而不应考虑权益工具公允价值的减少。

（2）如果修改减少了授予的权益工具的数量，企业应当将减少部分作为已授予的权益工具的取消来进行处理。

（3）如果企业以不利于职工的方式修改了可行权条件，如延长等待期、增加或变更业绩条件（而非市场条件），企业在处理可行权条件时，不应当考虑修改后的可行权条件。

3. 取消或结算

如果企业在等待期内取消了所授予的权益工具或结算了所授予的权益工具（因未满足可行权条件而被取消的除外），企业应当进行如下处理。

（1）将取消或结算作为加速可行权处理，立即确认原本应在剩余等待期内确认的金额。

（2）在取消或结算时支付给职工的所有款项均应作为权益的回购处理，回购支付的金额高于该权益工具在回购日公允价值的部分，计入当期费用。

（3）如果向职工授予新的权益工具，并在新权益工具授予日认定所授予的新权益工具是用于替代被取消的权益工具的，企业应以处理原权益工具条款和条件修改相同的方式，对所授予的替代权益工具进行处理。权益工具公允价值的增加，是指在替代权益工具的授予日，替代权益工具公允价值与被取消的权益工具净公允价值之间的差额。被取消的权益工具净公允价值，是指其在取消前立即计量的公允价值减去因取消原权益工具而作为权益回购支付给职工的款项。如果企业未将新授予的权益工具认定为替代权益工具，则应将其作为一项新授予的股份支付进行处理。

企业如果回购其职工已可行权的权益工具，应当借记所有者权益，回购支付的金额高于该权益工具在回购日公允价值的部分，计入当期费用。

三、权益工具公允价值的确定

本部分有关权益工具的公允价值确定的规定，既适用于接受职工服务并授予股份或期权的情况，也适用于从职工之外的其他方取得服务的情况。

（一）股份

对于授予职工的股份，其公允价值应按企业股份的市场价格计量，同时考虑授予股份所依据的条款和条件（不包括市场条件之外的可行权条件）进行调整。如果企业股份未公开交易，则应按估计的市场价格计量，并考虑授予股份所依据的条款和条件进行调整。

（二）股票期权

对于授予职工的股票期权，因其通常受到一些不同于交易期权的条款和条件的限制，因而在许多情况下难以获得其市场价格。如果不存在条款和条件相似的交易期权，就应通过期权定价模型估计所授予的期权的公允价值。

在选择适用的期权定价模型时，企业应考虑熟悉情况和自愿的市场参与者将会考虑的因素。所有适用于估计授予职工期权的定价模型至少应考虑以下因素：（1）期权的行权价格；（2）期权期限；（3）基础股份的现行价格；（4）股价的预计波动率；（5）股份的预计股利；（6）期权期限内的无风险利率。

此外，企业选择的期权定价模型还应考虑熟悉情况和自愿的市场参与者在确定期权价格时会考虑的其他因素，但不包括那些在确定期权公允价值时不考虑的可行权条件和再授予特征因素。确定授予职工的股票期权的公允价值，还需要考虑提前行权的可能性。有时，因为期权不能自由转让，或因为职工必须在终止劳动合同关系前行使所有可行权期权，在这种情况下必须考虑预计提前行权的影响。

四、股份支付的处理

股份支付的会计处理必须以完整、有效的股份支付协议为基础。

（一）授予日

除了立即可行权的股份支付外，无论权益结算的股份支付还是现金结算的股份支付，企业在授予日均不做会计处理。

（二）等待期内每个资产负债表日

企业应当在等待期内的每个资产负债表日，将取得职工或其他方提供的服务计入成本费用，同时确认所有者权益或负债。对于附有市场条件的股份支付，只要职工满足了其他所有非市场条件，企业就应当确认已取得的服务。

等待期长度确定后，业绩条件为非市场条件的，如果后续信息表明需要调整对可行权情况的估计的，应对前期估计进行修改。

在等待期内每个资产负债表日，企业应将取得的职工提供的服务计入成本费用，计入成本费用的金额应当按照权益工具的公允价值计量。

对于权益结算的涉及职工的股份支付，应当按照授予日权益工具的公允价值计入成本费用和资本公积（其他资本公积），不确认其后续公允价值变动；对于现金结算的涉及职工的股份支付，应当按照每个资产负债表日权益工具的公允价值重新计量，确定成本费用和应付职工薪酬。

在等待期内每个资产负债表日，企业应当根据最新取得的可行权职工人数变动等后续信息做出最佳估计，修正预计可行权的权益工具数量。在可行权日，最终预计可行权权益工具的数量应当与实际可行权工具的数量一致。

根据上述权益工具的公允价值和预计可行权的权益工具数量，计算截至当期累计应确认的成本费用金额，再减去前期累计已确认金额，作为当期应确认的成本费用金额。

（三）可行权日之后

对于权益结算的股份支付，在可行权日之后不再对已确认的成本费用和所有者权益总额进行调整。企业应在行权日根据行权情况，确认股本和股本溢价，同时结转等待期内确认的资本公积（其他资本公积）。

对于现金结算的股份支付，企业在可行权日之后不再确认成本费用，负债（应付职工薪酬）公允价值的变动应当计入当期损益（公允价值变动损益）。

（四）回购股份进行职工期权激励

企业以回购股份形式奖励本企业职工的，属于权益结算的股份支付，应当进行以下处理。

1. 回购股份

企业回购股份时，应当按照回购股份的全部支出作为库存股处理，同时进行备查登记。

2. 确认成本费用

按照本准则对职工权益结算股份支付的规定，企业应当在等待期内每个资产负债表日按照权益工具在授予日的公允价值，将取得的职工服务计入成本费用，同时增加资本公积（其他资本公积）。

3. 职工行权

企业应于职工行权购买本企业股份收到价款时，转销交付职工的库存股成本和等待期内资本公积（其他资本公积）累计金额，同时，按照其差额调整资本公积（股本溢价）。

第三节 股份支付的应用举例

一、附服务年限条件的权益结算股份支付

【例3-2】M公司为一上市公司，2013年1月1日，公司向其160名管理人员每人授予100股股票期权，这些职员自2013年1月1日起在该公司连续服务3年，即可以8元每股购买100股M公司股票从而获益。公司估计该期权在授予日的公允价值为30元。

第一年有10名职员离开M公司，M公司估计三年中离开的职员的比例将达到20%；第二年又有5名职员离开公司，公司将估计的职员离开比例修正为15%；第三年又有5名职员离开。

1. 费用和资本公积计算

计算过程见表3-1。

表 3-1　　　　　　　　M公司费用和资本公积计算表　　　　　　　　单位：元

年份	计算	当期费用	累计费用
2013	160×100×（1-20%）×30×1/3	128 000	128 000
2014	160×100×（1-15%）×30×2/3-128 000	144 000	272 000
2015	140×100×30-272 000	148 000	420 000

2. 账务处理

2013年1月1日

授予日不做处理。

2013年12月31日

借：管理费用　　128 000

　　贷：资本公积——其他资本公积　　128 000

2014年12月31日

借：管理费用　　144 000

　　贷：资本公积——其他资本公积　　144 000

2015年12月31日

借：管理费用　　148 000

　　贷：资本公积——其他资本公积　　148 000

假设全部140名职员都在2016年12月31日行权，M公司股份面值为1元

借：银行存款　　112 000

　　资本公积——其他资本公积　　420 000

　　贷：股本　　14 000

　　　　资本公积——股本溢价　　518 000

二、附非市场业绩条件的权益结算股份支付

【例3-3】2013年1月1日，M公司为其200名管理人员每人授予100份股票期权，其可行权条件为：2013年年末，公司当年净利润增长率达到20%；2011年年末，公司2013年—2014年两年净利润平均增长率达到15%；2015年年末，公司2013年—2015年三年净利润平均增长率达到10%。每份期权在2013年1月1日的公允价值为20元。

2013年12月31日，权益净利润增长了16%，同时有16名管理人员离开，公司预计2014年将以同样速度增长，即2013年—2014年两年净利润平均增长率能够达到16%，因此预计2014年12月31可行权。另外，预计第二年又将有16名管理人员离开公司。

2014年12月31日，公司净利润仅增长了11%，但公司预计2013年—2015年三年净利润平均增长率可达到12%，因此预计2015年12月31将可行权。另外，实际有20名管理人员离开，预计第三年将有26名管理人员离开公司。

2015年12月31日，公司净利润增长了9%，三年平均增长率为12%，满足了可行权条件（即三年净利润平均增长率达到10%）。当年有20名管理人员离开。

费用和资本公积计算过程见表3-2。

表 3-2　M 公司费用和资本公积计算表　单位：元

年份	计算	当期费用	累计费用
2013	（200-16-16）×100×20×1/2	168 000	168 000
2014	（200-16-20-26）×100×20×2/3-168 000	16 000	184 000
2015	（200-16-20-20）×100×20-184 000	104 000	288 000

（账务处理同【例3-2】，此处略）

三、现金结算的股份支付

【例3-4】 2011年年初，M公司为其100名中层及以上职员每人授予100份现金股票增值权，这些职员自2011年1月1日起在该公司连续服务3年，即可按照当时股价的增长幅度获得现金，该增值权应在2015年12月31日之前行使。A公司估计，该增值权在负债结算之前的每一资产负债表日以及结算日的公允价值和可行权后的每份增值权现金支出额如表3-3所示。

表 3-3　M 公司公允价值和增值数现金计算表　单位：元

年份	公允价值	支付现金
2011	15	
2012	16	
2013	19	17
2014	22	21
2015		26

第一年有10名职员离开A公司，A公司估计三年中还将有10名职员离开；第二年又有8名职员离开公司，公司估计还将有7名职员离开；第三年又有8名职员离开。第三年年末，有35人行使股份增值权取得了现金。第四年年末，有24人行使了股份增值权。第五年年末，剩余15人也行使了股份增值权。

1. 费用和应付职工薪酬计算

计算过程见表3-4。

表 3-4　M 公司费用和应付职工薪酬计算表　单位：元

年份	负债（1）	支付现金（2）	当期费用（3）
2011	（100-20）×100×15×1/3=40 000	—	40 000
2012	（100-25）×100×16×2/3=80 000	—	40 000
2013	（100-26-35）×100×19=74 100	35×100×17=59 500	53 600
2014	（100-26-35-24）×100×22=33 000	24×100×21=50 400	9 300
2015	0	15×100×26=39 000	6 000
总额		148 900	148 900

其中：当期（3）=当期（1）-前一期（1）+当期（2）。

2. 账务处理

2011年12月31日

借：管理费用　40 000

　贷：应付职工薪酬——股份支付　40 000

2012年12月31日

借：管理费用　　40 000

　　贷：应付职工薪酬——股份支付　　40 000

2013年12月31日

借：管理费用　　53 600

　　贷：应付职工薪酬——股份支付　　53 600

借：应付职工薪酬——股份支付　　59 500

　　贷：银行存款　　59 500

2014年12月31日

借：公允价值变动损益　　9 300

　　贷：应付职工薪酬——股份支付　　9 300

借：应付职工薪酬——股份支付　　50 400

　　贷：银行存款　　50 400

2015年12月31日

借：公允价值变动损益　　6 000

　　贷：应付职工薪酬——股份支付　　6 000

借：应付职工薪酬——股份支付　　39 000

　　贷：银行存款　　39 000

第四节　股份支付的信息披露

企业应当在附注中披露与股份支付有关的信息和股份支付交易对当期财务状况和经营成果的影响。

在附注中披露的与股份支付有关的信息如下：（1）当期授予、行权和失效的各项权益工具总额。（2）期末发行在外的股份期权或其他权益工具行权价格的范围和合同剩余期限。（3）当期行权的股份期权或其他权益工具以其行权日价格计算的加权平均价格。（4）权益工具公允价值的确定方法。企业对性质相似的股份支付信息可以合并披露。

在附注中披露股份支付交易对当期财务状况和经营成果的影响，至少包括下列信息：（1）当期因以权益结算的股份支付而确认的费用总额。（2）当期因以现金结算的股份支付而确认的费用总额。（3）当期以股份支付换取的职工服务总额及其他方服务总额。

复习思考题

1. 股份支付的主要环节有哪些？
2. 股份支付工具的主要类型有哪些？
3. 简述股份支付的确认和计量原则。
4. 可行权条件的种类有哪些，分别应如何处理？

5. 可行权条件的修改包括哪些内容，分别应如何处理？

实务练习题

1. M公司为上市公司，有关附服务年限条件的权益结算股份支付的资料如下。

（1）2012年1月1日，公司向其200名管理人员每人授予1万份股份期权，这些人员自2010年1月1日起必须在该公司连续服务3年，服务期满时才能以每股6元购买2 000股A公司股票。公司估计该期权在授予日的公允价值为每股21元。

（2）2012年有20名管理人员离开A公司，A公司估计三年中离开的管理人员比例将达到15%。

（3）2013年又有10名管理人员离开公司，公司将管理人员离开比例修正为18%。

（4）2014年又有12名管理人员离开。

（5）2015年12月31日，158名管理人员全部行权，以每股6元购买。M公司股票面值为每股1元。

要求：

（1）计算等待期内的每个资产负债表日应确认的费用和资本公积的金额。

（2）编制各年有关股份支付的会计分录。

2. M公司有关现金结算的股份支付的资料如下。

（1）2013年1月1日，M公司为其100名中层以上管理人员每人授予1 000份现金股票增值权，这些人员自2013年1月1日起必须在公司连续服务2年，即可自2014年12月31日起根据股价的增长获得现金，该增值权应在2015年12月31日之前行使完毕。M公司估计，该增值权在负债结算之前的每一资产负债表日，以及结算日的公允价值和可行权后的每份增值权现金支出，如表3-5所示。

表3-5　　单位：元

年份	公允价值	支付现金
2013	16	—
2014	19	17
2015		21

（2）2013年有16名管理人员离开A公司，A公司估计还将有2名管理人员离开。

（3）2014年又有4名管理人员离开公司。

（4）2014年年末，假定有20人行权取得了现金。

（5）2015年12月31日剩余60人全部行权。

要求：

（1）计算等待期内的每个资产负债表日费用和应付职工薪酬。

（2）编制有关会计分录。

第四章 或有事项

第一节 或有事项概述

一、或有事项的概念和特征

或有事项，是指过去的交易或者事项形成的，其结果须由某些未来事项的发生或不发生才能决定的不确定事项。常见的或有事项包括：未决诉讼或未决仲裁、债务担保、产品质量保证含产品安全保证、亏损合同、重组义务、承诺、环境污染整治等。

或有事项具有以下 3 个主要特征。

（一）或有事项是因过去的交易或者事项形成的

或有事项作为一种不确定事项，其现存状况是因企业过去的交易或者事项引起的客观存在。例如，未决诉讼是企业因过去的经济行为导致起诉其他单位或被其他单位起诉的，是现存的一种状况，而不是未来将要发生的事项。又如，产品质量保证是企业对已售出商品或已提供劳务的质量提供的保证，而不是为尚未出售商品或尚未提供劳务的质量提供的保证。基于这一特征，未来可能发生的自然灾害、交通事故、经营亏损等事项，都不属于或有事项。

（二）或有事项的结果具有不确定性

1. 或有事项的结果是否发生具有不确定性

例如，企业为其他单位提供债务担保，如果被担保方到期无力还款，担保方将负连带责任。担保方在债务到期时是否一定承担和履行连带责任，需要根据被担保方能否按时还款决定，其结果在担保协议达成时具有不确定性，担保所引起的可能发生的连带责任构成或有事项。又如，有些未决诉讼，被起诉的一方是否会败诉，在案件审理过程中是难以确定的，需要根据法院判决情况加以确定。

2. 或有事项的结果预计将会发生，但发生的具体事件或金额具有不确定性

例如，某企业因生产排污治理不力对周围环境造成污染被起诉，如无特殊情况，该企业很可能败诉。但是，在诉讼成立时，该企业因败诉将支出多少金额，或者何时将发生这些支出，可能都是难以确定的。

（三）或有事项的结果须由未来事项决定

或有事项的结果只能由未来不确定事项的发生或不发生才能决定。或有事项对企业会产生有利影响还是不利影响，或虽已知有利影响还是不利影响，但影响有多大，在或有事项发生时是难以确定的。这种不确定性的消失，只能由未来不确定事项的发生或不发生才能证实。例如，企业为其他单位提供债务担保，该担保的事项最终是否会要求企业履行偿还债务的连带责任，一般只能看被担

保方的未来经营情况和偿债能力。如果被担保方经营情况和财务状况良好且有较好的信用，能够按期还款，那么企业将不需要履行该连带责任。只有在被担保方到期无力还款时，担保方才承担偿还债务的连带责任。

在会计处理过程中存在不确定性的事项并不都是或有事项，企业应当按照或有事项的定义和特征进行判断。例如，对固定资产计提折旧虽然也涉及对固定资产预计净残值和使用寿命进行分析和判断，带有一定的不确定性。但是，固定资产折旧是已经发生的损耗，固定资产的原值是确定的，其价值最终会转移到成本或费用中也是确定的，该事项的结果是确定的，因此，对固定资产计提折旧不属于或有事项。

二、或有负债和或有资产

（一）或有负债

或有负债是指过去的交易或事项形成的潜在的义务，其存在须通过未来不确定事项的发生或不发生予以证实；或过去的交易或事项形成的现时义务，履行该义务不是很可能导致经济利益流出企业或该义务的金额不能可靠计量。

或有负债涉及两类义务：一类是潜在义务，是指结果取决于不确定未来事项的可能义务，最终是否转变为现时义务，由某些未来不确定事项的发生或不发生才能决定；另一类是现时义务，是指企业在现行条件下已承担的义务，该现时义务的履行不是很可能导致经济利益流出企业，或者该现时义务的金额不能可靠地计量。例如，某公司涉及一桩诉讼案，根据以往的审判案例推断，该公司很可能要败诉。但法院尚未判决，该公司无法根据经验判断未来将要承担多少赔偿金额，因此该现时义务的金额不能可靠地计量，该诉讼案件即形成一项该公司的或有负债。

履行或有事项相关义务导致经济利益流出的可能性，通常按照一定的概率区间加以判断。一般情况下，发生的概率分为 4 个层次，见表 4-1。

表 4-1 或有事项可能性及其概率区间表

序号	可能性分类	概率区间（发生的可能性）
1	基本确定	大于 95%但小于 100%
2	很可能	大于 50%但小于或等于 95%
3	可能	大于 5%但小于或等于 50%
4	极小可能	大于 0 但小于或等于 5%

（二）或有资产

或有资产是指过去的交易或者事项形成的潜在资产，其存在须通过未来不确定事项的发生或不发生予以证实。

或有资产作为一种潜在资产，其结果具有较大的不确定性，只有随着经济情况的变化，通过某些未来不确定事项的发生或不发生才能证实其是否会形成企业真正的资产。例如，甲企业向法院起诉乙企业侵犯了其专利权。法院尚未对该案件进行公开审理，甲企业是否胜诉尚难判断。对于甲企业而言，将来可能胜诉而获得的赔偿属于一项或有资产，但这项或有资产是否会转化为真正的资产，要由法院的判决结果确定。如果终审判决结果是甲企业胜诉，这项或有资产就转化为甲企业的一项资产。反之，则不可能形成甲企业的资产。

第二节 或有事项的确认和计量

一、或有事项的确认

（一）或有资产的确认

或有事项形成的或有资产只有在企业基本确定能够收到的情况下，才转变为真正的资产，从而予以确认。

（二）或有负债的确认

与或有事项有关的义务只有同时满足以下 3 个条件时才确认为负债，作为预计负债进行确认和计量。

（1）该义务是企业承担的现时义务。即与或有事项相关的义务是在企业当前条件下已承担的义务，企业没有其他现实的选择，只能履行该现时义务。

通常情况下，过去的交易或事项是否导致现时义务是比较明确的，但也存在极少情况，如法律诉讼，特定事项是否已发生或这些事项是否已产生了一项现时义务可能难以确定，企业应当考虑包括资产负债表日后所有可获得的证据、专家意见等，确定资产负债表日是否存在现时义务。如果资产负债表日很可能存在现时义务，且符合预计负债确认条件的，应当确认一项负债；如果资产负债表日现时义务很可能不存在，企业不应确认一项负债，但应披露一项或有负债，除非经济利益流出企业的可能性极小。

这里所指的义务包括法定义务和推定义务。法定义务，是指因合同、法规或其他司法解释等产生的义务，通常是企业在经济管理和经济协调中，依照经济法律、法规的规定必须履行的责任。例如，企业与其他企业签订购货合同产生的义务就属于法定义务。推定义务，是指因企业的特定行为而产生的义务。企业的“特定行为”，泛指企业以往的习惯做法、已公开的承诺或已公开宣布的经营政策等。并且，由于以往的习惯做法，或通过这些承诺或公开的声明，企业向外界表明了它将承担特定的责任，从而使受影响的各方形成了其将履行哪些责任的合理预期。例如，甲公司是一家化工企业，到无环境污染相关法律的 X 国创办了一家分公司，甲公司为在 X 国树立良好的形象向社会公开声明，宣称将对生产经营可能产生的环境污染进行治理。甲公司的分公司对其可能的环境污染不负有法定义务，但是却因为声明承担了推定义务。

（2）履行该义务很可能导致经济利益流出企业。即履行或有事项的现时义务时，导致经济利益流出企业的可能性超过 50%，但尚未达到基本确定的程度。

企业因或有事项承担了现时义务，并不说明该现时义务很可能导致经济利益流出企业。例如，2015 年 5 月 1 日，甲企业与乙企业签订协议，承诺为乙企业的两年期银行借款提供全额担保。对于甲企业而言，由于担保事项而承担了一项现时义务，但这项义务的履行是否很可能导致经济利益流出企业，需依据乙企业的经营情况和财务状况等因素加以确定。假定 2015 年年末，乙企业的财务状况恶化，且没有迹象表明可能发生好转。此种情况表明乙企业很可能违约，从而甲企业履行承担的现时义务将很可能导致经济利益流出企业。反之，如果乙企业财务状况良好，一般可以认定乙企业不会违约，从而甲企业履行承担的现时义务不是很可能导致经济利益流出。

（3）该义务的金额能够可靠地计量。由于或有事项具有不确定性，因或有事项产生的现时义务的金额也具有不确定性，要对或有事项确认一项负债，相关现时义务的金额应当能够可靠估计。只有在其金额能够可靠地估计，并同时满足其他两个条件时，企业才能加以确认。例如，乙股份有限公司涉及一起诉讼案。根据以往的审判结果判断，公司很可能败诉，相关的赔偿金额也可以估算出一个区间。此时，就可以认为该公司因为未决诉讼承担的现时义务的金额能够可靠地计量，如果同时满足其他两个条件，就可以将所形成的义务确认为一项负债。

预计负债应当与应付账款、应计项目等其他负债进行严格区分，与预计负债相关的未来支出的时间或金额具有一定的不确定性，应该单独进行列报。

二、预计负债的计量与复核

（一）预计负债的计量

当与或有事项有关的义务符合确认为负债的条件时应当将其确认为预计负债，预计负债应当按照履行相关现行义务所需支出的最佳估计数进行初始计量。此外，企业清偿预计负债所需支出还可能从第三方或其他方获得补偿。因此，或有事项的计量主要涉及两个问题：一是最佳估计数的确定；二是预期可获得补偿的处理。

1. 最佳估计数的确定

预计负债应当按照履行相关现时义务所需支出的最佳估计数进行初始计量。最佳估计数的确定应当分两种情况处理。

（1）所需支出存在一个连续范围（或区间，下同），且该范围内各种结果发生可能性相同，则最佳估计数应按照该范围内的中间值，即上下限金额的平均数确定。

（2）所需支出不存在一个连续范围，或者虽然存在一个连续范围，但该范围内各种结果发生的可能性不相同，那么，如果或有事项涉及单个项目，如涉及一项未决诉讼、一项债务担保等，最佳估计数按照最可能发生的金额确定；如果或有事项涉及多个项目，如产品质量保证，产品售出后提出产品保修要求的可能有许多客户，产品质量问题大小不同，这种情况下最佳估计数应按照各种可能结果及相关概率计算确定。

【例4-1】2015年9月26日，M公司涉及一起诉讼案。2015年12月31日，M公司尚未接到法院的判决。在咨询了公司的法律顾问后，公司认为，胜诉的可能性为40%，败诉的可能性为60%。如果败诉，估计需要赔偿1 000 000元。此时，M公司在资产负债表中确认的负债金额应为最可能发生的金额，即1 000 000元。

【例4-2】N公司是生产并销售A产品的企业，2015年第一季度，共销售A产品80 000件，销售收入为640 000 000元。根据公司的产品质量保证条款，该产品售出后一年内，如发生正常质量问题，公司将负责免费维修。根据以前年度的维修记录，如果发生较小的质量问题，发生的维修费用为销售收人的1%；如果发生较大的质量问题，发生的维修费用为销售收入的2%。根据公司技术部门的预测，本季度销售的产品中，80%不会发生质量同题；15%可能发生较小质量同题，5%可能发生较大质量问题。据此，2015年第一季度末，N公司应在资产负债表中确认的负债金额为：640 000 000×（0×80%+1%×15%+2%×5%）=1 600 000（元）

2. 预期可获得补偿的处理

如果企业清偿因或有事项而确认的负债所需支出全部或部分预期由第三方或其他方补偿，则此补偿金额只有在基本确定能收到时，才能作为资产单独确认，确认的补偿金额不能超过所确认负债的账面价值。预期可能获得补偿的情况通常有：发生交通事故等情况时，企业通常可从保险公司获得合理的赔偿；在某些索赔诉讼中，企业可对索赔人或第三方另行提出赔偿要求；在债务担保业务中，企业在履行担保义务的同时，通常可向被担保企业提出追偿要求。

企业预期从第三方获得的补偿，是一种潜在资产，其最终是否真的会转化为企业真正的资产即企业是否能够收到这项补偿具有较大的不确定性，企业只能在基本确定能够收到补偿时才能对其进行确认。根据资产和负债不能随意抵销的原则，预期可获得的补偿在基本确定能够收到时应当确认为一项资产，而不能作为预计负债金额的扣减。

【例4-3】2015年12月31日，M公司因或有事项而确认了一笔金额为2 000 000元的负债。同时，公司因该或有事项，基本确定可从N公司获得800 000元的赔偿。

本例中，乙股份有限公司应分别确认一项金额为2 000 000元的负债和一项金额为800 000元的资产，不能只确认一项金额为1 200 000元（2 000 000–800 000）的负债。同时，公司所确认的补偿金额800 000元不能超过所确认的负债的账面价值2 000 000元。

3. 预计负债的计量需要考虑的其他因素

企业在确定最佳估计数时，应当综合考虑与或有事项有关的风险、不确定性、货币时间价值和未来事项等因素。

（1）风险和不确定性。风险是对交易或事项结果的变化可能性的一种描述。企业在不确定的情况下进行判断需要谨慎，使得收益或资产不会被高估，费用或负债不会被低估。企业应当充分考虑与或有事项有关的风险和不确定性，既不能忽略风险和不确定性对或有事项计量的影响，也需要避免对风险和不确定性进行重复调整，从而在低估和高估预计负债金额之间寻找平衡点。

（2）货币的时间价值。预计负债的金额通常应当等于未来应支付的金额。但是，因货币时间价值的影响，资产负债表日后不久发生的现金流出，要比一段时间之后发生的同样金额的现金流出负有更大的义务。所以，如果预计负债的确认时点距离实际清偿有较长的时间跨度，货币时间价值的影响重大，那么在确定预计负债的确认金额时，应考虑采用现值计量，即通过对相关未来现金流出进行折现后确定最大估计数。

（3）未来事项。企业应当考虑可能影响履行现时义务所需金额的相关未来事项。也就是说，对于这些未来事项，如果有足够的客观证据表明它们将发生，如未来技术进步、相关法规出台等，则应当在预计负债计量中考虑相关未来事项的影响，但不应考虑预期处置相关资产形成的利得。

预期的未来事项可能对预计负债的计量较为重要。例如，某核电企业预计，在生产结束时清理核废料的费用将因未来技术的变化而显著降低。那么，该企业因此确认的预计负债金额应当反应有关专家对技术发展以及清理费用减少做出的合理预测。但是，这种预计需要取得相当可观的证据予以支持。

（二）对预计负债账面价值的复核

企业应当在资产负债表日对预计负债的账面价值进行复核。有确凿证据表明该账面价值不能真实反映当前最佳估计数的，应当按照当前最佳估计数对该账面价值进行调整。

例如，某化工企业对环境造成了污染，按照当时的法律规定，只需要对污染进行清理。随着国家对环境保护越来越重视，按照现在的法律规定，企业不仅需要对污染进行清理，还很可能要对居民进行赔偿。这种法律要求的变化，会对企业预计负债的计量产生影响。企业应当在资产负债表日对为此确认的预计负债金额进行复核，相关因素发生变化表明预计负债金额不再能反应真实情况时，需要按照当前情况下企业清理和赔偿支出的最佳估计数对预计负债的账面价值进行相应的调整。

值得注意的是，或有负债和或有资产不符合负债或资产的定义和确认条件，企业不应确认或有负债和或有资产，而应当进行相应的披露。但是，影响或有负债和或有资产的多种因素处于不断变化之中，企业应当持续地对这些因素予以关注。随着时间的推移和事态的进展，或有负债对应的潜在义务可能转化为现时义务，并且现时义务的金额也能够可靠计量。这时或有负债就会转化为企业的负债，应当予以确认。或有资产也是一样，其对应的潜在资产最终是否能够流入企业会逐渐变得明确，如果某一时点企业基本确定能够受到这项潜在资产并且其金额能够可靠计量，则应当将其确认为企业的资产。

第三节 或有事项会计的具体应用

一、未决诉讼或未决仲裁

诉讼，是指当事人不能通过协商解决争议，因而在人民法院起诉、应诉，请求人民法院通过审判程序解决纠纷的活动。诉讼尚未裁决之前通常被称为未决诉讼，未决诉讼对于被告来说，可能形成一项或有负债或者预计负债；对于原告来说，则可能形成一项或有资产。

仲裁，是指经济法的各方当事人依照实现约定或事后达成的书面仲裁协议，共同选定仲裁机构并由其对争议依法做出具有约束力裁决的一种活动。仲裁结果尚未公布之前，对于被告来说，可能形成一项或有负债或者预计负债；对于原告来说，则可能形成一项或有资产。

【例4-4】2015年10月10日，M公司因合同违约被N公司起诉。2015年12月31日，公司尚未接到法院的判决。N公司预计，如无特殊情况很可能在诉讼中获胜，假定N公司估计将来很可能获得赔偿金额2 900 000元。M公司在咨询公司的法律顾问后认为，最终的法律判决很可能对公司不利。假定M公司预计将要支付的赔偿金额、诉讼费等费用为2 600 000元至3 000 000元之间的某一金额，而且这个区间内每个金额的可能性都大致相同，其中诉讼费为40 000元。

此例中，N公司不应当确认或有资产，而应当在2015年12月31日的报表附注中披露或有资产2 900 000元。

M公司应在资产负债表中确认一项预计负债，金额为（2 600 000+3 000 000）÷2=2 800 000（元），同时在2015年12月31日的附注中进行披露。

乙公司的有关账务处理如下。

借：管理费用——诉讼费　　40 000

　　营业外支出　　2 760 000

　　贷：预计负债——未决诉讼　　2 800 000

应当注意的是，对于未决诉讼，企业当期实际发生的诉讼损失金额与已计提的相关预计负债之间的差额，应分情况处理。

（1）企业在前期资产负债表日，依据当时实际情况和所掌握的证据合理预计了预计负债，应当将当期实际发生的诉讼损失金额与已计提的相关预计负债之间的差额，直接计入或冲减当期营业外支出。

（2）企业在前期资产负债表日，依据当时实际情况和所掌握的证据，原本应当能够合理估计诉讼损失，但企业所做的估计却与当时的事实严重不符如未合理预计损失或不恰当地多计或少计损失，应当按照重大会计差错更正的方法进行处理。

（3）企业在前期资产负债表日，依据当时实际情况和所掌握的证据，确实无法合理预计诉讼损失，因而未确认预计负债，则在该项损失实际发生的当期，直接计入当期营业外支出。

（4）资产负债表日后至财务报告批准报出日之前发生的需要调整或说明的未决诉讼，按照资产负债表日后事项的有关规定进行会计处理。

二、债务担保

债务担保在企业中是较为普遍的现象。作为提供担保的一方，在被担保方无法履行合同的情况下，常常承担连带责任。从保护投资者、债权人的利益出发，客观充分地反映企业因担保义务而承担的潜在风险是十分必要的。

【例4-5】2013年10月，B公司从银行贷款人民币10 000 000元，期限2年，由A公司全额担保；2015年4月，C公司从银行贷款美元2 000 000元，期限1年，由A公司担保50%；2015年6月，D公司通过银行从G公司贷款人民币30 000 000元，期限2年，由A公司全额担保。

截至2015年12月31日，各贷款单位的情况如下：B公司贷款逾期未还，银行已起诉B公司和A公司；A公司因连带责任需赔偿多少金额尚无法确定；C公司由于受政策影响和内部管理不善等原因，经营效益不如以往，可能不能偿还到期美元债务；D公司经营状况良好，预期不存在还款困难。

本例中，对B公司而言，A公司很可能需履行连带责任，但损失金额是多少，目前还难以预计；就C公司而言，A公司可能需履行连带责任；就D公司而言，A公司履行连带责任的可能性极小。这3项债务担保形成A公司的或有负债，但不符合预计负债的确认条件，A公司在2015年12月31日编制财务报表时，应当在附注中做相应披露。

三、产品质量保证

产品质量保证，通常指销售商或制造商在销售产品或提供劳务后，对客户提供服务的一种承诺。在约定期内或终身保修，若产品或劳务在正常使用过程中出现质量或与之相关的其他属于正常范围的问题，企业负有更换产品、免费或只收成本价进行修理等责任。为此，企业应当在符合确认条件的情况下，于销售成立时确认预计负债。

【例4-6】沿用【例4-2】的资料，M公司2015年度第一季度实际发生的维修费为1 360 000元，“预计负债——产品质量保证”账户2014年年末余额为220 000元。

本例中，2015年度第一季度，M公司的账务处理如下。

（1）确认与产品质量保证有关的预计负债。

借：销售费用——产品质量保证　　1 600 000

　　贷：预计负债——产品质量保证　　1 600 000

（2）发生产品质量保证费用（维修费）。

借：预计负债——产品质量保证　　1 360 000

　　贷：银行存款或原材料等　　1 360 000

“预计负债——产品质量保证”账户2015年第一季度末的余额为：1 600 000−1 360 000+220 000=260 000（元）。

对产品质量保证确认预计负债时，需要注意以下几点。

（1）如果发现产品质量保证费用的实际发生额与预计数相差较大，应及时对预计比例进行调整；

（2）如果企业针对特定批次产品确认预计负债，则在保修期结束时，应将“预计负债——产品质量保证”余额冲销，不留余额；

（3）已对其确认预计负债的产品，如企业不再生产了，那么应在相应的产品质量保证期满后，将“预计负债——产品质量保证”余额冲销，不留余额。

四、亏损合同

待执行合同变为亏损合同，同时该亏损合同产生的义务满足预计负债的确认条件的，应当确认为预计负债。其中，待执行合同，是指合同各方未履行任何合同义务，或部分履行了同等义务的合同。企业与其他企业签订的商品销售合同、劳务提供合同、租赁合同等，均属于待执行合同，待执行合同不属于或有事项。但是，待执行合同变为亏损合同的，应当作为或有事项。亏损合同，是指履行合同义务不可避免发生的成本超过预期经济利益的合同。预计负债的计量应当反应退出该合同的最低净成本，即履行该合同的成本与未能履行合同而发生的补偿或处罚两者之中的较低者。企业与其他单位签订的商品销售合同、劳务合同、租赁合同等均可能变为亏损合同。

企业对亏损合同进行会计处理，需要遵循以下两点原则。

（1）如果与亏损合同相关的义务不需支付任何补偿即可撤销，企业通常就不存在现时义务，不应确认预计负债；如果与亏损合同相关的义务不可撤销，企业就存在了现实义务，同时满足该义务很可能导致经济利益流出企业且金额能可靠地计量的，应当确认预计负债。

（2）待执行合同变为亏损合同时，合同存在标的资产的，应当对标的资产进行减值测试并按规定确认减值损失，在这种情况下，企业通常不需确认预计负债，如果预计亏损超过该减值损失，应将超过部分确认为预计负债；合同不存在标的资产的，亏损合同相关义务满足预计负债确认条件时，应当确认预计负债。

【例4-7】2014年1月1日，M公司采用经营租赁方式租入一条生产线生产甲产品，租赁期4年。M公司利用该生产线生产的 A产品每年可获利30万元。2015年12月31日，M公司决定停产A产品，原经营租赁合同不可撤销，还要持续2年，且生产线无法转租给其他单位。

本例中，M公司与其他公司签订了不可撤销的经管租赁一合同，负有法定义务，必须继续履行租赁合同（交纳租金）。同时，M公司决定停产A产品。因此，M公司执行原经营租赁合同不可避免要发生的费用很可能超过预期获得的经济利益，属于亏损合同，应当在2015年12月31日，根据未来应支付的租金的最佳估计数确认预计负债。

五、重组义务

（一）重组义务的确认

重组是指企业制定和控制的，将显著改变企业组织形式、经营范围或经营方式的计划实施行为。属于重组的事项主要包括以下几类。

（1）出售或终止企业的部分业务；

（2）对企业的组织结构进行较大调整；

（3）关闭企业的部分营业场所，或将营业活动由一个国家或地区迁移到其他国家或地区。

企业应当将重组与企业合并、债务重组区别开。因为重组通常是企业内部资源的调整和组合，谋求现有资产效能的最大化；而企业合并是在不同企业之间的资本重组和规模扩张；债务重组是债权人对债务人作出让步，从而债务人减轻债务负担，债权人尽可能减少损失。

企业只有因重组而承担了重组义务，并且同时满足预计负债的 3 项确认条件时，才能确认预计负债。

1. 同时存在下列情况的，表明企业承担了重组义务

（1）有详细、正式的重组计划，包括重组涉及的业务、主要地点、需要补偿的职工人数、预计重组支出、计划实施时间等；

（2）该重组计划已对外公告。

2. 需要判断重组义务是否同时满足预计负债的 3 个确认条件

需要判断重组义务是否同时满足预计负债的 3 个确认条件，即判断其承担的重组义务是否是现时义务、履行重组义务是否很可能导致经济利益流出企业、重组义务的金额是否能够可靠计量。只有同时满足 3 个确认条件，才能将重组义务确认为预计负债。

例如，某公司董事会决定关闭一个事业部。如果有关决定尚未传达到受影响的各方，也未采取任何措施实施该项决定，该公司就没有开始承担重组义务，不应确认预计负债；如果有关决定已经传达到受影响的各方，同时满足该义务很可能导致经济利益流出企业和金额能够可靠地计量的，应当确认为预计负债。

（二）重组义务的计量

企业应当按照与重组有关的直接支出确定预计负债金额，计入当期损益。其中，直接支出是指企业重组必须承担的直接支出，不包括留用职工岗前培训、市场推广、新系统和营销网络投入等支出。

由于企业在计量预计负债时不应当考虑预期处置相关资产的利得或损失，在计量与重组义务相关的预计负债时，也不考虑处置相关资产（厂房、店面，有时是一个事业部整体）可能形成的利得或损失，即使资产的出售构成重组的一部分也是如此，这些利得或损失应当单独确认。

企业可以参照表4-2判断某项支出是否属于与重组有关的直接支出。

表4-2 重组相关支出判断表

支出项目	包括	不包括	不包括的原因
自愿遣散	√		
强制遣散（如果自愿遣散目标未满足）	√		
将不再使用的厂房的租赁撤销费	√		
将职工和设备从拟关闭的工厂转移到继续使用的工厂		√	支出与继续进行的活动相关
剩余职工的再培训		√	支出与继续进行的活动相关
新经理的招募成本		√	支出与继续进行的活动相关
推广公司新形象的营销成本		√	支出与继续进行的活动相关
对新分销网络的投资		√	支出与继续进行的活动相关
重组的未来可辨认经营损失（最新预计值）		√	支出与继续进行的活动相关
特定固定资产的减值损失		√	减值准备应当按照《企业会计准则第8号——资产减值》进行评估，并作为资产的抵减项

第四节 或有事项的列报

一、预计负债的列报

在资产负债表中，因或有事项而确认的负债（预计负债）应与其他负债项目区别开来，单独反映。如果企业因多项或有事项确认了预计负债，在资产负债表上一般只需通过“预计负债”项目进行总括反映。在将或有事项确认为负债的同时，应确认一项支出或费用。这项费用或支出在利润表中不应单列项目反映，而应与其他费用或支出项目（如“销售费用”“管理费用”“营业外支出”等）合并反映。比如，企业因产品质量保证确认负债时所确认的费用，在利润表中应作为“销售费用”的组成部分予以反映；又如，企业因对其他单位提供债务担保确认负债时所确认的费用，在利润表中应作为“营业外支出”的组成部分予以反映。

同时，为了使会计报表使用者获得充分、详细的有关或有事项的信息，企业应在会计报表附注中披露以下内容。

（1）预计负债的种类、形成原因以及经济利益流出不确定性的说明。

（2）各类预计负债的期初、期末余额和本期变动情况。

（3）与预计负债有关的预期补偿金额和本期已确认的预期补偿金额。

二、或有负债的披露

或有负债无论作为潜在义务还是现时义务，均不符合负债的确认条件，因而不予确认。但是，除非或有负债极小可能导致经济利益流出企业，否则企业应当在附注中披露有关信息，具体包括以下内容。

（1）或有负债的种类及其形成原因，包括已贴现商业承兑汇票、未决诉讼、未决仲裁、对外提供担保等形成的或有负债。

（2）经济利益流出不确定性的说明。

（3）或有负债预计产生的财务影响，以及获得补偿的可能性；无法预计的，应当说明原因。

需要注意的是，在涉及未决诉讼、未决仲裁的情况下，如果披露全部或部分信息预期对企业会造成重大不利影响，企业无须披露这些信息，但应当披露该未决诉讼、未决仲裁的性质，以及没有披露这些信息的事实和原因。

三、或有资产的披露

或有资产作为一种潜在资产，不符合资产确认的条件，因而不予确认。企业通常不应当披露或有资产，但或有资产很可能会给企业带来经济利益的，应当披露其形成的原因，预计产生的财务影响等。

复习思考题

1. 或有事项的概念和特征？
2. 或有事项的确认？
3. 或有事项的计量？
4. 或有事项的会计处理？

实务练习题

1. 甲公司为一家电生产企业，主要生产A、B、C 3种家电产品。甲公司2015年度有关事项如下。

（1）甲公司管理层于2015年11月制订了一项业务重组计划。该业务重组计划的主要内容如下。

① 自2016年1月1日起关闭C产品生产线。

② 从事C产品生产的员工共计250人，除部门主管及技术骨干等50人留用转入其他部门外，其他200人都将被辞退。根据被辞退员工的职位、工作年限等因素，甲公司将一次性给予被辞退员工不同标准的补偿，补偿支出共计800万元。

③ C产品生产线关闭之日，租用的厂房将被腾空，撤销租赁合同并将其移交给出租方，用于C产品生产的固定资产等将转移至甲公司自己的仓库。上述业务重组计划已于2015年12月2日经甲公司董事会批准，并于12月3日对外公告。

2015年12月31日，上述业务重组计划尚未实际实施，员工补偿及相关支出尚未支付。为了实施上述业务重组计划，甲公司预计发生以下支出或损失：①因辞退员工将支付补偿款800万元；②因撤销厂房租赁合同将支付违约金25万元；③因将用于C产品生产的固定资产等转移至仓库将发生运输费3万元；④因对留用员工进行培训将发生支出1万元；⑤因推广新款B产品将发生广告费用2 500万元；⑥因处置用于C产品生产的固定资产将发生减值损失150万元。

（2）2015年12月15日，消费者因使用C产品造成财产损失向法院提起诉讼，要求甲公司赔偿损失560万元；12月31日，法院尚未对该案做出判决。在咨询法律顾问后，甲公司认为该案很可能败诉。根据专业人士的测算，甲公司的赔偿金额可能在450万元至550万元之间，而且上述区间内每个金额的可能性相同。

（3）2015年12月25日，丙公司（为甲公司的子公司）向银行借款3 200万元，期限为3年。经董事会批准，甲公司为丙公司的上述银行借款提供全额担保。12月31日，丙公司经营状况良好，预计不存在还款困难。

要求：

（1）根据资料（1），判断哪些是与甲公司业务重组有关的直接支出，并计算因重组义务应确认的预计负债金额。

（2）根据资料（1），计算甲公司因业务重组计划而减少2015年度利润总额的金额，并编制相关会计分录。

（3）根据资料（2）和（3），判断甲公司是否应当将与这些或有事项相关的义务确认为预计负债，如确认，计算预计负债的最佳估计数，并编制相关会计分录；如不确认，说明理由。

2. ABC公司有关业务如下。不考虑其他相关税费。

要求：根据上述资料，分析、计算各业务应确认的预计负债或资产减值损失，并编制ABC公司有关的会计分录。

（1）2015年12月，ABC公司与甲公司签订一份不可撤销合同，约定在2016年2月以每件4万元的价格向甲公司销售100件A产品；甲公司应预付定金60万元，若ABC公司违约，需双倍返还定金。ABC公司2015年将收到的甲公司定金60万元存入银行。

2015年12月31日，ABC公司的库存中没有A产品及生产该产品所需原材料。因原材料价格大幅上涨，ABC公司预计每件A产品的生产成本为5万元。2015年12月31日，A产品市场销售价格为每件4.5万元。假定ABC公司销售A产品不发生销售费用。

（2）2015年12月，ABC公司与乙公司签订一份B产品销售合同，约定在2016年2月底以每件1.2万元的价格向乙公司销售3 000件B产品，违约金为合同总价款的20%。

2015年12月31日，ABC公司库存B产品3 000件，每件成本1.6万元，目前每件市场价格2.4万元。假定ABC公司销售B产品不发生销售费用。

（3）2015年12月，ABC公司与丙公司签订一份C产品销售合同，约定在2016年3月底以每件4万元的价格向丙公司销售200件C产品，如果ABC公司单方面撤销合同应支付违约金100万元。2015年12月31日，ABC公司库存C产品210件，每件成本5万元。目前，市场每件价格4.8万元。假定ABC公司销售C产品不发生销售费用。

（4）2015年11月，ABC公司与丁公司签订一份D产品销售合同，约定在2016年2月末以每件4万元的价格向丁公司销售6 000件D产品，违约金为每件1万元。

至2015年12月31日，ABC公司只生产了D产品4 000件，每件成本4.8万元，其余2 000件产品因原材料原因停产，由于生产D产品所用原材料需要从某国进口，而该国出现金融危机，所需2 000件原材料预计2016年3月末以后才能进口，恢复生产的日期很可能于2016年4月以后。假定市场上不存在D产品的价格。

与丁公司签订销售6 000件D产品的合同，一部分存在标的资产，而另一部分不存在标的资产。

（5）2015年12月1日，ABC公司与戊公司签订一项不可撤销的产品销售合同，合同规定：ABC公司于3个月后交付戊公司一批产品，合同价格（不含增值税额）为1 000万元，如ABC公司违约，将支付违约金200万元。至2015年年末，ABC公司为生产该产品已发生成本40万元，因原材料价格上涨，ABC公司预计生产该产品的总成本为1 160万元。

第五章 会计调整与会计估计变更

第一节 会计政策变更

一、会计政策

会计政策是指企业在会计确认、计量和报告中所采用的原则、基础和会计处理方法。其中，原则是指按照企业会计准则规定的、适合企业会计核算的具体会计原则，例如，《企业会计准则第 14 号——收入》规定销售商品收入的确认标准是企业已将商品所有权上的主要风险和报酬转移给购货方、企业既没有保留通常与所有权相联系的继续管理权也没有对已售出的商品实施有效控制、经济利益很可能流入企业、收入和成本能够可靠计量，就属于收入确认的具体会计原则。基础，是指为了将会计原则应用于交易或事项而采用的基础，主要是企业采用的会计计量基础，也称会计计量属性，主要有历史成本、重置成本、可变现净值、现值和公允价值等。会计处理方法，是指企业在会计核算过程中按照法律、法规和国家统一会计制度等规定采用的具体会计处理方法。例如，企业按照《企业会计准则第 18 号——所得税》规定采用资产负债表债务法核算暂时性差异对所得税影响等。企业应当披露重要会计政策，主要包括以下内容。

（1）发出存货成本的计量，是指企业确定发出存货成本所采用的会计处理。例如，企业发出存货成本的计量是采用先进先出法，还是采用其他计量方法。

（2）长期股权投资的后续计量，是指企业取得长期股权投资后的会计处理。例如，企业对被投资单位的长期股权投资是采用成本法，还是采用权益法核算。

（3）投资性房地产的后续计量，是指企业在资产负债表日对投资性房地产进行后续计量所采用的计量方法。例如，企业对投资性房地产的后续计量是采用成本模式，还是采用公允价值模式。

（4）固定资产的初始计量，是指对取得的国定资产初始成本的计量。例如，企业取得的固定资产初始成本是以购买价款，还是以购买价款的现值为基础进行计量。

（5）生物资产的初始计量，是指对取得的生物资产初始成本的计量。例如，企业为取得生物资产而产生的借款费用，是予以资本化，还是计入当期损益。

（6）无形资产的确认，是指对无形项目的支出是否确认为无形资产。例如，企业内部研究开发项目开发阶段的支出是确认为无形资产，还是在发生时计入当期损益。

（7）非货市性资产交换的计量，是指非货币性资产交换事项中对换入资产成本的计量。例如，非货币性资产交换是以换出资产的公允价值作为确定换入资产成本的基础，还是以换出资产的账面价值作为确定换入资产成本的基础。

（8）收入的确认，是指收入确认所采用的会计原则。例如，企业确认收入时要同时满足已将商品所有权上的主要风险和报酬转移给购货方、收入的金额能够可靠地计量、相关经济利益很可能流入企业等条件。

（9）合同收入与费用的确认，是指确认建造合同的收入和费用所采用的会计处理方法。例如，企业确认建造合同的合同收入和合同费用采用完工百分比法。

（10）借款费用的处理，是指借款费用的会计处理方法，即是采用资本化，还是采用费用化。

（11）合并政策，是指编制合并财务报表所采用的原则。例如，母公司与子公司的会计年度不一致的处理原则、合并范围的确定原则等。

（12）其他重要会计政策。

二、会计政策变更

（一）会计政策变更概述

会计政策变更是指企业对相同的交易或事项由原来采用的会计政策改用另一会计政策的行为。

企业采用的会计政策，在每一会计期间和前后各期应当保持一致，不得随意变更，以保证不同期间会计信息的可比性。会计政策变更并不意味着以前期间的会计政策是错误的，而是由于法律、行政法规或者国家统一的会计制度等的要求，或者情况发生了变化，或者掌握了新的信息，积累了更多的经验，使得变更会计政策能够更好地反映企业的财务状况、经营成果和现金流量。如果以前期间会计政策的运用是错误的，则属于会计差错，应按前期差错更正的规定进行处理。

满足下列条件之一的，企业可以变更会计政策。

（1）法律、行政法规或者国家统一的会计制度等要求变更。例如，财政部有关法规规定，自2007年1月1日起，上市公司从执行《企业会计制度》转为执行《企业会计准则》体系。

（2）会计政策变更能够提供更可靠、更相关的会计信息。由于经济环境、客观情况的改变，使企业原采用的会计政策所提供的会计信息，已不能恰当地反映企业的财务状况、经营成果和现金流量等状况。在这种情况下，应改变原有会计政策，按变更后新的会计政策进行会计处理，以便对外提供更可靠、更相关的会计信息。例如，企业一直采用成本模式对投资性房地产进行后续计量，如果企业能够从房地产交易市场上持续地取得同类或类似房地产的市场价格及其他相关信息，从而能够对投资性房地产的公允价值作出合理的估计，此时，企业可以将投资性房地产的后续计量方法由成本模式变更为公允价值模式。

以下两项不属于会计政策变更。

（1）本期发生的交易或者事项与以前相比具有本质差别而采用新的会计政策。例如，以前租入固定资产属于经营租赁，本次租入固定资产属于融资租赁，两者有本质差别，分别差异不同方法进行处理，不属于会计政策变更。

（2）对初次发生的或不重要的交易或者事项采用新的会计政策。对初次发生的交易，比如企业本期新增了期货交易业务，应按相应办法进行处理，不属于会计政策变更。对不重要的交易，比如将低值易耗品的摊销由五五摊销法改为一次摊销法，不属于会计政策变更。对不重要的交易如按会计政策变更处理，不符合成本效益原则。

（二）会计政策变更的会计处理

会计政策变更的处理方法有两种，即追溯调整法和未来适用法，两种方法适用于不同情形。处理的基本思路通俗地说，就是可追溯调整的要进行追溯调整，不能追溯的就不追溯，采取未来适用法。具体的选择原则如下。

（1）企业根据法律、行政法规或者国家统一的会计制度等要求变更会计政策的，应当按照国家相关会计规定执行。

（2）会计政策变更能够提供更可靠、更相关的会计信息的，应当采用追溯调整法处理。

（3）确定会计政策变更对列报前期影响数不切实可行的，应当从可追溯调整的最早期间期初开始应用变更后的会计政策；在当期期初确定会计政策变更对以前各期累积影响数不切实可行的，应当采用未来适用法处理。

1. 追溯调整法

追溯调整法，是指对某项交易或事项变更会计政策，视同该项交易或事项初次发生时即采用变更后的会计政策，并以此对财务报表相关项目进行调整的方法。采用追溯调整法进行会计处理可以使同一企业不同时期的会计报表之间具有可比性。

追溯调整法步骤如下。

（1）计算会计政策变更的累积影响数；

（2）编制相关项目的调整分录；

（3）调整列报前期最早期初财务报表相关项目及其金额；

（4）附注说明。

其中，会计政策变更累积影响数，是指按照变更后的会计政策对以前各期追溯计算的列报前期最早期初留存收益应有金额与现有金额之间的差额。留存收益包括盈余公积和未分配利润。在计算调整会计政策变更当期期初的留存收益时，不考虑由于损益变化而应当补分配的利润或股利。列报前期最早期初留存收益，在财务报表只提供一个可比期间比较数据的情况下，就是上期资产负债表的期初留存收益。因而，“变更前的列报前期最早期初留存收益”，可以直接从上年资产负债表中获得；“变更后的列报前期最早期初留存收益”，就是按变更后的会计政策对以前各期追溯计算，所得到的上期期初留存收益金额。

累积影响数计算步骤如下。

① 根据新会计政策重新计算受影响的前期交易或事项。

② 计算两种会计政策下的差异。

③ 计算差异的所得税影响金额。

应说明的是，一般来说，会计政策变更的追溯调整不会影响以前年度应缴所得税的变动，也就是说不会涉及应缴所得税的调整；但追溯调整时如果涉及暂时性差异，则应考虑递延所得税的调整，这种情况应考虑前期所得税费用的调整。

④ 确定前期中每一期的税后差异。

⑤ 计算会计政策变更的累积影响数。

需要注意的是，对以前年度损益进行追溯调整或追溯重述的，应当重新计算各列报期间的每股收益。

【例5-1】M公司2005年以9 000 000元的价格从股票市场购入以交易为目的A股票（假设不考虑购入股票发生的交易费用），2005年年末A股票的市价为10 200 000元。2006年以2 200 000元的价格从股票市场购入以交易为目的的股票B（假设不考虑购入股票发生的交易费用）。2006年末A股票的市价仍为10 200 000元，而B股票的市价为2 600 000元。公司采用成本与市价孰低法对购入股票进行计量。

2006年财政部颁布了新企业会计准则，公司根据新准则的规定，从2007年起对其以交易为目的购入的股票由成本与市价孰低改为公允价值计量。公司保存的会计资料比较齐备，可以通过会计资料追溯计算。

假设所得税税率为25%，公司按净利润的10%提取法定盈余公积，按净利润的5%提取任意盈余公积。公司发行股票份额为9 000万股，未发行任何稀释性潜在普通股。

要求：对上述会计政策变更进行相应的会计处理。

解析：

2005年、2006年这两年该公司对上述购入股票的核算是依据2001年的《企业会计准则——投资》，而自2007年起该公司对上述购入股票的核算是依据2006年颁布的《企业会计准则第22号——金融工具确认和计量》等新准则。根据原准则，上述购入股票是作为短期投资核算，不确认公允价值变动损益；根据2006年颁布的准则，上述购入股票是作为交易性金融资产核算，要求确认公允价值变动损益。对该项经济业务处理的会计处理方法的改变属于会计政策变更。由于公司对上述购入股票的资料完整清晰，能计算改变交易性金融资产计量方法后的累积影响数，故对该会计政策变更采用追溯调整法进行会计处理。

M公司的会计处理如下。

1. 计算改变交易性金融资产计量方法后的累积影响数

计算改变交易性金融资产计量方法后的累积影响数如表5-1所示。

表5-1　改变交易性金融资产计量方法后的积累影响数　单位：元

时间	公允价值	成本与市价孰低	税前差异	所得税影响	税后差异
2005年末	10 200 000	9 000 000	1 200 000	300 000	900 000
2006年末	2 600 000	2 200 000	400 000	100 000	300 000
合计	12 800 000	11 200 000	1 600 000	400 000	1 200 000

（1）对2005年有关事项的调整分录如下。

① 对2005年有关事项的调整分录

借：交易性金融资产——公允价值变动　1 200 000

　贷：利润分配——未分配利润　900 000

　　递延所得税负债　300 000

② 调整利润分配

按照净利润的10%提取法定盈余公积，按照净利润的5%提取任意盈余公积，共计提取盈余公积900 000×15%=135 000（元）。

借：利润分配——未分配利润　135 000

　贷：盈余公积　135 000

（2）对2006年有关事项的调整分录如下。

① 调整交易性金融资产

借：交易性金融资产——公允价值变动　400 000

　贷：利润分配——未分配利润　300 000

　　递延所得税负债　100 000

② 调整利润分配

按照净利润的10%提取法定盈余公积，按照净利润的5%提取任意盈余公积，共计提取盈余公积300 000×15%=45 000（元）。

借：利润分配——未分配利润　　45 000

　贷：盈余公积　　45 000

2. 财务报表调整和重述

（财务报表略）。

M公司在列报2007年财务报表时，应调整2007年资产负债表有关项目的年初余额、利润表有关项目的上年金额及所有者权益变动表有关项目的上年金额和本年金额也应进行调整。

① 资产负债表项目的调整：调增“交易性金融资产”年初余额1 600 000元；调增“递延所得税负债”年初余额400 000元；调增“盈余公积”年初余额180 000元；调增“未分配利润”年初余额1 020 000元。

② 利润表项目的调整：调增“公允价值变动收益”上年金额400 000元；调增“所得税费用”上年金额100 000元；调增“净利润”上年金额300 000元；调增“基本每股收益”上年金额0.003 3元。

③ 所有者权益变动表项目的调整：调增“会计政策变更”项目中“盈余公积”上年金额135 000元，“未分配利润”上年金额765 000元，“所有者权益合计”上年金额900 000元。调增“会计政策变更”项目中“盈余公积”本年金额45 000元，“未分配利润”本年金额255 000元，“所有者权益合计”本年金额300 000元。

2. 未来适用法

未来适用法，是指将变更后的会计政策应用于变更日及以后发生的交易或者事项，或者在会计估计变更当期和未来期间确认会计估计变更影响数的方法。

在未来适用法下，不需要对财务报表进行调整，只需要在报表附注中加以说明。

【例5-2】N公司原来对发出存货采用后进先出法，由于采用新准则，按其规定，公司从2007年1月1日起改用先进先出法。

2007年1月1日，存货的价值为5 000 000元，公司当年购入存货的实际成本为36 000 000元，2007年12月31日按先进先出法计算确定的存货价值为9 000 000元，当年销售额为50 000 000元，假设该年度其他费用为2 400 000元，所得税税率为25%。

2007年12月31日，按后进先出法计算的存货价值为4 400 000元。

由于N公司的存货种类繁多等原因，无法计算上述会计政策变更的累积影响数。

要求：对上述会计政策变更进行相应的会计处理。

解析：

由于N公司的存货种类繁多等原因，无法计算上述会计政策变更的累积影响数，所以对上述会计政策变更只能采用未来适用法进行处理，即对存货采用先进先出法从2007年及以后才适用，不需要计算2007年1月1日以前按先进先出法计算存货应有的余额，以及对留存收益的影响金额。不需要进行财务处理，只需在在报表附注中说明。

在会计报表附注中，N公司应做如下的披露：由于施行新会计准则，本公司对存货的发出计价方法由先进先出法改为后进先出法。因为本公司存货种类太繁多，无法计算累积影响数，根据《企业会计准则第38号——首次执行企业会计准则》的规定，对该项会计政策变更应当采用未来适用法。

由该项会计政策变更导致了本年净利润增加了3 450 000元，其计算过程如表5-2所示。

表 5-2　当期净利润的影响数计算表　单位：元

项目	先进先出法	后进先出法
营业收入	5 000 000	5 000 000
减：营业成本	32 000 000	36 300 000
减：其他费用	2 400 000	2 400 000
利润总额	15 600 000	11 000 000
减：所得税	3 900 000	2 750 000
净利润	11 700 000	8 250 000
差额	3 450 000	

公司由于会计政策变更使当期净利润增加了3 450 000元。其中，采用先进先出法的销售成本为：期初存货+购入存货实际成本−期末存货=5 000 000+36 000 000−9 000 000=32 000 000（元）；采用后进先出法的销售成本为：期初存货+购入存货实际成本−期末存货=5 000 000+36 000 000−4 400 000=36 600 000（元）。

（三）会计政策变更的披露

企业应当在附注中披露与会计政策变更有关的下列信息。

（1）会计政策变更的性质、内容和原因。

（2）当期和各个列报前期财务报表中受影响的项目名称和调整金额。

（3）无法进行追溯调整的，说明该事实和原因以及开始应用变更后的会计政策的时点、具体应用情况。

【例5-3】沿用【例5-1】，请在财务报表附注中做相关说明。

在报表附注中，M公司对上述会计政策变更还应做如下的披露。

本公司2007年按照会计准则规定，对交易性金融资产计量由成本与市价孰低改为以公允价值计量。此项会计政策变更采用追溯调整法，2007年的比较财务报表已重新表述。2006年期初运用新会计政策追溯计算的累积影响数为900 000元，调增2006年的期初留存收益900 000元，其中调增未分配利润765 000元，调增盈余公积135 000元。会计政策变更对2007年度财务报表本年金额的影响为调增未分配利润250 000元，调增盈余公积45 000元，调增净利润300 000元。

三、会计估计变更

（一）会计估计变更概述

1. 会计估计

会计估计是指企业对其结果不确定的交易或事项以最近可利用的信息为基础所作的判断。

需要进行会计估计的项目通常有：坏账；存货遭受毁损、全部或部分陈旧过时；固定资产的使用年限与净残值；无形资产的受益期限等。

会计估计具有以下特点。

第一，会计估计的存在是由于经济活动中内在的不确定性因素的影响。

第二，进行会计估计时，往往以最近可利用的信息或资料为基础。

第三，进行会计估计并不会削弱会计确认和计量的可靠性。

企业应当披露的重要会计估计主要包括以下内容。

（1）存货可变现净值的确定；

（2）采用公允价值模式下的投资性房地产公允价值的确定；

（3）固定资产的预计使用寿命与净残值，固定资产的折旧方法；

（4）生物资产的预计使用寿命与净残值，各类生产性生物资产的折旧方法；

（5）使用寿命有限的无形资产的预计使用寿命与净残值；

（6）可收回金额按照资产组的公允价值减去处置费用后的净额确定的确定公允价值减去处置费用后的净额的方法，可收回金额按照资产组的预计未来现金流量的现值确定的预计未来现金流量的确定；

（7）合同完工进度的确定；

（8）权益工具公允价值的确定；

（9）债务人债务重组中转让的非现金资产的公允价值、由债务转成的股份的公允价值和修改其他债务条件后债务的公允价值的确定，债权人债务重组中受让的非现金资产的公允价值、由债权转成的股份的公允价值和修改其他债务条件后债权的公允价值的确定；

（10）预计负债初始计量的最佳估计数的确定；

（11）金融资产公允价值的确定；

（12）承租人对未确认融资费用的分摊，出租人对未实现融资收益的分配；

（13）探明矿区权益、井及相关设施的折耗方法，与油气开采活动相关的辅助设备及设施的折旧方法；

（14）非同一控制下企业合并成本的公允价值的确定；

（15）其他重要会计估计。

2. 会计估计变更

会计估计变更，是指由于资产和负债的当前状况及预期经济利益和义务发生了变化，从而对资产或负债的账面价值或者资产的定期消耗金额进行调整。

值得注意的是，如果以前期间的会计估计是错误的，则属于会计差错，按前期差错更正的规定进行会计处理。

企业发生会计估计变更的情形包括以下内容。

（1）赖以进行估计的基础发生了变化。例如，固定资产使用年限原预计为 30 年，后因发生地震，导致建筑物的结构受到一定影响，应将使用年限缩短为 25 年。

（2）取得了新的信息、积累了更多的经验以及后来的发展变化。例如，对 M 公司原按 10%计提坏账准备，新的信息表明，M 公司的财务状况发生恶化，计提比例改为 20%。

（二）会计估计变更的会计处理

企业对会计估计变更应当采用未来适用法处理。如果无法分清会计政策变更和会计估计变更，也应按会计估计变更，采用未来适用法进行会计处理。

会计估计变更仅影响变更当期的，其影响数应当在变更当期予以确认；既影响变更当期又影响未来期间的，其影响数应当在变更当期和未来期间予以确认。

【例5-4】M公司2012年12月20日购入一台管理用设备，原始价值为100万元，原估计使用年限为10年，预计净残值为4万元，按双倍余额递减法计提折旧。由于固定资产所含经济利益预期实现方式的改变和技术因素的原因，已不能继续按原定的折旧方法、折旧年限计提折旧。M公司于2015年1月1日将设备的折旧方法改为年限平均法，将设备的折旧年限由原来的10年改为8年，预计净残值仍为4万元。M公司所得税采用资产负债表债务法核算，适用的所得税税率为25%。

要求：

（1）计算上述设备2013年和2014年计提的折旧额。

（2）计算上述设备2015年计提的折旧额。

（3）计算上述会计估计变更对2015年净利润的影响。

解析：

（1）设备2013年计提的折旧额=100×20%=20（万元）

设备2014年计提的折旧额=（100−20）×20%=16（万元）

（2）2015年1月1日设备的账面净值=100−20−16=64（万元）

设备2015年计提的折旧额=（64−4）÷（8−2）=10（万元）

（3）按原会计估计，设备2015年计提的折旧额=（100−20−16）×20%=12.8（万元）。

上述会计估计变更使2015年净利润增加=（12.8−10）×（1−25%）=2.1（万元）。

（三）会计估计变更的披露

企业应当在附注中披露与会计估计变更有关的下列信息。

（1）会计估计变更的内容和原因。

（2）会计估计变更对当期和未来期间的影响数。

（3）会计估计变更的影响数不能确定的，披露这一事实和原因。

【例5-5】沿用【例5-4】，请在财务报表附注中做相关说明。

在会计报表附注中，M公司应做如下的披露。

本公司2012年12月20日购入一台管理用设备，原始价值为100万元，原估计使用年限为10年，预计净残值为4万元，按双倍余额递减法计提折旧。由于固定资产所含经济利益预期实现方式的改变和技术因素的原因，已不能继续按原定的折旧方法、折旧年限计提折旧。本公司于2015年1月1日将设备的折旧方法改为年限平均法，将设备的折旧年限由原来的10年改为8年，预计净残值仍为4万元，以反映该设备的真实耐用寿命和净残值。此估计变更影响使本年净利润增加2.1万元。

四、会计政策变更与会计估计变更的划分

企业应当正确区分会计政策变更和会计估计变更，并按不同的方法进行处理。企业应当以变更事项的会计确认、计量基础和列报项目是否发生变更作为判断是会计政策变更还是会计估计变更的基础。

（一）以会计确认是否发生变更作为判断基础

《企业会计准则——基本准则》规定了资产、负债、所有者权益、收入、费用和利润等会计要素

的确认标准。一般地，对会计确认的指定或选择是会计政策，对会计要素确认时，若某一业务确认的要素发生了变化，认为是会计政策变更。例如，某企业在前期按2000年的《企业会计制度》将无形资产开发阶段的支出计入当期损益，而当期按照新会计准则（《企业会计准则第 6 号——无形资产》）的规定，此项支出符合无形资产的确认条件，应当确认为无形资产，即无形资产开发支出由“费用”要素变成了“资产”要素，这属于会计政策变更。

（二）以计量是否发生变更作为判断基础

《企业会计准则——基本准则》规定了历史成本、重置成本、可变现净值、现值和公允价值等5项会计计量属性，是会计处理的计量基础。一般地，对计量基础的指定或选择是会计政策，对会计要素计量时，若某要素的计量基础发生了变化，认为是会计政策变更。

（三）以列报项目是否发生变更作为判断基础

《财务报表列报》准则，规定了财务报表项目应采用的列报原则。一般地，对列报项目的指定或选择是会计政策，在编报时所列项目发生了变动，认为是会计政策变更。例如，某商业企业在前期按2000年的《企业会计制度》将商品采购费用列入营业费用，当期根据新会计准则（《企业会计准则第1号——存货》）的规定，将采购费用列入存货成本，该变更属于会计政策变更。

（四）根据会计确认、计量基础和列报项目的要求、为了取得资产负债表上有关项目的金额或数值而采用的处理方法发生了变化，不是会计政策而是会计估计，其变更是会计估计变更。

企业可以采用以下具体方法划分会计政策变更与会计估计变更：判断该变更事项是否涉及会计确认、计量基础或列报项目的变更，当至少有上述（一）至（三）项中的任何一项变更时，则是会计政策变更；否则即为会计估计变更。例如，企业原采用双倍余额递减法计提固定资产折旧，根据固定资产使用的实际情况，企业决定改用直线法计提固定资产折旧，此项变更属于会计估计变更。因为该事项前后采用的两种计提折旧的方法都是以历史成本作为计量基础，对该事项的会计确认和列报项目也未发生变更，只是固定资产折旧、固定资产净值等相关金额发生了变化，因此该变更属于会计估计变更。

第二节 前期差错更正

一、前期差错概述

会计差错分为本期差错和前期差错。本期差错直接更正当期相关项目，更正后才编制会计报表，不存在“重述”报表问题。

前期差错，是指由于没有运用或错误运用下列两种信息，而对前期财务报表造成省略或错报。

（1）编报前期财务报表时预期能够取得并加以考虑的可靠信息；

（2）前期财务报告批准报出时能够取得的可靠信息。

前期差错通常包括计算错误、应用会计政策错误、疏忽或曲解事实及舞弊产生的影响，以及存货、固定资产盘盈等。

没有运用或错误运用上述两种信息而形成前期差错的情形主要如下。

（1）计算以及账户分类错误。例如，企业购入的五年期国债，意图长期持有，但在记账时记入了交易性金融资产，导致账户分类上的错误，并导致在资产负债表上流动资产和非流动资产的分类也有误。

（2）犯有法律、行政法规或者国家统一的会计制度等不允许的错误。例如，按照《企业会计准则第 17 号——借款费用》的规定，为购建固定资产的专门借款而发生的企业固定资产已达到预定可使用状态后发生的借款费用，也计入该项固定资产的价值，予以资本化则属于犯有法律或会计准则等行政法规、规章所不允许的错误。

（3）对事实的疏忽或曲解及舞弊。例如，企业对某项建造合同应按建造合同规定的方法确认营业收入，但该企业却按确认商品销售收大的原则确认收入。

另外，就会计估计的性质来说，它是个近似值，随着更多信息的获得，估计可能需要进行修正，但是会计估计变更不属于前期差错更正。

二、前期差错更正的会计处理

企业需要根据在相关环境下对遗漏或错误表述的规模和性质来判断前期差错是否重要，决定如何处理前期差错。前期差错所影响的财务报表项目的金额或性质，是判断该前期差错是否具有重要性的决定性因素。一般来说，前期差错所影响的财务报表项目的金额越大、性质越严重，其重要性水平越高。

（1）对于不重要的前期差错，可以采用未来适用法更正。企业不需调整财务报表相关项目的期初数，但应调整发现当期与前期相同的相关项目。属于影响损益的，应直接计入本期与上期相同的净损益项目；属于不影响损益的，应调整本期与前期相同的相关项目。

（2）对于重要的前期差错，企业应当采用追溯重述法更正，但确定前期差错累积影响数不切实可行的除外。确定前期差错影响数不切实可行的，可以从可追溯重述的最早期间开始调整留存收益的期初余额，财务报表其他相关项目的期初余额也应当一并调整，也可以采用未来适用法。

追溯重述法，是指在发现前期差错时，视同该项前期差错从未发生过，从而对财务报表相关项目进行更正的方法。追溯重述法的会计处理与追溯调整法相同。

对于重要的前期差错，应当在发现当期的财务报表中，调整前期比较数据。不同期间发生的前期重要会计差错的调整如下。

（1）比较报表期间的重要的前期差错。应调整比较报表期间的净损益和其他相关项目，视同该差错在产生的当期已经更正。

（2）比较财务报表期间以前的重要的前期差错。应调整比较财务报表最早期间的期初留存收益，财务报表其他相关项目也应一并调整。

【例5-6】2015年5月20日，M公司发现在2014年12月31日计算A库存产品的可变现净值时发生重大差错，该库存产品的成本为2 000万元，预计可变现净值为1 400万元，由于疏忽，将A库存产品的可变现净值预按1 800万元进行了相关账务处理。M公司为增值税一般纳税企业，所得税采用资产负债表债务法核算，适用的所得税税率为25%，按净利润的10%提取法定盈余公积。公司发行股票份额为1 000万股。

要求：对M公司上述重大会计差错进行会计处理。

解析：

1. 分析前期差错的影响数

2014年少计提存货跌价准备400万元；多计算所得税费用100万元（400×25%）；少计递延所得税资产100万元；多计净利润300万元；多提法定盈余公积30万元（300×10%）。

2. 编制有关项目的调分录（单位：万元）

（1）补提存货跌价准备

借：以前年度损益调整——资产减值损失　　400

　　贷：存货跌价准备　　400

（2）调整所得税费用

借：递延所得税资产　　100

　　贷：以前年度损益调整——所得税费用　　100

（3）将“以前年度损益调整”科目余额转入利润分配

借：利润分配——未分配利润　　300

　　贷：以前年度损益调整　　300

（4）调整利润分配有关数字

借：盈余公积　　30

　　贷：利润分配——未分配利润　　30

3. 财务报表调整和重述（财务报表略）

M公司在编制2015年5月份的财务报表时，应调整2015年5月资产负债表有关项目的年初余额，利润表有关项目及所有者权益变动表的上年金额也应进行调整。

（1）资产负债表项目的调整

调减“存货”项目金额400万元；调增“递延所得税资产”项目金额100万元；调减“盈余公积”项目金额30万元；调减“未分配利润”项目金额270万元。

（2）利润表项目的调整

调增“资产减值损失”项目上年金额400万元；调减“营业利润”、“利润总额”项目上年金额400万元；调减“所得税费用”项目上年金额100万元；调减“净利润”项目上年金额300万元；调减“基本每股收益”项目上年金额0.30元。

（3）所有者权益变动表项目的调整

调减“前期差错更正”项目中“盈余公积”上年金额30万元；调减“前期差错更正”项目中“未分配利润”上年金额270万元；调减“前期差错更正”项目中“所有者权益合计”上年金额300万元。

三、前期差错更正的披露

企业应当在附注中披露与前期差错更正有关的下列信息。

（1）前期差错的性质。

（2）各个列报前期财务报表中受影响的项目名称和更正金额。

（3）无法进行追溯重述的，说明该事实和原因以及对前期差错开始进行更正的时点、具体更正情况。

在以后期间的财务报表中，不需要重复披露在以前期间的附注中已披露的会计政策变更和前期差错更正的信息。

【例5-7】沿用【例5-6】，请在财务报表附注中做相关说明。

在会计报表附注中，M公司应做如下的披露。

2015年5月20日，本公司发现在2014年12月31日计算A库存产品的可变现净值时发生重大差错，该库存产品的成本为2 000万元，预计可变现净值为1 400万元，由于疏忽，将A库存产品的可变现净值预按1 800万元进行了相关账务处理。在编制本期财务报表时，已对该项差错进行了更正。更正后，对资产负债表、利润表、所有者权益变动表相关项目的调整情况如下。

（1）资产负债表项目的调整

调减“存货”项目金额400万元；调增“递延所得税资产”项目金额100万元；调减“盈余公积”项目金额30万元；调减“未分配利润”项目金额270万元。

（2）利润表项目的调整

调增“资产减值损失”项目上年金额400万元；调减“营业利润”、“利润总额”项目上年金额400万元；调减“所得税费用”项目上年金额100万元；调减“净利润”项目上年金额300万元；调减“基本每股收益”项目上年金额0.30元。

（3）所有者权益变动表项目的调整

调减“前期差错更正”项目中“盈余公积”上年金额30万元；调减“前期差错更正”项目中“未分配利润”上年金额270万元；调减“前期差错更正”项目中“所有者权益合计”上年金额300万元。

第三节 资产负债表日后事项

一、资产负债表日后事项的概念

资产负债表日后事项，是指资产负债表日至财务报告批准报出日之间发生的有利或不利事项。

资产负债表日是指会计年度末和会计中期期末。其中，年度资产负债表日是指公历 12 月 31 日；会计中期通常包括半年度、季度和月度等，会计中期期末相应地是指公历半年末、季末和月末等。

如果母公司或者子公司在国外，无论该母公司或子公司如何确定会计年度和会计中期，其向国内提供的财务报告都应根据我国《会计法》和会计准则的要求确定资产负债表日。

财务报告批准报出日，是指董事会或类似机构批准财务报告报出的日期。资产负债表日后事项涵盖的期间为资产负债表日后至财务报告批准报出日之间。董事会或类似机构批准财务报告对外公布的日期至实际对外公布日之间发生的与资产负债表日后事项有关的事项，影响财务报告对外公布日期的，应以董事会或类似机构再次批准财务报告对外公布的日期为截止日期。

资产负债表日后调整事项的内容包括资产负债表日后调整事项和资产负债表日后非调整事项。

（一）调整事项

资产负债表日后调整事项，是指对资产负债表日已经存在的情况提供了新的或进一步证据的事项。

如果资产负债表日及所属会计期间已经存在某种情况，但当时并不知道其存在或者不能知道确切结果，资产负债表日后发生的事项能够证实该情况的存在或者确切结果，则该事项属于资产负债表日后事项中的调整事项。如果资产负债表日后事项对资产负债表日的情况提供了进一步的证据，证据表明的情况与原来的估计和判断不完全一致，则需要对原来的会计处理进行调整。

调整事项的特点如下。

（1）在资产负债日或以前已经存在，资产负债表日后得以证实的事项；

（2）对按资产负债表日存在状况编制的会计报表产生重大影响的事项。

以下是资产负债表日后调整事项。

（1）资产负债表日后诉讼案件结案，法院判决证实了企业在资产负债表日已经存在现时义务，需要调整原先确认的与该诉讼案件相关的预计负债，或确认一项新负债。

（2）资产负债表日后取得确凿证据，表明某项资产在资产负债表日发生了减值或者需要调整该项资产原先确认的减值金额。

（3）资产负债表日后进一步确定了资产负债表日前购入资产的成本或售出资产的收入。

（4）资产负债表日后发现了财务报表舞弊或差错。

（二）非调整事项

资产负债表日后非调整事项，是指表明资产负债表日后发生的情况的事项。

非调整事项的发生不影响资产负债表日企业的财务报表数字，只说明资产负债表日后发生了某些情况。对于财务报告使用者来说，非调整事项说明的情况有的重要，有的不重要；其中重要的非调整事项虽然与资产负债表日的财务报表数字无关，但可能影响资产负债表日以后的财务状况和经营成果，准则要求适当披露。

非调整事项的特点如下。

（1）资产负债表日并未发生或并不存在，完全是期后才发生的事项；

（2）对按资产负债表日存在状况编制的会计报表产生重大影响的事项。

以下是资产负债表日后非调整事项。

（1）资产负债表日后发生重大诉讼、仲裁、承诺。资产负债表日后发生的重大诉讼等事项，对企业影响较大，为防止误导投资者及其他财务报告使用者，应当在报表附注中披露。

（2）资产负债表日后资产价格、税收政策、外汇汇率发生重大变化。资产负债表日后发生的资产价格、税收政策和外汇汇率的重大变化，虽然不会影响资产负债表日财务报表相关项目的数据，但对企业资产负债表日后期间的财务状况和经营成果有重大影响，应当在报表附注中予以披露。

（3）资产负债表日后因自然灾害导致资产发生重大损失。

（4）资产负债表日后发行股票和债券以及其他巨额举债。企业发行股票、债券以及向银行或非银行金融机构举借巨额债务都是比较重大的事项，虽然这一事项与企业资产负债表日的存在状况无关，但这一事项的披露能使财务报告使用者了解与此有关的情况及可能带来的影响。因此，应当在报表附注中进行披露。

（5）资产负债表日后资本公积转增资本。企业以资本公积转增资本将会改变企业的资本（或股本）结构，影响较大，应当在报表附注中进行披露。

（6）资产负债表日后发生巨额亏损。企业资产负债表日后发生巨额亏损将会对企业报告期以后的财务状况和经营成果产生重大影响，应当在报表附注中及时被解该事项，以使为投资者或其他财务报告使用者作出正确决策提供信息。

（7）资产负债表日后发生企业合并或处置子公司。企业合并或者处置子公司的行为可以影响股权结构、经营范国等方面，对企业未来的生产经营活动能产生重大影响，应当在报表附注中进行披露。

（8）资产负债表日后，企业利润分配方案中拟分配的以及经审议批准宣告发放的现金股利或利润。资产负债表日后，企业制定利润分配方案，拟分配或经审议批准宣告发放现金股利或利润的行为，并不会导致企业在资产负债表日形成现时义务，虽然该事项的发生可导致企业负有支付股利或利相的义务，但支付义务在资产负债表日尚不存在，不应该调整资产负债表日的财务报告。因此，该事项为非调整事项。但为便于财务报告使用者更充分地了解相关信息，企业需要在财务报告中适当披露该信息。

（三）调整事项与非调整事项的区别

如何确定资产负债表日后发生的某一事项是调整事项还是非调整事项，是运用资产负债表日后事项准则的关键。某一事项究竟是调整事项还是非调整事项，取决于该事项表明的情况在资产负债表日或资产负债表日以前是否已经存在。若该情况在资产负债表日或之前已经存在，则属于调整事项；反之，则属于非调整事项。

二、调整事项的会计处理

资产负债表日后发生的调整事项，应当如同资产负债表所属期间发生的事项一样，做出相关账务处理，并对资产负债表日已经编制的财务报表进行调整。这里的财务报表包括资产负债表、利润表及所有者权益变动表等内容，但不包括现金流量表。

对于年度财务报告而言，由于资产负债表日后事项发生在报告年度的次年，报告年度的有关账目已经结转，特别是损益类科目在结账后已无余额。因此，年度资产负债表日后发生的调整事项，应分别按以下情况进行处理。

（1）涉及损益的事项，通过“以前年度损益调整”科目核算。

调整完成后，应将“以前年度损益调整”科目的贷方或借方余额，转入“利润分配——未分配利润”科目。

需要注意的是，涉及损益的调整事项如果发生在资产负债表日所属年度（即报告年度）所得税汇算清缴前的，应按准则要求调整报告年度应纳税所得额、应纳所得税税额；发生在报告年度所得税汇算清缴后的，应按准则要求调整本年度（即报告年度的次年）应纳所得税税额。

（2）涉及利润分配调整的事项，直接在“利润分配——未分配利润”科目核算。

（3）不涉及损益以及利润分配的事项，调整相关科目。

（4）通过上述账务处理后，还应同时调整财务报表相关项目的数字，包括以下内容。

① 资产负债表日编制的财务报表相关项目的期末或本年发生数；

② 当期编制的财务报表相关项目的期初数或上年数；

③ 经过上述调整后，如果涉及报表附注内容的，还应当调整报表的附注相关项目数字。

【例5-8】M公司因违约，于2014年12月被N企业告上法庭，要求赔偿80万元。2014年12月31日法院尚未判决，M公司按或有事项准则已确认预计负债50万元。N公司未确认收益。2015年3月10日，经法院判决M公司应赔偿60万元，M、N双方均服从判决，M公司已向N公司支付赔偿款60万元。假设M、N公司2009年所得税汇算清缴在2015年2月10日完成，假定两企业的所得税税率均为25%，所得税采用资产负债表债务法核算；M公司按10%提取法定盈余公积。M公司年度财务报告批准报出日是次年3月31日。

M公司的会计处理如下。

（1）2015年3月10日，记录支付的赔款。

借：以前年度损益调整——营业外支出　　100 000

　　贷：其他应付款　　100 000

借：递延所得税资产　　25 000

　　贷：以前年度损益调整——所得税费用　　（100 000×25%）25 000

借：预计负债　　500 000

　　贷：其他应付款　　500 000

借：其他应付款　　600 000

　　贷：银行存款　　600 000

注：2014年年末负债账面价值600 000元，在2015年所得税申报时可抵扣，从而产生可抵扣暂时性差异600 000元；因确认预计负债500 000元时已确认相应的递延所得税资产，故日后事项处理时再确认增加的100 000元负债对应的递延所得税资产。

（2）将“以前年度损益调整”科目余额转入未分配利润。

借：利润分配——未分配利润　　75 000

　　贷：以前年度损益调整　　75 000

（3）因净利润变动，调整盈余公积。

借：盈余公积　　（75 000×10%）7 500

　　贷：利润分配——未分配利润　　7 500

（4）调整报告年度报表如下。

N企业的会计处理

（1）2015年3月10日，记录收到的赔款。

借：其他应收款　　600 000

　　贷：以前年度损益调整——营业外收入　　600 000

借：以前年度损益调整——所得税费用　　（600 000×25%）150 000

　　贷：递延所得税负债　　150 000

注：年末其他应收款为600 000元，资产的计税基础为0，产生应纳税暂时性差异600 000元。

（2）将“以前年度损益调整”科目余额转入未分配利润。

借：以前年度损益调整　　450 000

　　贷：利润分配——未分配利润　　450 000

（3）因净利润增加，补提盈余公积。

借：利润分配——未分配利润　　45 000

　　贷：盈余公积　　（450 000×10%）45 000

（4）调整报告年度报表（略）

三、非调整事项的会计处理

资产负债表日后发生的非调整事项，是资产负债表日后才发生或存在的事项，不影响资产负债表日存在状况，不应当调整资产负债表日的财务报表。但有的非调整事项对财务报告使用者具有重大影响，如不加以说明，将不利于财务报告使用者做出正确估计和决策，因此，资产负债表日后事项准则要求在附注中披露“重要的资产负债表日后非调整事项的性质、内容，及其对财务状况和经营成果的影响”。资产负债表日后发生的非调整事项，应当在报表附注中披露每项重要的资产负债表日后非调整事项的性质、内容，及其对财务状况和经营成果的影响。无法做出估计的，应当说明原因。

资产负债表日后，企业利润分配方案中拟分配的以及经审议批准宣告发放的股利或利润，不确认为资产负债表日的负债，但应当在附注中单独披露，但资产负债表日后期间对利润分配涉及的法定盈余公积，应作为调整事项处理。

复习思考题

1. 什么是会计政策？什么是会计政策变更？简述会计政策变更的会计处理。
2. 什么是会计估计变更？简述会计估计变更的会计处理。
3. 简述会计前期差错的会计处理。
4. 什么是资产负债表日后事项调整事项？简述资产负债表日后事项调整事项的会计处理。
5. 什么是资产负债表日后事项非调整事项？简述资产负债表日后事项的非调整事项的会计处理。

实务练习题

1. M公司为增值税一般纳税人，适用的增值税税率为17%。所得税采用债务法核算，适用的所得税税率为25%。按净利润的10%提取法定盈余公积。2011年1月1日，M公司将对外出租的一幢办公楼由成本计量模式改为公允价值计量模式。

该办公楼于2007年12月31日对外出租，出租时办公楼的原价为10 000万元，已提折旧为2 000万元，预计尚可使用年限为20年，采用年限平均法计提折旧，假定M公司计提折旧的方法及预计使用年限符合税法规定。

自2007年1月1日起，M公司所在地有活跃的房地产交易市场，公允价值能够持续可靠取得，M公司对外出租的办公楼2007年12月31日、2011年12月31日、2009年12月31日、2010年12月31日和2011年12月31日的公允价值分别为8 000万元、9 000万元、9 600万元、10 100万元和10 200万元。假定按年确认公允价值变动损益。

要求：

（1）编制2007年12月31日将自用房地产转换为投资性房地产的会计分录。

（2）计算2011年、2009年和2010年该投资性房地产每年计提的折旧额。

（3）填列2011年1月1日会计政策变更累积影响数计算表。

（4）编制有关项目的调整分录。

（5）计算2011年递延所得税负债发生额（注明借贷方）。

（6）编制2011年投资性房地产公允价值变动及确认递延所得税的会计分录。

2. N公司2009年财务报告在2010年4月30日批准报出，N公司的所得税税率为25%，所得税采用资产负债表债务法核算，2009年度所得税申报在2010年3月15日完成；按净利润的10%提取盈余公积。2010年12月发现了如下的会计差错，请进行相应的会计处理。

（1）如果2010年12月5日，发现2010年3月管理用固定资产漏提折旧300万元；

（2）如果2010年12月5日，发现2009年3月管理用固定资产漏提折旧300万元（属于重大会计差错）；

（3）2010年12月5日，发现2007年3月管理用固定资产漏提折旧300万元（属于重大会计差错）。

3. M公司因违约，于2010年12月被丙企业告上法庭，要求赔偿200万元。2010年12月31日法院尚未判决，M公司因赔偿的金额无法可靠估计，因而未确认预计负债。2011年2月1日，经法院判决M公司应赔偿100万元，甲、丙双方均服从判决，M公司已向丙企业支付赔偿款100万元。假设M公司2010年所得税汇算清缴在2011年2月10日完成，此笔损失可在税前抵扣，所得税税率为25%，所得税采用资产负债表债务法核算；M公司按10%提取法定盈余公积。M公司年度财务报告批准报出日是次年3月31日。请对上述经济业务进行会计处理并调整报告年度报表。

第六章 企业合并

第一节 企业合并概述

一、企业合并的界定

企业合并是将两个或两个以上单独的企业合并形成一个报告主体的交易或事项。

企业合并的结果通常是一个企业取得了对一个或多个业务的控制权。如果一个企业取得了对另一个或多个企业的控制权，而被购买方（或被合并方）并不构成业务，则该交易或事项不形成企业合并。企业取得了不形成业务的一组资产或是净资产时，应将购买成本基于购买日所取得各项可辨认资产、负债的相对公允价值基础上进行分配，不按照企业合并准则进行处理。

业务是指企业内部某些生产经营活动或资产负债的组合，该组合具有投入、加工处理过程和产出能力，能够独立计算其成本费用或所产生的收入，但一般不构成一个企业、不具有独立的法人资格，如企业的分公司、独立的生产车间、不具有独立法人资格的分部等。

从企业合并的定义看，是否形成企业合并，除要看取得的企业是否构成业务之外，关键还要看有关交易或事项发生前后，是否引起报告主体的变化。报告主体的变化产生于控制权的变化。在交易事项发生以后，一方能够对另一方的生产经营决策实施控制，形成母子公司关系，涉及控制权的转移，该交易或事项发生以后，子公司需要纳入到母公司合并财务报表的范围中，从合并财务报告角度形成报告主体的变化；交易事项发生以后，一方能够控制另一方的全部净资产，被合并的企业在合并后失去其法人资格，也涉及控制权的变化及报告主体的变化，形成企业合并。

假定在企业合并前 A、B 两个企业为各自独立的法律主体，且均构成业务，企业合并准则中所界定的企业合并，包括但不限于以下情形。

（1）企业 A 通过增发自身的普通股自企业 B 原股东处取得企业 B 的全部股权，该交易事项发生后，企业 B 仍持续经营。

（2）企业 A 支付对价取得企业 B 的全部净资产，该交易事项发生后，撤销企业 B 的法人资格。

（3）企业 A 以自身持有的资产作为出资投入企业 B，取得对企业 B 的控制权，该交易事项发生后，企业 B 仍维持其独立法人资格继续经营。

二、企业合并的方式

企业合并从合并方式划分，包括控股合并、吸收合并和新设合并。

（一）控股合并

合并方（或购买方，下同）通过企业合并交易或事项取得对被合并方（或被购买方，下同）的控制权，企业合并后能够通过所取得的股权等主导被合并方的生产经营决策并自被合并方的生产经营活动中获益，被合并方在企业合并后仍维持其独立法人资格继续经营的，为控股合并。

该类企业合并中，因合并方通过企业合并交易或事项取得了对被合并方的控制权，被合并方成为其子公司，在企业合并发生后，被合并方应当纳入合并方合并财务报表的编制范围，从合并财务报表角度，形成报告主体的变化。

在控股合并的情况下，控股企业被称为母公司，被控股企业被称为该母公司的子公司，以母公司为中心，连同它所控股的子公司，被称为企业集团。

（二）吸收合并

合并方在企业合并中取得被合并方的全部净资产，并将有关资产、负债并入合并方自身的账簿和报表进行核算。企业合并后，注销被合并方的法人资格，由合并方持有合并中取得的被合并方的资产、负债，在新的基础上继续经营，该类合并为吸收合并。

吸收合并中，因被合并方（或被购买方）在合并发生以后被注销，从合并方（或购买方）的角度需要解决的问题是，其在合并日（或购买日）取得的被合并方有关资产、负债入账价值的确定，以及为了进行企业合并支付的对价与所取得被合并方资产、负债的入账价值之间存在差额的处理。

企业合并继后期间，合并方应将合并中取得的资产、负债作为本企业的资产、负债核算。

从法律形式上讲，吸收合并可表现为“M 公司+N 公司=M 公司”，也就是经过合并，M 公司作为实施合并的企业仍具有法人地位，但 N 公司作为被合并企业已丧失法人地位，成为 M 公司的一部分，即 M 公司兼并了 N 公司。合并时，如果 M 公司采用现金或其他资产支付方式进行合并，N 公司的原所有者就被 M 公司替代，也无权享有合并后 M 公司实现的税后利润；但如果 M 公司以发行股票的方式实施合并，则 N 公司原所有者成为合并后 M 公司的股东，可继续参与对合并后 M 公司的管理，并分享其所实现的税后利润，但一般对合并后的 M 公司无控制权。

（三）新设合并

参与合并的各方在企业合并后法人资格均被注销，重新注册成立一家新的企业，由新注册成立的企业持有参与合并各企业的资产、负债在新的基础上经营，为新设合并。

从法律形式上讲，新设合并表现为“M 公司+N 公司=P 公司”，P 公司为新设立的法人企业，M、N 公司则丧失其法人资格。如果 P 公司以支付现金或其他资产的方式合并 M、N 公司，则 M、N 公司的原所有者无权参与 P 公司的经营管理，也无权分享 P 公司以后实现的税后利润；但如果 P 公司采取向 M、N 公司原股东发行股票以换取 M、N 公司股票，并将其注销的方式，则 M、N 公司原股东成为 P 公司的股东，这些股东与 P 公司存在投资与被投资的关系，且可以参与丙公司的管理，分享其实现的税后利润，但一般已丧失对原企业的控制权。1996 年上海著名的两家证券公司申银和万国组成申银万国证券公司，就属典型的新设合并。

三、企业合并类型的划分

我国的企业合并准则中将企业合并按照一定的标准划分为两大基本类型——同一控制下的企业合并与非同一控制下的企业合并。企业合并的类型划分不同，所遵循的会计处理原则也不同。

（一）同一控制下的企业合并

同一控制下的企业合并，是指参与合并的企业在合并前后均受同一方或相同的多方最终控制且该控制并非暂时性的。

（1）能够对参与合并各方在合并前后均实施最终控制的一方通常指企业集团的母公司。

同一控制下的企业合并一般发生于企业集团内部，如集团内母子公司之间、子公司与子公司之间等。该类合并从本质上是集团内部企业之间的资产或权益的转移，不涉及自集团外购入子公司或是向集团外其他企业出售子公司的情况，能够对参与合并企业在合并前后均实施最终控制的一方为集团的母公司。

（2）能够对参与合并的企业在合并前后均实施最终控制的相同多方，是指根据合同或协议的约定，拥有最终决定参与合并企业的财务和经营政策，并从中获取利益的投资者群体。

（3）实施控制的时间性要求，是指参与合并各方在合并前后较长时间内为最终控制方所控制。具体是指在企业合并之前（即合并日之前），参与合并各方在最终控制方的控制时间一般在 1 年以上（含 1 年），企业合并后所形成的报告主体在最终控制方的控制时间也应达到 1 年以上（含 1 年）。

（4）企业之间的合并是否属于同一控制下的企业合并，应综合考虑企业合并交易的各方面情况，按照实质重于形式的原则进行判断。通常情况下，同一控制下的企业合并是指发生在同一企业集团内部企业之间的合并。同受国家控制的企业之间发生的合并，不应仅仅因为参与合并各方在合并前后均受国家控制而将其作为同一控制下的企业合并。

（二）非同一控制下的企业合并

非同一控制下的企业合并，是指参与合并各方在合并前后不受同一方或相同的多方最终控制的合并交易，即除判断属于同一控制下企业合并的情况以外其他的企业合并。

第二节　同一控制下企业合并的会计处理

同一控制下的企业合并，是从合并方出发，确定合并方在合并日对于企业合并事项应进行的会计处理。合并方，是指取得对其他参与合并企业控制权的一方；合并日，是指合并方实际取得对被合并方控制权的日期。

一、同一控制下企业合并的处理原则

同一控制下的企业合并，合并方应遵循以下原则进行相关的处理。

（1）合并方在合并中确认取得的被合并方的资产、负债仅限于被合并方账面上原已确认的资产和负债，合并中不产生新的资产和负债。

同一控制下的企业合并，从最终控制方的角度来看，其在企业合并发生前后能够控制的净资产价值量并没有发生变化。因此，合并中不产生新的资产，但被合并方在企业合并前账面上原已确认的商誉应作为合并中取得的资产确认。

（2）合并方在合并中取得的被合并方各项资产、负债应维持其在被合并方的原账面价值不变。

合并方在同一控制下企业合并中取得的有关资产和负债不应因该项合并而改记其账面价值，从最终控制方的角度，其在企业合并交易或事项发生前控制的资产、负债，在该交易或事项发生后仍在其控制之下，因此，该交易或事项原则上不应引起所涉及资产、负债的计价基础发生变化。

在确定合并中取得各项资产、负债的入账价值时，应予注意的是，被合并方在企业合并前采用的会计政策与合并方不一致的，应基于重要性原则，首先统一会计政策，即合并方应当按照本企业会计政策对被合并方资产、负债的账面价值进行调整，并以调整后的账面价值作为有关资产、负债的入账价值。

（3）合并方在合并中取得的净资产的入账价值相对于为进行企业合并支付的对价账面价值之间的差额，不作为资产的处置损益，不影响合并当期利润表，有关差额应调整所有者权益相关项目。合并方在企业合并中取得的价值量相对于所放弃价值量之间存在差额的，应当调整所有者权益。在根据合并差额调整合并方的所有者权益时，应首先调整资本公积（资本溢价或股本溢价），资本公积（资本溢价或股本溢价）的余额不足冲减的，应冲减留存收益。

（4）对于同一控制下的控股合并，合并方在编制合并财务报表时，应视同合并后形成的报告主体自最终控制方开始实施控制时一直是一体化存续下来的，参与合并各方在合并以前期间实现的留存收益应体现为合并财务报表中的留存收益。在合并财务报表中，应以合并方的资本公积（或经调整后的资本公积中的资本溢价部分）为限，在所有者权益内部进行调整，将被合并方在合并日前实现的留存收益中按照持股比例计算归属于合并方的部分自资本公积转入留存收益。

（5）合并方为进行企业合并发生的有关费用的处理。

合并方为进行企业合并发生的有关费用，指合并方为进行企业合并发生的各项直接相关费用，如为进行企业合并支付的审计费用、进行资产评估的费用以及有关的法律咨询费用等增量费用。

同一控制下企业合并进行过程中发生的各项直接相关的费用，应于发生时费用化计入当期损益。借记“管理费用”等科目，贷记“银行存款”等科目。但以下两种情况除外。

① 以发行债券方式进行的企业合并，与发行债券相关的佣金、手续费等应按照《企业会计准则第 22 号——金融工具确认和计量》的规定进行核算。即该部分费用，虽然与筹集用于企业合并的对价直接相关，但其核算应遵照金融工具准则的原则，有关的费用应计入负债的初始计量金额中。其中债券如为折价发行的，该部分费用应增加折价的金额；债券如为溢价发行的，该部分费用应减少溢价的金额。

② 以发行权益性证券作为合并对价的，与所发行权益性证券相关的佣金、手续费等应按照《企业会计准则第 37 号——金融工具列报》的规定进行核算。即与发行权益性证券相关的费用，应自所发行权益性证券的发行收入中扣减，在权益性工具发行有溢价的情况下，自溢价收入中扣除，在权益性证券发行无溢价或溢价金额不足以扣减的情况下，应当冲减盈余公积和未分配利润。

企业专设的购并部门发生的日常管理费用，如果该部门的设置并不是与某项企业合并直接相关，而是企业的一个常设部门，其设置的目的是为了寻找相关的购并机会等，维持该部门日常运转的有关费用，不属于与企业合并直接相关的费用，应当于发生时费用化计入当期损益。

二、同一控制下企业合并的会计处理

同一控制下的企业合并，视合并方式不同，应当分别按照以下规定进行会计处理。

（一）同一控制下的控股合并

同一控制下的企业合并中，合并方在合并后取得被合并方生产经营的控制权，并且被合并方在企业合并后仍然继续经营的，合并方在合并日涉及两个方面的问题：一是对于因该项企业合并形成的对被合并方的长期股权投资的确认和计量问题；二是合并日合并财务报表的编制问题。

1. 长期股权投资的确认和计量

按照《企业会计准则第 2 号——长期股权投资》的规定，形成同一控制下企业合并的长期股权投资，合并方应以合并日应享有被合并方账面所有者权益的份额作为形成长期股权投资的初始投资成本，借记“长期股权投资”科目，按享有被投资单位已宣告但尚未发放的现金股利或利润，借记“应收股利”科目，按支付对价的账面价值，贷记有关资产或借记有关负债科目，以支付现金、非现金资产方式进行的，该初始投资成本与支付的现金、非现金资产的差额，相应调整资本公积（资本溢价或股本溢价），资本公积（资本溢价或股本溢价）的余额不足冲减的，依次冲减盈余公积、未分配利润；以发行权益性证券方式进行的，长期股权投资的初始投资成本与所发行股份的面值总额之间的差额，应调整资本公积（资本溢价或股本溢价），资本公积（资本溢价或股本溢价）的余额不足冲减的，相应调整盈余公积和未分配利润。

关于该合并方式下形成长期股权投资初始投资成本的确定，按照《企业会计准则第 2 号——长期股权投资》有关规定处理。

【例6-1】M、N公司分别为P公司控制下的两家子公司；M公司于2016年3月10日自母公司P处取得N公司100%的股权，合并后N公司仍维持其独立法人资格继续经营。为进行该项企业合并，M公司发行了600万股本公司普通股（每股面值1元）作为对价。假定M、N公司采用的会计政策相同。合并日，M公司及N公司的所有者权益构成如表6-1。

表 6-1　　M 公司及 N 公司所有者权益构成　　单位：元

M 公司		N 公司	
项目	金额	项目	金额
股本	36 000 000	股本	6 000 000
资本公积	10 000 000	资本公积	2 000 000
盈余公积	8 000 000	盈余公积	4 000 000
未分配利润	20 000 000	未分配利润	8 000 000
合计	74 000 000	合计	20 000 000

M公司在合并日应进行的账务处理如下。

借：长期股权投资　　20 000 000

　　贷：股本　　6 000 000

　　　　资本公积——股本溢价或股本溢价　　14 000 000

【例6-2】M公司以一项账面价值为280万元的固定资产（原价400万元，累计折旧120万元）和一项账面价值为320万元的无形资产（原价500万元，累计摊销180万元）为对价取得同一集团内另一家全资企业N公司100%的股权。合并日，M公司和N公司所有者权益构成如表6-2所示。

表6-2 M公司和N公司所有者权益构成 单位：元

M公司		N公司	
项目	金额	项目	金额
股本	36 000 000	股本	2 000 000
资本公积	1 000 000	资本公积	2 000 000
盈余公积	8 000 000	盈余公积	3 000 000
未分配利润	20 000 000	未分配利润	3 000 000
合计	65 000 000	合计	10 000 000

M公司在合并日应确认对N公司的长期股权投资，进行以下账务处理。

借：固定资产清理 2 800 000
　　累计折旧 1 200 000
　　贷：固定资产 4 000 000
借：长期股权投资 10 000 000
　　累计摊销 1 800 000
　　贷：固定资产清理 2 800 000
　　　　无形资产 5 000 000
　　　　资本公积——资本溢价或股本溢价 4 000 000

2. 合并日合并财务报表的编制

同一控制下的企业合并形成母子公司关系的，合并方一般应在合并日编制合并财务报表，反映于合并日形成的报告主体的财务状况、视同该主体一直存在产生的经营成果等。考虑有关因素的影响，编制合并日的合并财务报表存在困难的，下列有关原则同样适用于合并当期期末合并财务报表的编制。

编制合并日的合并财务报表时，一般包括合并资产负债表、合并利润表及合并现金流量表。

（1）合并资产负债表。被合并方的有关资产、负债应以其账面价值并入合并财务报表（合并方与被合并方采用的会计政策、会计期间不同的，指按照合并方的会计政策、会计期间，对被合并方有关资产、负债经调整后的账面价值）。这里的账面价值是指被合并方的资产、负债（包括最终控制方收购被合并方而形成的商誉）在最终控制方财务报表中的账面价值。合并方与被合并方在合并日及以前期间发生的交易，应作为内部交易进行抵销。合并方的财务报表比较数据追溯调整的期间应不早于双方处于最终控制方的控制之下孰晚的时间。

同一控制下企业合并的基本处理原则是视同合并后形成的报告主体在合并日及以前期间一直存在，在合并资产负债表中，对于被合并方在企业合并前实现的留存收益（盈余公积和未分配利润之和）中归属于合并方的部分，应按以下规定，自合并方的资本公积转入留存收益。

① 确认形成控股合并的长期股权投资后，合并方账面资本公积（资本溢价或股本溢价）贷方余额大于被合并方在合并前实现的留存收益中归属于合并方的部分，在合并资产负债表中，应将被合并方在合并前实现的留存收益中归属于合并方的部分自“资本公积”转入“盈余公积”和“未分配利润”。在合并工作底稿中，借记“资本公积”项目，贷记“盈余公积”和“未分配利润”项目。

② 确认形成控股合并的长期股权投资后，合并方账面资本公积（资本溢价或股本溢价）贷方余额小于被合并方在合并前实现的留存收益中归属于合并方的部分的，在合并资产负债表中，应以合并方资本公积（资本溢价或股本溢价）的贷方余额为限，将被合并方在企业合并前实现的留存收益中归属于合并方的部分自“资本公积”转入“盈余公积”和“未分配利润”。在合并工作底稿中，借记“资本公积”项目，贷记“盈余公积”和“未分配利润”项目。

因合并方的资本公积（资本溢价或股本溢价）余额不足，被合并方在合并前实现的留存收益在合并资产负债表中未予全额恢复的，合并方应当在财务报表附注中对这一情况进行说明。

【例6-3】沿用【例6-1】资料，M公司在合并日编制合并资产负债表时，对于企业合并前N公司实现的留存收益中归属于合并方的部分（1 200万元）应自资本公积（资本溢价或股本溢价）转入留存收益。本例中M公司在确认对N公司的长期股权投资以后，其资本公积的账面余额为2 400万元（1 000万+1 400万），假定其中资本溢价或股本溢价的金额为1 800万元。

在合并工作底稿中，应编制以下调整分录。

借：资本公积　　12 000 000

　贷：盈余公积　　4 000 000

　　　未分配利润　　8 000 000

在合并工作底稿中，还应编制以下抵销分录。

借：股本　　6 000 000

　　资本公积　　2 000 000

　　盈余公积　　4 000 000

　　未分配利润　　8 000 000

　贷：长期股权投资　　20 000 000

【例6-4】沿用【例6-2】资料，M公司在合并日进行对N公司的长期股权投资确认后，M公司资本公积账面余额为500万元（100万元＋400万元），假定全部属于资本溢价或股本溢价，小于N公司在合并前实现的留存收益中归属于M公司的部分，M公司编制合并财务报表时，应以账面资本公积（资本溢价或股本溢价）的余额为限，将N公司在合并前实现的留存收益中归属于M公司的部分相应转入盈余公积和未分配利润。

合并工作底稿中的调整分录如下。

借：资本公积　　5 000 000

　贷：盈余公积　　2 500 000

　　　未分配利润　　2 500 000

在合并工作底稿中，还应编制以下抵销分录。

借：股本　　2 000 000

　　资本公积　　2 000 000

　　盈余公积　　3 000 000

　　未分配利润　　3 000 000

　贷：长期股权投资　　10 000 000

（2）合并利润表。合并方在编制合并日的合并利润表时，应包含合并方及被合并方自合并当期期初至合并日实现的净利润，双方在当期所发生的交易，应当按照合并财务报表的有关原则进行抵销。例如，同一控制下的企业合并发生于20×6年3月31日，合并方当日编制合并利润表时，应包括合并方及被合并方自20×6年1月1日至20×6年3月31日实现的净利润。

为了帮助企业的会计信息使用者了解合并利润表中净利润的构成，发生同一控制下企业合并的当期，合并方在合并利润表中的"净利润"项下应单列"其中：被合并方在合并前实现的净利润"项目，反映因遵循同一控制下企业合并规定的编表原则，导致由于该项企业合并自被合并方在合并当期带入的损益情况。

（3）合并现金流量表

合并日合并现金流量表的编制与合并利润表的编制原则相同。合并方在编制合并日的合并现金流量表时，应包含合并方及被合并方自合并当期期初至合并日的现金流量，双方在当期所发生的交易，应当按照合并财务报表的有关原则进行抵销。

（二）同一控制下的吸收合并

同一控制下的吸收合并中，合并方主要涉及合并日取得被合并方资产、负债入账价值的确定，以及合并中取得有关净资产的入账价值与支付的合并对价账面价值之间差额的处理。

1. 合并中取得资产、负债入账价值的确定

合并方对同一控制下吸收合并中取得的资产、负债应当按照相关资产、负债在被合并方的原账面价值入账。其中，对于合并方与被合并方在企业合并前采用的会计政策不同的，在将被合并方的相关资产和负债并入合并方的账簿和报表进行核算之前，首先应基于重要性原则，统一被合并方的会计政策，即应当按照合并方的会计政策对被合并方的有关资产、负债的账面价值进行调整，以调整后的账面价值确认。

2. 合并差额的处理

合并方在确认了合并中取得的被合并方的资产和负债的入账价值后，以发行权益性证券方式进行的该类合并，所确认的净资产入账价值与发行股份面值总额的差额，应记入资本公积（资本溢价或股本溢价），资本公积（资本溢价或股本溢价）的余额不足冲减的，相应冲减盈余公积和未分配利润；以支付现金、非现金资产方式进行的该类合并，所确认的净资产入账价值与支付的现金、非现金资产账面价值的差额，相应调整资本公积（资本溢价或股本溢价），资本公积（资本溢价或股本溢价）的余额不足冲减的，应依次冲减盈余公积、未分配利润。

【例6-5】2016年6月30日，M公司向N公司的股东定向增发1 000万股普通股（每股面值为1元，市价为3.50元）对N公司进行吸收合并，并于当日取得N公司净资产。M公司和N公司的资产负债表如表6-3所示。

表6-3 资产负债表（简表）

2016年6月30日

单位：元

项目	M公司	N公司	
	账面价值	账面价值	公允价值
资产：			
货币资金	17 250 000	1 800 000	1 800 000
应收账款	12 000 000	8 000 000	8 000 000
存货	24 800 000	1 020 000	1 800 000
长期股权投资	20 000 000	8 600 000	15 200 000

续表

项目	M公司	N公司	
	账面价值	账面价值	公允价值
固定资产	28 000 000	12 000 000	22 000 000
无形资产	18 000 000	2 000 000	6 000 000
商誉			
资产总额	120 050 000	33 420 000	54 800 000
负债和所有者权益：			
短期借款	10 000 000	9 000 000	9 000 000
应付账款	15 000 000	1 200 000	1 200 000
其他应付款	1 500 000	1 200 000	1 200 000
负债合计	26 500 000	11 400 000	11 400 000
实收资本	30 000 000	10 000 000	
资本公积	20 000 000	6 000 000	
盈余公积	20 000 000	2 000 000	
未分配利润	23 550 000	4 020 000	
所有者权益合计	93 550 000	22 020 000	43 400 000
负债和所有者权益合计	120 050 000	33 420 000	

本例中假定M公司和N公司为同一集团内两家全资子公司，合并前其共同的母公司为P公司。该项合并中参与合并的企业在合并前及合并后均为P公司最终控制，为同一控制下的企业合并。自2016年6月30日开始M公司能够对N公司的净资产实施控制，该日即为合并日。

因合并后N公司失去其法人资格，M公司应确认合并中取得的N公司的各项资产和负债，假定M公司与N公司在合并前采用的会计政策相同。M公司对该项合并应进行的会计处如下：

借：银行存款等　　1 800 000
　　应收账款　　8 000 000
　　库存商品等　　1 020 000
　　长期股权投资　　8 600 000
　　固定资产　　12 000 000
　　无形资产　　2 000 000
　贷：短期借款　　9 000 000
　　　应付账款　　1 200 000
　　　其他应付款　　1 200 000
　　　股本　　10 000 000
　　　资本公积——资本溢价或股本溢价　　12 020 000

（三）同一控制下的新设合并

同一控制下的新设合并，由于在企业合并后成立一个新企业，应参照新设企业进行会计处理。

以上为同一控制下的企业合并合并方的会计处理，对于同一控制下企业合并中被合并方的会计处理，应区别不同的企业合并方式进行处理。对于控股合并中的被合并方除股东变更外，无须进行会计处理，仍沿用原会计账册进行会计核算；对于吸收合并和新设合并中的被合并方，由于法人资格均随着企业合并而消失，需要进行企业清算，结束会计账册。

第三节 非同一控制下企业合并的会计处理

非同一控制下的企业合并，主要涉及购买方及购买日的确定、企业合并成本的确定、合并中取得各项可辨认资产、负债的确认和计量、合并差额的处理等。

一、非同一控制下企业合并的处理原则

非同一控制下的企业合并，是参与合并的一方购买另一方或多方的交易，基本处理原则是购买法。

购买法是从购买方的角度出发，该项交易中购买方取得了被购买方的净资产或是对净资产的控制权，应确认所取得的资产以及应当承担的债务，包括被购买方原来未予确认的资产和负债。就购买方自身而言，其原持有的资产及负债的计量不受该交易事项的影响。

（一）确定购买方

采用购买法核算企业合并的首要前提是确定购买方。购买方是指在企业合并中取得对另一方或多方控制权的一方。合并中一方取得了另一方半数以上有表决权股份的，除非有明确的证据表明不能形成控制，一般认为取得控股权的一方为购买方。某些情况下，即使一方没有取得另一方半数以上有表决权股份，但存在以下情况时，一般也可认为其获得了对另一方的控制权。

（1）通过与其他投资者签订协议，实质上拥有被购买企业半数以上表决权。例如，M 公司拥有 N 公司 40%的表决权资本，P 公司拥有 N 公司 30%的表决权资本，Q 公司拥有 N 公司 30%的表决权资本。M 公司与 P 公司达成协议，P 公司在 N 公司的权益由 M 公司代表。在这种情况下，M 公司实质上拥有 N 公司 70%表决权资本的控制权，在 N 公司的章程等没有特别规定的情况下，表明 M 公司实质上控制 N 公司。

（2）按照法律或协议等的规定，具有主导被购买企业财务和经营决策的权力。例如，M 公司拥有 N 公司 45%的表决权资本，同时，根据法律或协议规定，M 公司可以决定 N 公司的生产经营等政策，达到对 N 公司的财务和经营政策实施控制。

（3）有权任免被购买企业董事会或类似权力机构绝大多数成员。这种情况是指，虽然投资企业拥有被投资单位 50%或以下表决权资本，但根据章程、协议等有权任免被投资单位董事会或类似机构的绝大多数成员，以达到实质上的控制。

（4）在被购买企业董事会或类似权力机构中具有绝大多数投票权。这种情况是指，虽然投资企业拥有被投资单位 50%或以下表决权资本，但能够控制被投资单位董事会等类似权力机构的会议，从而能够控制其财务和经营政策，达到对被投资单位的控制。

（二）确定购买日

购买日是购买方获得对被购买方控制权的日期，即企业合并交易进行过程中，控制权发生转移的日期。

确定购买日的基本原则是控制权转移的时点。企业在实务操作中，应当结合合并合同或协议的约定及其他有关的影响因素，按照实质重于形式的原则进行判断。同时满足了以下条件时，一般可认为实现了控制权的转移，形成购买日。有关的条件如下。

（1）企业合并合同或协议已获股东大会等内部权力机构通过。企业合并一般涉及的交易规模较大，无论是合并当期还是合并以后期间，均会对企业的生产经营产生重大影响，在能够对企业合并进行确认，形成实质性的交易前，该交易或事项应经过企业的内部权力机构批准，如对于股份有限公司，其内部权力机构一般指股东大会。

（2）按照规定，合并事项需要经过国家有关主管部门审批的，已获得相关部门的批准。按照国家有关规定，企业购并需要经过国家有关部门批准的，取得相关批准文件是对企业合并交易或事项进行会计处理的前提之一。

（3）参与合并各方已办理了必要的财产权交接手续。作为购买方，其通过企业合并无论是取得对被购买方的股权还是取得被购买方的全部净资产，能够形成与取得股权或净资产相关的风险和报酬的转移，一般需办理相关的财产权交接手续，从而从法律上保障有关风险和报酬的转移。

（4）购买方已支付了购买价款的大部分（一般应超过 50%），并且有能力支付剩余款项。购买方要取得与被购买方净资产相关的风险和报酬，其前提是必须支付一定的对价，一般在形成购买日之前，购买方应当已经支付了购买价款的大部分，并且从其目前财务状况判断，有能力支付剩余款项。

（5）购买方实际上已经控制了被购买方的财务和经营政策，并享有相应的收益和风险。

企业合并涉及一次以上交易的，例如，通过分阶段取得股份最终实现合并，企业应于每一交易日确认对被投资企业的各单项投资。“交易日”是指合并方或购买方在自身的账簿和报表中确认对被投资单位投资的日期。分步实现的企业合并中，购买日是指按照有关标准判断购买方最终取得对被购买企业控制权的日期。例如，M 企业于 20×5 年 10 月 20 日取得 N 公司 30%的股权（假定能够对被投资单位施加重大影响），在与取得股权相关的风险和报酬发生转移的情况下，M 企业应确认对 N 公司的长期股权投资。在已经拥有 N 公司 30%股权的基础上，M 企业又于 20×6 年 12 月 8 日取得 N 公司 30%的股权，在其持股比例达到 60%的情况下，假定于当日开始能够对 N 公司实施控制，则 20×6 年 12 月 8 日为第二次购买股权的交易日，同时因在当日能够对 N 公司实施控制，形成企业合并的购买日。

根据企业合并方式的不同，在控股合并的情况下，购买方应在购买日确认因企业合并形成的对被购买方的长期股权投资；在吸收合并的情况下，购买方应在购买日确认合并中取得的被购买方各项可辨认资产、负债等。

（三）确定企业合并成本

企业合并成本包括购买方为进行企业合并支付的现金或非现金资产、发行或承担的债务、发行的权益性证券等在购买日的公允价值。

某些情况下，当企业合并合同或协议中规定视未来或有事项的发生，购买方通过发行额外证券、支付额外现金或其他资产等方式追加合并对价，或者要求返还之前已经支付的对价。购买方应当将合并协议约定的或有对价作为企业合并转移对价的一部分，按照其在购买日的公允价值计入企业合并成本。根据《企业会计准则第 22 号——金融工具确认和计量》《企业会计准则第 37 号——金融工具列报》以及其他相关准则的规定，或有对价符合金融负债或权益工具定义的，购买方应当将拟支付的或有对价确认为一项负债或权益；符合资产定义并满足资产确认条件的，购买方应当将符合合并协议约定条件的、对已支付的合并对价中可收回部分的权利确认为一项资产。

非同一控制下企业合并中发生的与企业合并直接有关的费用，包括为进行企业合并而发生的会计审计费用、法律服务费用、咨询费用等，与同一控制下企业合并进行过程中发生的有关费用处理原则一致，这里所称合并中发生的直接相关费用，不包括与为进行企业合并发行的权益性证券或发行的债务相关的手续费、佣金等，该部分费用应比照本章关于同一控制下企业合并中类似费用的处理原则，即应抵减权益性证券的溢价发行收入或是计入所发行债务的初始确认金额。

通过多次交换交易，分步取得股权最终形成企业合并的，在购买方的个别财务报表中，应当以购买日之前所持被购买方的股权投资的账面价值与购买日新增投资成本之和，作为该项投资的初始投资成本；在合并财务报表中，以购买日之前所持被购买方股权于购买日的公允价值与购买日支付对价的公允价值之和，作为合并成本。

企业合并成本包括购买方在购买日支付的下列项目的合计金额。

（1）作为合并对价的现金及非现金资产的公允价值。以非货币性资产作为合并对价的，其合并成本为所支付对价的公允价值，该公允价值与作为合并对价的非货币性资产账面价值的差额，作为资产的处置损益，计入合并当期的利润表。

（2）发行的权益性证券的公允价值。确定所发行权益性证券的公允价值时，对于购买日存在公开报价的权益性证券，其公开报价提供了确定公允价值的依据，除非在非常特殊的情况下，购买方能够证明权益性证券在购买日的公开报价不能可靠地代表其公允价值，并且用其他的证据和估价方法能够更好地计量公允价值时，可以考虑其他的证据和估价方法。如果购买日权益性证券的公开报价不可靠，或者购买方发行的权益性证券不存在公开报价，则该权益性证券的公允价值可以参照其在购买方公允价值中所占权益份额、或者是参照在被购买方公允价值中获得的权益份额，按两者当中有明确证据支持的一个进行估价。

（3）因企业合并发生或承担的债务的公允价值。因企业合并而承担的各项负债，应采用按照适用利率计算的未来现金流量的现值作为其公允价值。预期因企业合并可能发生的未来损失或其他成本不是购买方为取得对被购买方的控制权而承担的负债，不构成企业合并成本。

（四）企业合并成本在取得的可辨认资产和负债之间的分配

非同一控制下的企业合并中，通过企业合并交易，购买方无论是取得对被购买方生产经营决策的控制权，还是取得被购买方的全部净资产，从本质上看，取得的均是对被购买方净资产的控制权。视合并方式的不同，控股合并的情况下，购买方在其个别财务报表中应确认所形成的对被购买方的长期股权投资，该长期股权投资所代表的是购买方对合并中取得的被购买方各项资产、负债享有的份额，具体体现在合并财务报表中应列示的有关资产、负债；吸收合并的情况下，合并中取得的被购买方各项可辨认资产、负债等直接体现为购买方账簿及个别财务报表中的资产、负债项目。

1. 本企业的资产、负债（或合并财务报表中的资产、负债）确认

购买方在企业合并中取得的被购买方各项可辨认资产和负债，要作为本企业的资产、负债（或合并财务报表中的资产、负债）进行确认，在购买日，应当满足资产、负债的确认条件。有关确认条件如下。

（1）合并中取得的被购买方的各项资产（无形资产除外），其所带来的未来经济利益预期能够流入企业且公允价值能够可靠计量的，应单独作为资产确认。

（2）合并中取得的被购买方的各项负债（或有负债除外），履行有关的义务预期会导致经济利益流出企业且公允价值能够可靠计量的，应单独作为负债确认。

2. 企业合并中取得的无形资产的确认

非同一控制下的企业合并中，购买方在对企业合并中取得的被购买方资产进行初始确认时，应当对被购买方拥有的但在其财务报表中未确认的无形资产进行充分辨认和合理判断，满足以下条件之一的，应确认为无形资产。

（1）源于合同性权利或其他法定权利；

（2）能够从被购买方中分离或者划分出来，并能单独或与相关合同、资产和负债一起，用于出售、转移、授予许可、租赁或交换。

企业合并中取得的需要区别于商誉单独确认的无形资产一般是按照合同或法律产生的利，某些并非产生于合同或法律规定的无形资产，需要区别于商誉单独确认的条件是能够对其进行区分，即能够区别于被购买企业的其他资产并且能够单独出售、转让、出租等。

应区别于商誉单独确认的无形资产一般包括：商标、版权及与其相关的许可协议、特许权、分销权等类似权利、专利技术、专有技术等。

3. 合并中取得的负债单独确认

对于购买方在企业合并时可能需要代被购买方承担的或有负债，在其公允价值能够可靠计量的情况下，应作为合并中取得的负债单独确认。

企业合并中对于或有负债的确认条件，与企业在正常经营过程中因或有事项需要确认负债的条件不同，在购买日，可能相关的或有事项导致经济利益流出企业的可能性还比较小，但其公允价值能够合理确定的情况下，即需要作为合并中取得的负债确认。

4. 公允价值计量

企业合并中取得的资产、负债在满足确认条件后，应以其公允价值计量。

对于被购买方在企业合并之前已经确认的商誉和递延所得税项目，购买方在对企业合并成本进行分配、确认合并中取得可辨认资产和负债时不应予以考虑。

在按照规定确定了合并中应予确认的各项可辨认资产、负债的公允价值后，其计税基础与账面价值不同形成暂时性差异的，应当按照所得税会计准则的规定确认相应的递延所得税资产或递延所得税负债。

（五）企业合并成本与合并中取得的被购买方可辨认净资产公允价值份额差额的处理

购买方对于企业合并成本与确认的可辨认净资产公允价值份额的差额，应视情况分别处理。

1. 商誉确认

企业合并成本大于合并中取得的被购买方可辨认净资产公允价值份额的差额应确认为商誉。视企业合并方式的不同，控股合并的情况下，该差额是指在合并财务报表中应予列示的商誉，即长期

股权投资的成本与购买日按照持股比例计算确定应享有被购买方可辨认净资产公允价值份额之间的差额；吸收合并的情况下，该差额是购买方在其账簿及个别财务报表中应确认的商誉。

商誉在确认以后，持有期间不要求摊销，应当按照《企业会计准则第 8 号——资产减值》的规定对其价值进行测试，按照账面价值与可收回金额孰低的原则计量，对于可收回金额低于账面价值的部分，计提减值准备，有关减值准备在提取以后，不能够转回。

2. 合并当期损益

企业合并成本小于合并中取得的被购买方可辨认净资产公允价值份额的部分，应计入合并当期损益。

该种情况下，购买方首先要对合并中取得的资产、负债的公允价值、作为合并对价的非现金资产或发行的权益性证券等的公允价值进行复核，如果复核结果表明所确定的各项资产和负债的公允价值确定是恰当的，应将企业合并成本低于取得的被购买方可辨认净资产公允价值份额之间的差额，计入合并当期的营业外收入，并在财务报表附注中予以说明。

在吸收合并的情况下，上述企业合并成本小于合并中取得的被购买方可辨认净资产公允价值份额的差额，应计入购买方合并当期的个别利润表；在控股合并的情况下，上述差额应体现在购买方合并当期的合并利润表中，不影响购买方的个别利润表。

（六）企业合并成本或有关可辨认资产、负债公允价值暂时确定的情况

对于非同一控制下的企业合并，如果在购买日或合并当期期末，因各种因素影响无法合理确定企业合并成本或合并中取得有关可辨认资产、负债公允价值的，在合并当期期末，购买方应以暂时确定的价值为基础对企业合并交易或事项进行核算。继后取得进一步信息表明有关资产、负债公允价值与暂时确定的价值不同的，应分以下情况进行处理。

1. 购买日后 12 个月内对有关价值量的调整

在合并当期期末以暂时确定的价值对企业合并进行处理的情况下，自购买日算起 12 个月内取得进一步的信息表明需对原暂时确定的企业合并成本或所取得的资产、负债的暂时性价值进行调整的，应视同在购买日发生，即应进行追溯调整，同时对以暂时性价值为基础提供的比较报表信息，也应进行相关的调整。

2. 超过规定期限后的价值量调整

自购买日算起 12 个月以后对企业合并成本或合并中取得的可辨认资产、负债价值的调整，应当按照《企业会计准则第 28 号——会计政策、会计估计变更和会计差错更正》的原则进行处理，即应视为会计差错更正，在调整相关资产、负债账面价值的同时，应调整所确认的商誉或是计入合并当期利润表中的金额，以及相关资产的折旧、摊销等。

（七）购买日合并财务报表的编制

非同一控制下的企业合并中形成母子公司关系的，购买方一般应于购买日编制合并资产负债表，反映其于购买日开始能够控制的经济资源情况。在合并资产负债表中，合并中取得的被购买方各项可辨认资产、负债应以其在购买日的公允价值计量，长期股权投资的成本大于合并中取得的被购买方可辨认净资产公允价值份额的差额，体现为合并财务报表中的商誉；长期股权投资的成本小于合并中取得的被购买方可辨认净资产公允价值份额的差额，应计入合并当期损益。因购买日不需要编制合并利润表，该差额体现在合并资产负债表上，应调整合并资产负债表的盈余公积和未分配利润。

二、非同一控制下企业合并的会计处理

（一）非同一控制下的控股合并

该合并方式下，购买方所涉及的会计处理问题主要是两个方面：一是购买日因进行企业合并形成的对被购买方的长期股权投资初始投资成本的确定，该成本与作为合并对价支付的有关资产账面价值之间差额的处理；二是购买日合并财务报表的编制。

1. 长期股权投资初始投资成本的确定

非同一控制下的企业合并中，购买方取得对被购买方控制权的，在购买日应当按照确定的企业合并成本（不包括应自被投资单位收取的现金股利或利润），作为形成的对被购买方长期股权投资的初始投资成本，借记“长期股权投资”科目，按享有被投资单位已宣告但尚未发放的现金股利或利润，借记“应收股利”科目，按支付合并对价的账面价值，贷记有关资产或借记有关负债科目，按其差额，贷记“营业外收入”或借记“营业外支出”等科目。按发生的直接相关费用，借记“管理费用”科目，贷记“银行存款”等科目。

【例6-6】沿用【例6-5】资料，M公司在该项合并中发行1 000万股普通股（每股面值1元），假如市场价格为每股3.5元，取得了N公司70%的股权。假定该项合并为非同一控制下的企业合并。

M公司在购买日应确认对N公司的长期股权投资，进行以下账务处理。

借：长期股权投资	35 000 000
贷：股本	10 000 000
资本公积	25 000 000

2. 购买日合并财务报表的编制

购买日合并财务报表的编制，非同一控制下的企业合并中形成母子公司关系的，购买方一般应于购买日编制合并资产负债表，反映其于购买日开始能够控制的经济资源情况。

【例6-7】沿用【例6-6】资料，M公司编制购买日的合并资产负债表如下。

① 计算确定商誉

假定N公司除已确认资产外，不存在其他需要确认的资产及负债，M公司首先计算合并中应确认的合并商誉。

合并商誉=企业合并成本−合并中取得被购买方可辨认净资产公允价值份额

=3 500万−4 340×70%=462万元

② 编制调整分录

借：存货	780 000
长期股权投资	6 600 000
固定资产	10 000 000
无形资产	4 000 000
贷：资本公积	21 380 000

③ 编制抵销分录

借：实收资本	10 000 000
资本公积	27 380 000
	（6 000 000+21 380 000）

盈余公积　　　　　　　　　　　　2 000 000
未分配利润　　　　　　　　　　　4 020 000
商誉　　　　　　　　　　　　　　4 620 000
贷：长期股权投资　　　　　　　　　　35 000 000
　　少数股东权益　　　　　　　　　　13 020 000
　　　　　　　　　　　　　　（43 400 000×30%）

④ 编制购买日合并资产负债表，如表6-4所示。

表6-4　　　　　　　　合并资产负债表（简表）
2016年6月30日
单位：元

项目	M公司	N公司	调整、抵销分录		合并金额
			借方	贷方	
资产：					
货币资金	17 250 000	1 800 000			19 050 000
应收账款	12 000 000	8 000 000			20 000 000
存货	24 800 000	1 020 000	780 000		26 600 000
长期股权投资	55 000 000	8 600 000	6 600 000	35 000 000	35 200 000
固定资产	28 000 000	12 000 000	10 000 000		50 000 000
无形资产	18 000 000	2 000 000	4 000 000		24 000 000
商誉			4 620 000		4 620 000
资产总额	155 050 000	33 420 000			179 470 000
负债和所有者权益：					
短期借款	10 000 000	9 000 000			19 000 000
应付账款	15 000 000	1 200 000			16 200 000
其他负债	1 500 000	1 200 000			2 700 000
负债合计	26 500 000	11 400 000			37 900 000
实收资本	40 000 000	10 000 000	10 000 000		40 000 000
资本公积	45 000 000	6 000 000	27 380 000	21 380 000	45 000 000
盈余公积	20 000 000	2 000 000	2 000 000		20 000 000
未分配利润	23 550 000	4 020 000	4 020 000		23 550 000
少数股东权益				13 020 000	13 020 000
所有者权益合计	128 550 000	22 020 000			141 570 000
负债和所有者权益合计	155 050 000	33 420 000			179 470 000

（二）非同一控制下的吸收合并

非同一控制下的吸收合并，购买方在购买日应当将合并中取得的符合确认条件的各项资产、负债，按其公允价值确认为本企业的资产和负债；作为合并对价的有关非货币性资产在购买日的公允价值与其账面价值的差额，应作为资产的处置损益计入合并当期的利润表，确定的企业合并成本与所取得的被购买方可辨认净资产公允价值的差额，视情况分别确认为商誉或是作为企业合并当期的损益计入利润表。其具体处理原则与非同一控制下的控股合并类似，不同点在于在非同一控制下的吸收合并中，合并中取得的可辨认资产和负债是作为个别财务报表中的项目列示，合并中产生的商誉也是作为购买方账簿及个别财务报表中的资产列示。

【例6-8】沿用【例6-5】资料，M公司在该项合并中发行1 000万股普通股（每股面值1元），假设市场价格为每股5元，吸收合并N公司。假定该项合并为非同一控制下的企业合并。

M公司在购买日应确认合并中取得的符合确认条件的各项可辨认资产、负债，进行以下账务处理。

	借方	贷方
借：银行存款等货币资金	1 800 000	
应收账款	8 000 000	
原材料等存货	1 800 000	
长期股权投资	15 200 000	
固定资产	22 000 000	
无形资产	6 000 000	
商誉	6 600 000	
贷：短期借款		9 000 000
应付账款		1 200 000
其他应付款		1 200 000
股本		10 000 000
资本公积——股本溢价		40 000 000

【例6-9】沿用【例6-5】资料，M公司在该项合并中发行1 000万股普通股（每股面值1元），假设市场价格为每股4元，吸收合并N公司。假定该项合并为非同一控制下的企业合并。

M公司在购买日应确认合并中取得的符合确认条件的各项可辨认资产、负债，进行以下账务处理。

	借方	贷方
借：银行存款等货币资金	1 800 000	
应收账款	8 000 000	
原材料等存货	1 800 000	
长期股权投资	15 200 000	
固定资产	22 000 000	
无形资产	6 000 000	
贷：短期借款		9 000 000
应付账款		1 200 000
其他应付款		1 200 000
股本		10 000 000
资本公积——股本溢价		30 000 000
营业外收入		3 400 000

（三）非同一控制下的新设合并

非同一控制下的新设合并，由于在企业合并后成立一个新企业，应参照新办企业进行会计处理。

以上为非同一控制下的企业合并购买方的会计处理，被购买方的会计处理与同一控制下的企业合并中被合并方的会计处理基本相同，但在非同一控制下的企业合并中，购买方通过企业合并取得被购买方 100%股权的，被购买方可以按照合并中确定的可辨认资产、负债的公允价值调整其账面价值。除此之外，其他情况下被购买方不应因企业合并改记有关资产、负债的账面价值。

三、通过多次交易分步实现的企业合并

如果企业合并并非通过一次交换交易实现，而是通过多次交换交易分步实现的，则企业在每一单项交易发生时，应确认对被投资单位的投资。投资企业在持有被投资单位的部分股权后，通过增加持股比例等达到对被投资单位形成控制的，购买方应当区分个别和合并财务报表分别进行处理。

（一）个别财务报表

在个别财务报表中，购买方应当以购买日之前所持被购买方的股权投资的账面价值与购买日新增股权投资成本之和，作为该项投资的初始投资成本，并按以下原则进行会计处理。

（1）购买方于购买日之前持有的被购买方的股权投资，保持其账面价值不变。其中，购买日前持有的股权投资作为长期股权投资并采用权益法核算的，为权益法核算下至购买日应有的账面价值；购买日前持有的股权投资作为金融资产并按公允价值计量的，为至购买日的账面价值。

（2）追加的投资，按照购买日支付对价的公允价值计量，并确认长期股权投资。

（3）购买方对于购买日之前持有的被购买方的股权投资涉及其他综合收益的，例如，购买方原持有的股权投资按照权益法核算时，被购买方持有的可供出售金融资产公允价值变动确认的其他综合收益，购买方按持股比例计算应享有的份额并确认为其他综合收益的部分，不予处理。待购买方出售被购买方股权时，再按出售股权相对应的其他综合收益部分转入出售当期的损益。

（二）合并财务报表

在合并财务报表中，购买方对于购买日之前持有的被购买方的股权，应当按照该股权在购买日的公允价值进行重新计量，并按照以下原则处理。

（1）购买方对于购买日之前持有的被购买方的股权，按照该股权在购买日的公允价值进行重新计量，公允价值与其账面价值的差额计入当期投资收益。

（2）购买日之前持有的被购买方的股权于购买日的公允价值，与购买日新购入股权所支付对价的公允价值之和，为合并财务报表中的合并成本。

（3）在按上述计算的合并成本基础上，比较购买日被购买方可辨认净资产公允价值的份额，确定购买日应予确认的商誉，或者应计入发生当期损益的金额。

（4）购买方对于购买日之前持有的被购买方的股权涉及其他综合收益的，与其相关的其他综合收益应当转为购买日所属当期投资收益。

四、反向购买的处理

（一）反向购买的会计处理

非同一控制下的企业合并，以发行权益性证券交换股权的方式进行的，通常发行权益性证券的一方为购买方。但某些企业合并中，发行权益性证券的一方因其生产经营决策在合并后被参与合并

的另一方所控制的，发行权益性证券一方虽然为法律上的母公司，但其为会计上的被购买方，该类企业合并通常称为“反向购买”。例如，M 公司为一家规模较小的上市公司，N 公司为一家规模较大的公司。N 公司拟通过收购 M 公司的方式达到上市目的，但该交易是通过 M 公司向 N 公司原股东发行普通股用以交换 N 公司原股东持有的对 N 公司股权方式实现。该交易后，N 公司原股东持有 M 公司 50%以上股权，M 公司持有 N 公司 50%以上股权，M 公司为法律上的母公司，N 公司为法律上的子公司，但从会计的角度来看，M 公司为被购买方，N 公司为购买方。

1. 企业合并成本

反向购买中，企业合并成本是指法律上的子公司（会计上的购买方）如果以发行权益性证券的方式为获取在合并后报告主体的股权比例，应向法律上的母公司（会计上的被购买方）的股东发行的权益性证券数量与其公允价值计算的结果。购买方的权益性证券在购买日存在公开报价的，通常应以公开报价作为其公允价值；购买方的权益性证券在购买日不存在公开报价的，应参照购买方的公允价值和被购买方的公允价值两者之中有更为明显证据支持的一个作为基础，确定购买方假定应发行权益性证券的公允价值。

2. 合并财务报表的编制

反向购买后，法律上的母公司应当遵从以下原则编制合并财务报表。

（1）合并财务报表中，法律上的子公司的资产、负债应以其在合并前的账面价值进行确认和计量。

（2）合并财务报表中的留存收益和其他权益余额应当反映的是法律上子公司在合并前的留存收益和其他权益余额。

（3）合并财务报表中的权益性工具的金额应当反映法律上子公司合并前发行在外的股份面值以及假定在确定该项企业合并成本过程中新发行的权益性工具的金额。但是，在合并财务报表中的权益结构应当反映法律上母公司的权益结构，即法律上母公司发行在外权益性证券的数量和种类。

（4）法律上母公司的有关可辨认资产、负债在并入合并财务报表时，应以其在购买日确定的公允价值进行合并，企业合并成本大于合并中取得的法律上母公司（被购买方）可辨认净资产公允价值的份额体现为商誉，小于合并中取得的法律上母公司（被购买方）可辨认净资产公允价值的份额确认为合并当期损益。

（5）合并财务报表的比较信息应当是法律上子公司的比较信息（即法律上子公司的前期合并财务报表）。

（6）法律上子公司的有关股东在合并过程中未将其持有的股份转换为法律上母公司股份的，该部分股东享有的权益份额在合并财务报表中应作为少数股东权益列示。因法律上子公司的部分股东未将其持有的股份转换为法律上母公司的股权，其享有的权益份额仍仅限于对法律上子公司的部分，该部分少数股东权益反映的是少数股东按持股比例计算享有法律上子公司合并前净资产账面价值的份额。另外，对于法律上母公司的所有股东在本次交易后持有合并后主体的权益，虽然该项合并中其被认为被购买方，但其享有合并形成报告主体的净资产及损益，不应作为少数股东权益列示。

上述反向购买的会计处理原则仅适用于合并财务报表的编制。法律上母公司在该项合并中形成的对法律上子公司长期股权投资成本的确定，应当遵从《企业会计准则第 2 号——长期股权投资》的相关规定。

3. 每股收益的计算

发生反向购买当期，用于计算每股收益的发行在外普通股加权平均数如下。

（1）自当期期初至购买日，发行在外的普通股数量应假定为在该项合并中法律上母公司向法律上子公司股东发行的普通股数量。

（2）自购买日至期末发行在外的普通股数量为法律上母公司实际发行在外的普通股股数。

反向购买后对外提供比较合并财务报表的，其比较前期合并财务报表中的基本每股收益，应以法律上子公司在每一比较报表期间归属于普通股股东的净损益除以在反向购买中法律上母公司向法律上子公司股东发行的普通股股数计算确定。

上述假定法律上子公司发行的普通股股数在比较期间内和自反向购买发生期间的期初至购买日之间未发生变化。如果法律上子公司发行的普通股股数在此期间发生了变动，计算每股收益时应适当考虑其影响进行调整。

（二）非上市公司购买上市公司股权实现间接上市的会计处理

非上市公司以所持有的对子公司投资等资产为对价取得上市公司的控制权，构成反向购买的，上市公司编制合并财务报表时应当区别以下情况处理。

（1）交易发生时，上市公司未持有任何资产、负债或仅持有现金、交易性金融资产等不构成业务的资产或负债的，应按照权益性交易的原则进行处理，不得确认商誉或确认当期损益。

（2）交易发生时，上市公司保留的资产、负债构成业务的，企业合并成本与取得的上市公司可辨认净资产公允价值份额的差额应当确认为商誉或是计入当期损益。

业务是指企业内部某些生产经营活动或资产负债的组合，该组合具有投入、加工处理过程和产出能力，能够独立计算其成本费用或所产生的收入等，目的在于为投资提供股利、降低成本或带来其他经济利益。有关资产或资产、负债的组合具备了投入和加工处理过程两个要素即可认为构成一项业务。对于取得的资产、负债组合是否构成业务，应当由企业结合实际情况进行判断。

非上市公司取得上市公司的控制权，构成反向购买的，上市公司在其个别财务报表中应当按照长期股权投资及合营安排的原则确定取得资产的入账价值。上市公司的前期比较个别财务报表应为其自身个别财务报表。

第四节 企业合并的披露

一、同一控制下企业合并有关信息的披露

合并方应当在合并当期附注中披露与同一控制下企业合并有关的下列信息。

（1）参与合并企业的基本情况。

（2）属于同一控制下的企业合并的判断依据。

（3）合并日的确定依据。

（4）以支付现金、非现金资产以及承担债务作为合并对价的，所支付对价在合并日的账面价值；

以发行权益性证券作为合并对价的，合并中发行权益性证券的数量及定价原则，以及参与合并各方交换表决权股份的比例。

（5）被合并合方的资产、负债在上一会计期间资产负债表日及合并日的账面价值；被合并方自合并当期期初至合并日的收入、净利润、现金流量等情况。

（6）合并合同或协议约定将承担被合并方或有负债的情况。

（7）被合并方采用的会计政策与合并方不一致所作调整情况的说明。

（8）合并后已处置或拟处置被合并方资产、负债的账面价值、处置价格等。

二、非同一控制下企业合并有关信息的披露

购买方应当在合并当期附注中披露与非同一控制企业合并有关的下列信息。

（1）参与合并企业的基本情况。

（2）购买日的确定依据。

（3）合并成本的构成及其账面价值、公允价值及公允价值的确定方法。

（4）被购买方各项可辨认资产、负债在上一会计期间资产负债表日及购买日的账面价值和公允价值。

（5）合并合同或协议约定将承担被购买方或有负债的情况。

（6）被购买方自购买日起至报告期末止的收入、净利润和现金流量等情况。

（7）商誉的金额及其确定方法。

（8）因合并成本小于合并中取得的被购买方可辨认净资产公允价值的份额计入当期损益的金额。

（9）合并后已处置或拟处置被购买方资产、负债的账面价值、处置价格等。

复习思考题

1. 什么是企业合并？企业合并方式有哪几种？
2. 同一控制下企业合并与非同一控制下企业合并有何区别？
3. 同一控制下企业合并的处理原则有哪些？
4. 非同一控制下企业合并的处理原则有哪些？
5. 确认购买日应具有哪些条件？

实务练习题

1. P公司与S公司属于同一企业集团，2010年12月31日，P公司发行500万股股票（每股面值1元）作为对价取得S公司的全部股权，该股票的公允价值为2 000万元。购买日S公司有关资产、负债情况如表6-5所示。

表 6-5　　　　单位：万元

项目	账面价值	公允价值
应收账款	2 500	2 500
固定资产	1 500	1 650
长期借款	2 250	2 250
股本	1 000	1 000
资本公积		150
盈余公积	750	750

要求：

（1）假设该合并为吸收合并，做出P公司相关的账务处理。

（2）假设该合并为控股合并，做出P公司相关的账务处理。

2. 沿用上题资料，假设P公司与S公司不属于同一企业集团，分别吸收合并、控股合并做出P公司相关的账务处理。

第七章 合并财务报表

第一节 合并财务报表概述

一、合并财务报表的定义

（一）合并财务报表的定义

合并财务报表，是指反映母公司和其全部子公司形成的企业集团整体财务状况、经营成果和现金流量的财务报表。

（二）母公司与子公司定义

企业集团由母公司和其全部子公司构成。如图 7-1 所示，假定 M 公司能够控制 N 公司，M 公司和 N 公司构成了企业集团。如图 7-2 所示，假定 M 公司能够同时控制 N1 公司、N2 公司、N3 公司和 N4 公司，M 公司和 N1 公司、N2 公司、N3 公司、N4 公司构成了企业集团。母公司和子公司是相互依存的，有母公司必然存在子公司，同样，有子公司必然存在母公司。

1. 母公司的定义

母公司是指有一个或一个以上子公司的企业（或主体，下同）。从母公司的定义可以看出，母公司要求同时具备两个条件。

（1）必须有一个或一个以上的子公司，即必须满足控制的要求。控制，是指投资方拥有对被投资方的权力，通过参与被投资方的相关活动而享有可变回报，并且有能力运用对被投资方的权力影响其回报金额。母公司可以只控制一个子公司，也可以同时控制多个子公司。

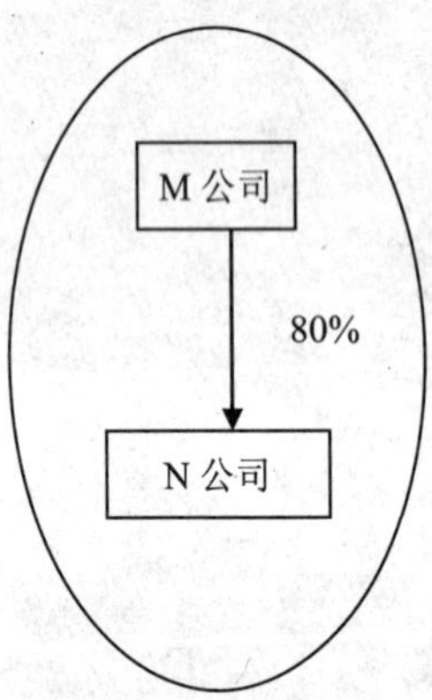

企业集团

图 7-1

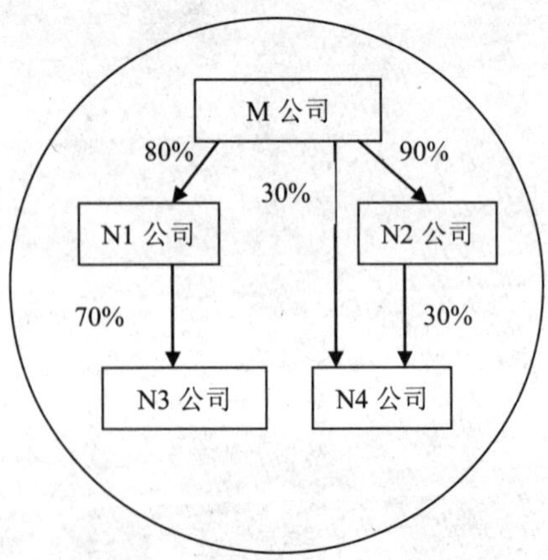

企业集团

图 7-2

如图 7-1 所示，假定 M 公司能够控制 N 公司，M 公司是 N 公司的母公司。

如图 7-2 所示，假定 M 公司能够同时控制 N1 公司、N2 公司、N3 公司和 N4 公司，M 公司为 N1 公司、N2 公司、N3 公司和 N4 公司的母公司。

（2）母公司可以是企业，如《公司法》所规范的股份有限公司、有限责任公司，也可以是主体，非企业形式的、但形成会计主体的其他组织，如基金等。

2. 子公司的定义

子公司是指被母公司控制的企业。从子公司的定义可以看出，子公司也要求同时具备两个条件。

（1）作为子公司必须被母公司控制，并且只能由一个母公司控制，不可能也不允许被两个或多个母公司同时控制。被两个或多个公司共同控制的被投资单位是合营企业，而不是子公司。

如图 7-1 所示，假定 M 公司能够控制 N 公司，N 公司是 M 公司的子公司。如图 7-2 所示，假定 M 公司能够同时控制 Nl 公司、N2 公司、N3 公司和 N4 公司，Nl 公司、N2 公司、N3 公司和 N4 公司均为 M 公司的子公司。

（2）子公司可以是企业，如《公司法》所规范的股份有限公司、有限责任公司，也可以是主体，非企业形式的、但形成会计主体的其他组织，如基金以及信托项目等特殊目的主体等。

二、合并财务报表的构成

合并财务报表至少包括合并资产负债表、合并利润表、合并所有者权益变动表（或合并股东权益变动表）、合并现金流量表和附注，它们分别从不同的方面反映企业集团财务状况、经营成果及其现金流量情况，构成一个完整的合并财务报表体系。

（1）合并资产负债表，是反映母公司和子公司所形成的企业集团某一特定日期财务状况的报表。

（2）合并利润表，是反映母公司和子公司所形成的企业集团整体在一定期间内经营成果的报表。

（3）合并所有者权益变动表（或合并股东权益变动表），是反映母公司在一定期间内，包括经营成果分配在内的所有者（或股东）权益增减变动情况的报表。它是从母公司的角度，站在母公司所有者的立场反映企业所有者（或股东）在母公司中的权益增减变动情况的报表。

（4）合并现金流量表，是反映母公司和子公司所形成的企业集团在一定期间现金流入、流出量以及现金净增减变动情况的报表。

（5）附注，是对在合并资产负债表、合并利润表、合并现金流量表和合并所有者权益变动表（或合并股东权益变动表）等报表中列示项目的文字描述或明细资料，以及对未能在这些报表中列示项目的说明等。

第二节 合并范围的确定

一、以“控制”为基础，确定合并范围

合并财务报表的合并范围应当以控制为基础予以确定。控制，是指投资方拥有对被投资方的权力，通过参与被投资方的相关活动而享有可变回报，并且有能力运用对被投资方的权力影响其

回报金额。

因此，投资方要实现控制，必须具备两项基本要素，一是因涉入被投资方而享有可变回报；二是拥有对被投资方的权力，并且有能力运用对被投资方的权力影响其回报金额。投资方只有同时具备上述两个要素时，才能控制被投资方。实际工作中，投资方在判断其能否控制被投资方时，应综合考虑所有相关事实和情况，以判断是否同时满足控制的这两个因素。相关事实和情况主要包括：被投资方的设立目的和设计；被投资方的相关活动以及如何对相关活动做出决策；投资方享有的权利是否使其目前有能力主导被投资方的相关活动；投资方是否通过参与被投资方的相关活动而享有可变回报；投资方是否有能力运用对被投资方的权力影响其回报金额；投资方与其他方的关系。其中，对被投资方的设立目的和设计的分析，贯穿于判断控制的始终，也是分析上述其他事实和情况的基础。如果事实和情况表明上述控制要素中的一个或多个发生变化，投资方应当重新判断其还能否控制被投资方。

投资方在判断能否控制被投资方时，具体判断如下。

（一）判断通过涉入被投资方的活动享有的是否为可变回报

1. 可变回报的定义

享有控制权的投资方，通过参与被投资方的相关活动，享有的是可变回报。可变回报，是不固定且可能随着被投资方业绩而变化的回报，可以仅是正回报，仅是负回报，或者同时包括正回报和负回报。

2. 可变回报的形式

投资方在评价其享有被投资方的回报是否可变以及可变的程度时，需要基于合同安排的实质，而不是法律形式。例如，投资方持有固定利息的债券投资时，由于债券存在违约风险，投资方需承担被投资方不履约而产生的信用风险，因此投资方享有的固定利息回报也可能是一种可变回报。又如，投资方管理被投资方资产而获得的固定管理费也是一种变动回报，因为投资方是否能获得此回报依赖于被投资方是否获得足够的收益以支付该固定管理费。

可变回报的形式主要包括以下几类。

（1）股利、被投资方经济利益的其他分配（例如，被投资方发行的债务工具产生的利息）、投资方对被投资方的投资的价值变动。从被投资方获取股利是投资方的可变回报的通常表现形式。但是，某些情况下，受限于法律法规的相关规定，投资方无法通过分配被投资方利润或结余的形式获得回报，例如当被投资方的法律形式为信托机构时，其盈利可能不是以股利形式分配给投资者。这种情况下，需要根据具体情况，以投资方的投资目的为出发点，综合分析投资方是否获得除股利以外的其他可变回报，即被投资方不能进行利润分配并不必然代表投资方不能获取可变回报。

（2）因向被投资方的资产或负债提供服务而得到的报酬、因提供信用支持或流动性支持收取的费用或承担的损失、被投资方清算时在其剩余净资产中所享有的权益、税务利益、因参与被投资方而获得的未来流动性。

（3）其他利益持有方无法得到的回报。例如，投资方将自身资产与被投资方的资产整合以实现规模经济，达到节约成本的目的；投资方通过涉入被投资方，从而保证稀缺资源的供应、获得专有技术或者限制被投资方某些运营或资产，从而达到提高投资方其他资产价值的目的。

此外，尽管只有一个投资方能够控制被投资方，但可能存在多个投资方分享被投资方的回报。例如，少数股东权益的持有者可以分享被投资方的利润。

（二）判断投资方是否对被投资方拥有权力，并能够运用此权力影响回报金额

1. 权力的定义

投资方能够主导被投资方的相关活动时，称投资方对被投资方享有“权力”。在判断投资方是否对被投资方拥有权力时，应注意以下几点：（1）权力只表明投资方主导被投资方相关活动的现时能力，并不要求投资方实际行使其权力。即如果投资方拥有主导被投资方相关活动的现时能力，即使这种能力尚未被实际行使，也视为该投资方拥有对被投资方的权力。（2）权力是一种实质性权利，而不是保护性权利。（3）权力是为自己行使的，而不是代其他方行使。（4）权力通常表现为表决权，但有时也可能表现为其他合同安排。

2. 相关活动

（1）识别相关活动。

从上述权力的定义中可以看出，要判断投资方是否拥有对被投资方的权力，首先需要识别被投资方的相关活动。相关活动是指对被投资方的回报产生重大影响的活动。可见，判断相关活动时，应关注的是那些对被投资方的回报具有重大影响的活动，而不是对被投资方回报影响甚微或没有影响的行政活动。

对许多企业而言，经营和财务活动通常对其回报产生重大影响。但是，不同企业的相关活动可能是不同的，应当根据企业的行业特征、业务特点、发展阶段、市场环境等具体清况来进行判断，这些活动可能包括但不限于：①商品或劳务的销售和购买；②金融资产的管理；③资产的购买和处置；④研究与开发活动；⑤确定资本结构和获取融资。

同一企业在不同环境和情况下，相关活动也可能有所不同。例如，A 资产管理公司设立一家投资公司 B，A 公司占 B 公司 30%的股权，剩余 70%股权由与 A 公司无关联关系的公众投资者持有，这些投资者的持股比例十分分散。此外，B 公司还向其他公众投资者发行一项债务工具。B 公司使用发行债务工具和权益工具所筹集的资金进行金融资产组合投资（均投资于债务工具），B 公司可能会面临与该金融资产组合投资相关的因债务人不履约而导致投资本金和利息不能收回的信用风险。在所持金融资产组合投资出现违约事项时，首先由 B 公司的权益工具持有人承担由违约事项带来的损失，如果违约事项带来的损失超过权益工具金额之后，则剩余损失由债务工具持有人承担。在违约事项带来的损失超过权益工具金额之前，A 公司管理 B 公司的投资组合，当违约事项带来的损失超过权益工具金额之后，由债务工具持有人指定的其他方开始管理 B 公司的投资资产。

在本例中，在未发生违约事项或违约事项带来的损失小于权益工具金额时，B 公司的相关活动是管理金融资产投资组合，而在违约事项带来的损失超过权益工具的金额后，B 公司的相关活动转变为管理存在违约事项的资产及剩余金融资产投资。

（2）分析相关活动的决策机制。

判断被投资方的相关活动后，了解谁拥有对被投资方的权力的下一个重要步骤是分析此类活动的决策机制。就相关活动作出的决策包括但不限于：①对被投资方的经营、融资等活动做出决策，包括编制预算；②任命被投资方的关键管理人员或服务提供商，并决定其报酬，以及终止该关键管理人员的劳务关系或终止与服务提供商的业务关系。

投资方在分析相关活动的决策机制时，应当重点关注被投资方设立的日的和设计以及如何作出有关下列活动的决策，例如：变更战略方向，包括收购和处置子公司；购买或处置主要资本性资产；委任董事及其他关键管理人员并确定其酬劳；批准年度计划、预算和股利政策。

另外，清晰了解被投资方的治理结构对识别相关活动的决策方式至关重要。在实务中，相关的监管要求和股东间的协议不同，企业的治理结构也可能各不相同。在某些情况下，相关活动一般由企业章程及协议中约定的权力机构（如股东会、董事会）来决策，特殊情况下，相关活动的决策也可能基于合同协议约定等原因由其他机构来主导，如专门设置的管理委员会等。有限合伙企业的相关活动可能由合伙人大会决策，也可能由普通合伙人或者投资管理公司等机构或人员决策。

（3）两个或两个以上投资方能够分别单方面主导被投资方的不同相关活动时，如何判断哪方拥有权力。

被投资方的相关活动通常有多个，并且可能不是同时进行的。当两个或两个以上投资方能够分别单方面主导被投资方的不同相关活动时，能够主导对被投资方回报产生最重大影响活动的一方拥有对被投资方的权力。在具体判断哪个投资方对被投资方拥有权力时，投资方通常需要考虑的因素包括：①被投资方的设立目的；②影响被投资方利润率、收入和企业价值的决定因素；③各投资方拥有的与上述决定因素相关的决策职权的范围，以及这些职权分别对被投资方回报的影响程度；④投资方对于可变回报的风险敞口的大小。例如，A 公司和 B 公司共同投资 C 公司，C 公司的主营业务活动为药品研发和销售。根据 C 公司章程和合资协议的约定，在所研发药品获得相关监管部门的生产批准前，A 公司可单方面主导 C 公司药品研发活动，而在获得相关监管部门的生产批准后，则由 B 公司单方面主导该药品的生产和营销决策。在本例中，C 公司的研发、生产和营销活动均是会对 C 公司的回报产生重大影响的活动。投资方除须结合上述四点进行综合分析以外，还需要考虑以下具体因素：获得监管部门批准的不确定性和难易程度、考虑投资方成功开发药品并获取生产批准的历史记录、产品定位、目前药品所处的开发阶段、预测所需开发时间、同类药品开发的难易程度、取得同类药品营销渠道的难易程度、开发完成后哪一方投资者可实际控制该药品相关的经营活动（如取得同类药品营销渠道和实现销售业绩的难易程度）等。

3. “权力”是一种实质性权利

权力源于权利。但是，这并不意味着在判断权力时需要考虑投资方及其他方对被投资方的所有权利。在判断投资方是否拥有对被投资方的权力时，应区分投资方及其他方享有的权利是实质性权利还是保护性权利，仅实质性权利才应当被加以考虑。

（1）实质性权利。

实质性权利，是指持有人在对相关活动进行决策时，有实际能力行使的可执行权利。“有实际能力行使”，意味着对于投资方拥有的实质性权利，即便投资方并未实际行使，也应在判断投资方是否对被投资方拥有权力时予以考虑。为了使一项权利成为实质性权利，在作出可主导被投资方相关活动的决策时，该项权利应当是可行使的。通常情况下，实质性权利应当是当前可执行的权利，但某些情况下，目前不可行使的权利也可能是实质性权利，如某些潜在表决权。例如，投资方持有一份将于 25 天后结算的远期股权购买合同，该合同结算后，投资方能够持有投资方的多数表决权股份；30 天后才能召开的特别股东大会是能够对相关活动进行决策的最早决策日；除此之外，其他投资方不能对被投资方相关活动的现行政策作出任何改变。在本例中，虽然投资方持有的 25 天后才能结算的远期股权购买合同不是当前可执行的权利，但是由于最早可能召开的股东大会必须在 30 天之后，晚于此远期合同的可行权日（25 天后），在投资方执行远期合同之前的时间段内，也没有其他任何一方可以改变与被投资方相关活动有关的决策，所以该权利虽然当前不可执行，但仍然为一项实质性权利，使该投资方当前有能力主导被投资方的相关活动。

判断一项权利是否为实质性权利，应当综合考虑所有相关因素。相关因素包括但不限于以下各项。

① 权利持有人行使权利是否存在经济或其他方面的障碍。例如，财务处罚或奖励阻止权利持有人行使该权利；行权价或转换价格产生了财务障碍导致权利持有人不行使权利；合同条款或条件的限定导致该等权利不太可能被行使（例如，对于权利行使的时间有严格限制条件）；在设立被投资方的文件或相关法律法规中缺乏明确合理的机制让权利持有人行使其权利；权利持有人不能获得可以行使权利的必要信息；运营方面的障碍或诱因阻止权利持有人行使权利（例如，没有其他管理者愿意或能够取代现有的管理者向被投资方提供专业服务，或提供专业服务并承担现有管理者持有的权益）；法律法规的限制导致权利持有人无法行使权利（例如，外国投资者被禁止行使其权利）。

② 当权利由多方持有或者行权需要多方同意时，是否存在实际可行的机制使得这些权利持有人在其愿意的情况下能够一致行使权利。缺乏这种机制可能表明权利是非实质性的。需要一致行使权利的投资方越多，权利是实质性权利的可能性越小。然而，独立于决策者的董事会可以作为一个众多投资方一致行使权利的机制。因此，相较于众多投资方单独持有的罢免权，独立的董事会持有的同样的罢免权更有可能是实质性权利。

③ 权利持有人能否从行使权利中获利。例如，潜在表决权持有人应考虑行权价格或转换价格。当投资方能在行权或转换中因价格或其他原因获利时（例如，实现投资方和被投资方的协同效应），潜在表决权的条款和条件就更有可能是实质性的。

有时候，被投资方的其他投资方也可能拥有实质性权利，从而使投资方不能控制被投资方。其他方拥有的实质性权利不一定是待决策事项的提议权，可能仅是一些批准或否定议案的权利，只要这些权利不仅是保护性权利，则其他方拥有的这些实质性权利可能会使得投资方不能控制被投资方。

（2）保护性权利。

保护性权利旨在保护持有这些权利的当事方的权益，而不赋予当事方对这些权利所涉及的主体的权力。仅持有保护性权利的投资方不能对被投资方实施控制，也不能阻止其他方对被投资方实施控制。例如，贷款方限制借款方进行会对借款方信用风险产生不利影响从而损害贷款方利益的活动的权利；少数股东批准超过正常经营范围的资本性支出或发行权益工具、债务工具的权利；贷款方在借款方发生违约行为时扣押其资产的权利。上述各项均属于保护性权利的例子。

保护性权利通常仅适用于被投资方的活动发生根本性改变或某些特殊例外的情况，但并非所有在例外情况下行使的权利或在不确定事项发生时才行使的权利都是保护性权利。例如，当被投资方的活动和回报已被预先设定，只有在发生某些特定事项时才需要进行决策，且这些决策对被投资方的回报产生重大影响，则该等事项引发的活动属于相关活动，对这些相关活动行使的权利就不是保护性权利。对于有权主导这些相关活动的投资者，在判断其对被投资方是否拥有权力时，不需要考虑这些特定事项是否已经发生。

被投资方为被特许人时，特许经营协议经常给予特许人保护特许品牌的权利，也通常会赋予特许人某些与被特许人经营相关的决策权。在对被投资方进行分析时，需要区分两种权利，一是目前有能力作出对被特许人回报产生重大影响的决策的权利，二是有能力作出保护特许品牌的决策的权利，两种权利并不完全相同。一般而言，通过签订特许经营协议，被特许人依据特许经营协议的条款能够自行决定其业务的运营；特许人的权利并不限制其他方有能力作出对被特许人回报有重大影响的决策，也不必然导致特许人目前有能力主导对被特许人的相关活动。被特许人的法律形式和资本结构等基本决策可能由特许人之外的其他方来决定，并且这些决策可能会对被特许人的回报产生重大影响。当其他方享有现时权利使其目前有能力主导被特许人的相关活动时，特许人不拥有对被特许人的权力。特许人提供的财务支持越少，特许人面临的被特许人的回报的变动性越小，特许人就越有可能只拥有保护性权利。

4. 权力的持有人应为主要责任人

权力是能够“主导”被投资方相关活动的现时能力，可见，权力是为自己行使的（行使人为主要责任人），而不是代其他方行使权力（行使人为代理人）。

代理人代表其他方（主要责任人）行动并服务于该其他方的利益。主要责任人可能将其对被投资方的某些或全部决策权授予代理人，但代理人代表主要责任人行使此类权力时，代理人并不对被投资方拥有控制。在评估控制时，代理人的决策权应被视为由主要责任人直接持有，权力属于主要责任人，而非代理人。

当存在多个主要责任人时，每个主要责任人需评估其是否拥有对被投资方的权力。决策者不会仅仅因为其他方能从其决策中获益而成为代理人。决策者在确定其是否为代理人时，应总体考虑自身、被投资方以及其他方之间的关系，尤其需考虑以下 4 项因素。除非某一方拥有罢免该决策者的实质性权利，且能够实现无理由罢免，否则应当全面分析评价以下 4 项因素的影响。根据具体情况，以下 4 项因素的相对重要性程度可能存在差异。

（1）决策者对被投资方的决策权范围。在评估决策权范围时，应考虑相关协议或法规允许决策者决策的活动，以及决策者对这些活动进行决策时的自主程度。与该评估相关的因素包括但不限于：被投资方的设立目的与设计、被投资方所面临的风险及转移到其他投资方的风险、决策者在设计被投资方过程中的参与程度。例如，如果决策者在被投资方设计过程中的参与度较深（包括确定决策权范围），则可能表明决策者有机会及动机获得权利使其有能力主导相关活动，但该情况本身并不足以认定决策者必然能够主导相关活动。主导相关活动的决策权范围越广，越能表明决策者（如资产管理人）拥有权力，但并不意味着该决策者一定是主要责任人。

（2）其他方享有的实质性权利。其他方享有的实质性权利可能会影响决策者主导被投资方相关活动的能力。其他方持有实质性罢免权或其他权利可能显示决策者是代理人。

当存在单独一方拥有实质性罢免权并能无理由地罢免决策者时，单凭这一点就足以表明决策者是代理人。如果存在多于一方拥有这样的权利（且不存在单独一方能不经其他方同意即可罢免决策者的情况），那么这些权利本身不足以得出决策者是主要代表其他方且为了其他方利益进行决策的结论。在罢免决策者时需要联合一致行使罢免权的各方的数量越多，决策者的其他经济利益（即薪酬和其他利益）的量级和可变动性越大，则其他方所持有的权利在评价决策者是否是代理人时的权重就越小。

在判断决策者是否是代理人时，应考虑其他方所拥有的限制决策者自由决策的实质性权利，这与考虑罢免权的方法相似。例如，如果决策者在进行决策时仅需要取得数量较少的其他方许可，则基本上可以判断该决策者是代理人。

在考虑其他方持有的权利时，应评估被投资方董事会（或其他权力机构）可行使的权利及其对决策权的影响。

（3）决策者的薪酬水平。相对于被投资方活动的预期回报，决策者享有的薪酬的量级和可变动性越大，决策者越可能是主要责任人。就薪酬而言，在确定决策者是主要责任人还是代理人时，应考虑是否存在以下情况。

① 决策者的薪酬与其所提供的服务相称；

② 薪酬协议仅包括在公平交易基础上针对类似服务和技能水平商定的安排中常见的条款、条件或金额。

如不同时满足上述条件，则决策者必然不是代理人。但仅满足上述这些条件并不足以表明决策者是代理人，还需结合决策者的决策权范围、其他方享有的实质性权利、决策者因持有其他权益而承担的可变回报风险等因素进行进一步分析。

（4）决策者因持有被投资方的其他权益而承担可变回报的风险。对于在被投资方持有其他权益（如对被投资方进行投资或提供被投资方业绩担保）的决策者，在评估其是否为代理人时，应考虑决策者因该权益所面临的可变回报的风险。持有被投资方其他权益表明该决策者可能是主要责任人。在评估由于在被投资方的其他利益而面临的可变回报风险时，决策者应考虑以下因素。

① 决策者享有的经济利益的量级和可变动性。将决策者的薪酬和其他利益结合在一起的总体经济利益的量级和可变动性越大，该决策者越有可能是主要责任人。

② 决策者面临的可变回报风险是否与其他投资方不同，如果不同，这些不同是否会影响其行为。例如，决策者持有次级权益，或向被投资方提供其他形式的信用增级。

决策者应评估其所承担的可变回报风险相对于被投资方总体回报变动风险的程度。该评价应主要基于预期从被投资方的活动中得到的回报，但也应考虑决策者通过持有其他利益而承担的被投资方可变回报的最大风险。

上述 4 项因素中的前两项因素涉及决策者对被投资方拥有的权力范围以及对这些权力设定的限制的程度。第（3）项和第（4）项因素与可变回报有关，要求考虑决策者从被投资方中获得的、相对于被投资方活动所产生总报酬的部分（预期值和最大值）的量级可变动性。例如，某主体 A 作为资产管理人发起设立一项投资计划，为多个投资者提供投资机会。主体 A 在投资授权设定的范围内，以全体投资者的利益最大化为前提做出决策，其拥有广泛的决策权以主导投资计划的相关活动，包括具体资产配置、买人卖出时点以及投资资产出现风险时（如信用违约等）的后续管理等。主体 A 按照计划资产净值的 1%加上达到特定盈利水平后投资计划利润的 20%收取管理费，该管理费符合市场和行业惯例，与主体 A 提供的服务相称。

5. 权力的一般来源——来自表决权

投资方对被投资方的权力可能源自各种权利，例如，表决权、委派或罢免有能力主导被投资方相关活动的该被投资方关键管理人员或其他主体的权利、决定被投资方进行某项交易或否决某项交易的权利、由管理合同授予的决策权利。这些权利单独或者结合在一起，可能赋予对被投资方的权力。

通常情况下，当被投资方具有一系列对回报产生重要影响的经营及财务活动，且需要就这些活动连续地进行实质性决策时，表决权或类似权利本身或结合其他安排，将赋予投资者权力。

表决权是对被投资方经营计划、投资方案、年度财务预算方案和决算方案、利润分配方案和弥补亏损方案、内部管理机构的设置、聘任或解聘公司经理及确定其报酬、公司的基本管理制度等事项进行表决而持有的权利。表决权比例通常与其出资比例或持股比例是一致的，但公司章程另有规定的除外。

（1）通过直接或间接拥有半数以上表决权而拥有权力。

当被投资方的相关活动由持有半数以上表决权的投资方表决决定，或者主导相关活动的权力机构的多数成员由持有半数以上表决权的投资方指派，而且权力机构的决策由多数成员主导时，持有半数以上表决权的投资方拥有对被投资方的权力。

值得注意的是，在进行控制分析时，投资方不仅需要考虑直接表决权，还需要考虑其持有的潜在表决权以及其他方持有的潜在表决权的影响，进行综合考量，以确定其对被投资方是否拥有权力。

潜在表决权是获得被投资方表决权的权利，例如可转换工具、认股权证、远期股权购买合同或期权所产生的权利。确定潜在表决权是否给予其持有者权力时，需要考虑的因素包括：在分析控制时，仅考虑满足实质性权利要求的潜在表决权；投资方是否持有其他表决权或其他与被投资方相关的决策权，这些权利与投资方持有的潜在表决权结合后是否赋予投资方拥有对被投资方的权力；潜在表决权工具的设立目的和设计，以及投资方参与被投资方的其他方式的目的和设计，包括分析相关工具和安排的条款和条件，以及投资方接受这些条款和条件的可能性、动机和原因。

（2）持有被投资方半数以上表决权但并无权力。

确定持有半数以上表决权的投资方是否拥有权力，关键在于该投资方是否拥有主导被投资方相关活动的现时能力。在被投资方相关活动被政府、法院、管理人、接管人、清算人或监管人等其他方主导时，投资方无法凭借其拥有的表决权主导被投资方的相关活动，因此，投资方此时即使持有被投资方过半数的表决权，也不拥有对被投资方的权力。

如果投资方虽然持有被投资方半数以上表决权，但这些表决权并不是实质性权利时，则投资方并不拥有对被投资方的权力：当其他方拥有现时权利使其可以主导被投资方的相关活动，且该其他方不是投资方的代理人时，则投资方不拥有对被投资方的权力；当投资方所拥有的表决权并非实质性权利时，即使持有多数表决权，投资方也不拥有对被投资方的权力。例如，由于无法获得必要的信息或存在法律法规方面的障碍，投资方虽持有半数以上表决权但无法行使，则该投资方不拥有对被投资方的权力。

半数以上表决权通过，只是做出决策的通常做法，有些情况下，根据相关章程、协议或其他法律文件，主导相关活动的决策所要求的表决权比例高于持有半数以上表决权的一方持有的表决权比例。例如，被投资方的公司章程规定，与相关活动有关的决策必须由出席会议的投资方所持 2/3 以上的表决权通过。这种情况下，持有半数以上但不足 2/3 表决权的投资方，虽然表决权比例超过半数，但该表决权本身不足以赋予投资方权力，应结合其他因素进行进一步的分析与判断。

（3）直接或间接结合，也只拥有半数或半数以下表决权，但仍然可以通过表决权判断拥有权力。

持有半数或半数以下表决权的投资方（或者虽持有半数以上表决权，但仅凭自身表决权比例仍不足以主导被投资方相关活动的投资方），应综合考虑下列事实和情况，以判断其持有的表决权与相关事实和情况相结合是否可以赋予投资方对于被投资方的权力。

① 考虑投资方持有的表决权相对于其他投资方持有的表决权份额的大小，以及其他投资方持有表决权的分散程度。与其他方持有的表决权比例相比，投资方持有的表决权比例越高，越有可能有现时能力主导被投资方相关活动。为否决投资方而需要联合一致的行动方越多，投资方越有可能有现时能力主导被投资方相关活动。

② 考虑与其他表决权持有人的协议。投资方自己拥有的表决权不足，但通过与其他表决权持有人的协议使其可以控制足以主导被投资方相关活动的表决权，从而拥有被投资方的权力。该类协议

需确保投资方能够主导其他表决权持有人的表决，即其他表决权持有人按照投资方的意愿进行表决，而不是与其他表决权持有人协商根据双方协商一致的结果进行表决。

投资方还应当考虑其与其他各方之间关系的性质以及其他各方是否代表投资方行动，即，识别投资方的“实质代理人”。当投资方或有能力主导投资方活动的一方有能力主导其他方代表投资方行动时，其为投资方的实质代理人。在这种情况下，投资方在评估对被投资方是否存在控制时，应将自身和实质代理人的决策权及其通过实质代理人而间接承担或者享有的可变回报的风险或权利与其自身的实质性权利一并考虑。根据各方关系的性质判断，表明一方可能是投资方的实质代理人的情况包括但不限于：投资方的关联方；因投资方出资或提供贷款而取得其在被投资方中权益的一方；未经投资方同意，不得出售、转让或抵押其持有的被投资方权益的一方（但不包括此项限制系通过投资者和其他非关联方之间通过自愿基础上的协商一致而实现的情形）；没有投资方的财务支持，就不能获得资金来支持经营的一方；该另一方系与投资方的权力机构的多数成员或关键管理人员相同的被投资方；与投资方具有紧密业务联系（如专业服务的提供者与其一家重要客户的关系）的一方。

③ 考虑其他合同安排产生的权利。投资方可能通过拥有的表决权和其他决策权相结合的方式使其目前有能力主导被投资方的相关活动。例如，合同安排赋予投资方在被投资方的权力机构中指派若干成员的权利，而该等成员足以主导权力机构对相关活动的决策。又如，投资方可能通过表决权和合同安排给予的其他权利，使其目前有能力主导被投资方的生产活动，或主导被投资方的其他经营和财务活动，从而对被投资方的回报产生重大影响。但是，在不存在其他权利时，仅仅是被投资方对投资方的经济依赖（如供应商和其主要客户的关系）不会导致投资方对被投资方拥有权力。

④ 如果结合表决权和上述第①至③项所列因素，仍不足以判断投资者能否控制被投资方，则还需要考虑是否存在其他事实或情况，能够证明投资方拥有主导被投资方相关活动的现时能力。例如：投资方能够任命或批准被投资方的关键管理人员，这些关键管理人员能够主导被投资方的相关活动；投资方能够出于自身利益决定或者否决被投资方的重大交易；投资方能够控制被投资方董事会等类似权力机构成员的任命程序，或者从其他表决权持有人手中获得代理投票权；投资方与被投资方的关键管理人员或董事会等类似权力机构中的多数成员存在关联关系；投资方与被投资方之间存在特殊关系，如被投资方的关键管理人员是投资方的现任或前任职工，被投资方的经营活动依赖于投资方，被投资方活动的重大部分有投资方参与其中或者是以投资方的名义进行，投资方自被投资方承担可变回报的风险或享有可变回报的收益的程度远超过其持有的表决权或其他类似权利的比例等。

投资方所持有的被投资方表决权比例越低，否决投资方所提关于相关活动的议案所需一致行动的其他投资者数量越少，投资者为了证明其拥有主导被投资方权力的权利，就需要在更大程度上证明存在这些“其他事实或情况”。

对于被投资方的相关活动通过表决权进行决策，而投资方持有的表决权比例不超过半数的情况，如果投资方在综合考虑了所有相关情况和事实后仍不能确定投资方是否拥有被投资方的权力，则投资方不控制被投资方。

6. 权力来自于表决权以外的其他权利——来自合同安排

在某些情况下，某些主体的投资方对其的权力并非源自于表决权（例如，表决权可能仅与日常行政活动工作有关），被投资方的相关活动由一项或多项合同安排决定，例如证券化产品、资产支持融资工具、部分投资基金等结构化主体。

结构化主体，是指在确定其控制方时没有将表决权或类似权利作为决定因素而设计的主体。通常情况下，结构化主体在合同约定的范围内开展业务活动，表决权或类似权利仅与行政性管理事务相关。

结构化主体通常具有下列特征中的多项或全部。

（1）业务活动范围受限。通常情况下，结构化主体在合同约定的范围内开展业务活动，业务活动范围受到了限制。例如，从事信贷资产证券化业务的结构化主体，在发行资产支持证券募集资金和购买信贷资产后，根据相关合同，其业务活动是将来源于信贷资产的现金向资产支持证券投资者分配收益。

（2）有具体明确的目的，而且目的比较单一。结构化主体通常是为了特殊目的而设立的主体。例如，有的企业发起结构化主体是为了将企业的资产转让给结构化主体以迅速回收资金，并改变资产结构来满足资产负债管理的需要；有的企业发起结构化主体是为了满足客户特定的投资需求，吸引到更多的客户；还有的企业发起结构化主体是为了专门从事研究开发活动，或开展租赁业务等。

（3）股本（如有）不足以支撑其业务活动，必须依靠其他次级财务支持。次级财务支持是指承受结构化主体部分或全部预计损失的可变收益，其中的“次级”代表受偿顺序在后。股本本身就是一种次级财务支持，其他次级财务支持包括次级债权、对承担损失作出的承诺或担保义务等。通常情况下，结构化主体的股本占资产规模的份额较小，甚至没有股本。当股本很少或没有股本，不足以支撑结构化主体的业务活动时，通常需要依靠其他次级财务支持来为结构化主体注入资金，支撑结构化主体的业务活动。

（4）通过向投资者发行不同等级的证券（如分级产品）等金融工具进行融资，不同等级的证券，信用风险及其他风险的集中程度也不同。例如，以发行分级产品的方式融资是对各级产品的受益权进行了分层配置。购买优先级的投资者享有优先受益权，购买次级的投资者享有次级受益权。投资期满后，投资收益在逐级保证受益人本金、预期收益及相关费用后的余额归购买次级的投资者，如果出现投资损失，先由购买次级的投资者承担。由于不同等级的证券具有不同的信用风险、利率风险或流动性风险，发行分级产品可以满足不同风险偏好投资者的投资需求。

由于结构化主体的权力并非源自于表决权或类似权利，并且通常还具备上述典型的常见特征，这无形中加大了投资方分析此类主体的相关活动和是否对该类主体具有权力的判断难度。投资方在判断能否控制结构化主体时，还需要结合下列 4 项因素进行进一步的分析。

① 在设立被投资方时所做出的决策及投资方对其设立活动的参与度。投资方需考虑其是否参与设计被投资方的设立，考虑被投资方初始设立时作出的决策，以评估该参与以及交易的相关安排是否为投资方提供了足够权利使其拥有对被投资方的权力。参与被投资方的初始设立，其本身虽不足以表明参与方控制被投资方，但该参与可能使投资方有机会获得使其拥有对被投资方权力的权利。通过评价被投资方的初始设立时所做的决策，可有助于确定交易条款是否为某参与者提供了足以构成权力的权利。另外，此类主体在设立后的动作过程中，其法律上的权力机构所表决的事项往往仅仅与行政事务相关，表决权对其投资方的回报往往不具备直接和重大关联。在这种情况下，投资方在分析其目的和设计时，应考虑其被专门设计来承担何种的可变性，投资方通过参与其相关活动是否承担了部分或全部的可变性。可变性既包括下行风险也包括上行潜能险。

② 考虑其他相关合同安排。投资方需考虑此类主体初始设立时的合同安排是否赋予投资方掌控与被投资方密切相关的活动的权利。例如，看涨期权、看跌期权、清算权及其他可能为投资方提供权力的合同安排。当这些合同安排所涉及的活动与此类主体密切相关时，即使该等活动并未在此类

主体的法律框架内发生，而是在其他主体中发生，该等活动也应被视为是形成此类主体的相关活动的有机组成部分。因此，投资方在与该等活动相关的合同安排中，投资方明确或者没有明确地享有的决策权均需要进行详细的评估。

③ 考虑仅在特定情况或事项发生时开展的活动。对于某些此类主体而言，其仅在某些特定情况或者事项发生时才发生相关活动。这些主体的设计使其明确按照既定的流程和安排开展某些固定的活动且其相应的回报也是可确定的，除非发生某些特定情况或事项。在这种情况下，只有在发生这些特定情况或事项时，此类主体所开展的对其回报具有重大影响的活动相关的决策才是其相关活动。相应地，对相关活动具有决策权的投资方才享有权力。投资方享有权力并不依赖于这些特定情况或事项已经发生的事实。决策权依赖于特定情况或特定事件发生这一事实本身也并不表示该权利为保护性权利。

④ 投资方对被投资方做出的承诺。为确保此类主体持续按照原定设计和计划开展活动，投资方可能会做出明示或暗示的承诺。上述承诺可能会放大投资方可变回报的风险敞口，因而促使投资方更有动机获取足够多的权利，使其获得主导被投资方的权力。因此，投资方作出确保此类主体遵守原定设计经营的承诺可能是投资方拥有控制权力的迹象，但是其本身并不足以证明权力必然存在或阻止其他方拥有权力。

7. 权力与回报之间的联系

投资方必须不仅拥有对被投资方的权力和因涉入被投资者而承担或有权获得可变回报，而且要有能力使用权力来影响因涉入被投资者而获得的投资方回报。只有当投资方不仅拥有对被投资方的权力、通过参与被投资方的相关活动而享有可变回报，并且有能力运用对被投资方的权力来影响其回报的金额时，投资方才控制被投资方。

二、纳入合并范围的特殊情况——对被投资方可分割部分的控制

投资方通常应当对是否控制被投资方整体进行判断。但在少数情况下，如果有确凿证据表明同时满足下列条件并且符合相关法律法规规定的，投资方应当将被投资方的一部分视为被投资方可分割的部分，进而判断是否控制该部分（可分割部分）。

（1）该部分的资产是偿付该部分负债或该部分其他利益方的唯一来源，不能用于偿还该部分以外的被投资方的其他负债；

（2）除与该部分相关的各方外，其他方不享有与该部分资产相关的权利，也不享有与该部分资产剩余现金流量相关的权利。

实质上该部分的所有资产、负债及其他相关权益均与被投资方的剩余部分相隔离，即该部分的资产产生的回报不能由该部分以外的被投资方其他部分享有，该部分的负债也不能用该部分以外的被投资方资产偿还。

如果被投资方的一部分资产和负债及其他相关权益满足上述条件，构成可分割部分，则投资方应当基于控制的判断标准确定其是否能控制该可分割部分，考虑该可分割部分的相关活动及其决策机制，投资方是否目前有能力主导可分割部分的相关活动并据以从中取得可变回报。如果投资方控制可分割部分，则应将其进行合并。在此情况下，其他方在考虑是否合并被投资方时，应仅对被投资方的剩余部分进行控制及合并的评估，而将可分割部分排除在外。

三、合并范围的豁免——投资性主体

（一）豁免规定

母公司应当将其全部子公司（包括母公司所控制的被投资单位可分割部分、结构化主体）纳入合并范围。但是，如果母公司是投资性主体，则只应将那些为投资性主体的投资活动提供相关服务的子公司纳入合并范围，其他子公司不应予以合并，母公司对其他子公司的投资应当按照公允价值计量且其变动计入当期损益。

一个投资性主体的母公司如果其本身不是投资性主体，则应当将其控制的全部主体，包括投资性主体以及通过投资性主体间接控制的主体，纳入合并财务报表范围。

（二）投资性主体的定义

当母公司同时满足以下 3 个条件时，该母公司属于投资性主体。

（1）该公司以向投资方提供投资管理服务为目的，从一个或多个投资者获取资金。这是一个投资性主体与其他主体的显著区别。

（2）该公司的唯一经营目的，是通过资本增值、投资收益或两者兼有而让投资者获得回报。投资性主体的经营目的一般可能通过其设立目的、投资管理方式、投资期限、投资退出战略等体现出来。例如，如果一个基金在募集说明书中说明其投资的目的是为了实现资本增值、一般情况下的投资期限较长、制定了比较清晰的投资退出战略等，则这些描述与投资性主体的经营目的是一致的；反之，如果该基金的经营目的是与被投资方合作开发、生产或者销售某种产品，则其不是投资性主体。

（3）该公司按照公允价值对几乎所有投资的业绩进行计量和评价。对于投资性主体而言，相对于合并子公司财务报表或者按照权益法核算对联营企业或合营企业的投资，公允价值计量所提供的信息更具有相关性。公允价值计量体现在：在企业会计准则允许的情况下，在向投资方报告其财务状况和经营成果时应当以公允价值计量其投资；向其关键管理人员提供公允价值信息，以供他们据此评估投资业绩或作出投资决策。但是，投资性主体没必要以公允价值计量其固定资产等非投资性资产或其负债。

（三）投资性主体的特征

投资性主体通常应当符合下列 4 个特征。

(1) 拥有一个以上投资。投资性主体通常会同时持有多项投资，以分散风险，但通过直接或间接投资于另一持有多项投资的投资性主体的，也可能是投资性主体。另外，当投资性主体刚设立、尚未寻找到多个符合要求的投资项目，或者刚处置了部分投资、尚未进行新的投资，或者正处于清算过程中时，也有可能仅持有一项投资。

（2）拥有一个以上投资者。但是，当投资性主体刚刚设立、正在积极识别合格投资者，或者原持有的权益已经赎回、正在寻找新的投资者，或者处于清算过程中时，或者是为了代表或支持一个较大的投资者集合的利益而设立的（如某企业设立的年金基金)，也有可能仅拥有一个投资者。

（3）投资者不是该主体的关联方。但是，关联投资者的存在并非表明该主体一定不是投资性主体。例如，某基金的投资方之一可能是该基金的关键管理人员出资设立的企业，其目的是更好地激励基金的关键管理人员，这一安排并不影响该基金符合投资性主体的定义。

（4）该主体的所有者权益以股权或类似权益存在。然而，拥有不同类型的投资者，并且其中一些投资者可能仅对某类或某组特定投资拥有权利，或者不同类型的投资者对净资产享有不同比例的分配权的情况，并不说明该主体不是一个投资性主体。

可见，上述特征仅仅是投资性主体的常见特征，当主体不完全具备上述 4 个特征时，需要审慎评估，判断是否有确凿证据证明虽然缺少其中一个或几个特征，但该主体仍然符合投资性主体的定义。

（四）因投资性主体转换引起的合并范围的变化

当母公司由非投资性主体转变为投资性主体时，除仅将为其投资活动提供相关服务的子公司纳入合并财务报表范围编制合并财务报表外，企业自转变日起对其他子公司不应予以合并，其会计处理参照部分处置子公司股权但不丧失控制权的处理原则：终止确认与其他子公司相关资产（包括商誉）及负债的账面价值，以及其他子公司相关少数股东权益（包括属于少数股东的其他综合收益）的账面价值，并按照对该子公司的投资在转变日的公允价值确认一项以公允价值计量且其变动计入当期损益的金融资产，同时将对该子公司的投资在转变日的公允价值作为处置价款，其与当日合并财务报表中该子公司净资产（资产、负债及相关商誉之和，扣除少数股东权益）的账面价值之间的差额，调整资本公积（资本溢价或股本溢价），资本公积不足冲减的，调整留存收益。

当母公司由投资性主体转变为非投资性主体时，应将原未纳入合并财务报表范围的子公司于转变日纳入合并财务报表范围，将转变日视为购买日，原未纳入合并财务报表范围的子公司于转变日的公允价值视为购买的交易对价，按照非同一控制下企业合并的会计处理方法进行会计处理。

四、控制的持续评估

控制的评估是持续的，当环境或情况发生变化时，投资方需要评估控制的两个基本要素中的一个或多个是否发生了变化。如果有任何事实或情况表明控制的两项基本要素中的一个或多个发生了变化，投资方应重新评估对被投资方是否具有控制。

如果对被投资方的权力的行使方式发生变化，该变化必须反映在投资方对被投资方权力的评估中。例如，决策机制的变化可能意味着投资方不再通过表决权主导相关活动，而是由其他方通过协议或者合同赋予的其他权利来主导相关活动。

某些事件即使不涉及投资方，也可能导致该投资方获得或丧失对被投资方的权力。例如，其他方以前拥有的能阻止投资方控制被投资方的决策权到期失效，则可能使投资方因此而获得权力。

投资方应考虑因其参与被投资方相关活动而承担的可变回报的风险敞口的变化带来的影响。例如，如果拥有权力的投资方不再享有可变回报（如与业绩相关的管理费合同到期），则该投资方会因此而丧失对被投资方的控制。再如，某资产管理计划的管理人原持有该计划 5%的份额，并收取按照该计划的利润的一定比例的管理费，其获得的可变回报的规模表明该管理人只是一个代理人，之后，由于该资产管理计划的几个重要投资者的退出，管理人的持有份额上升，加上管理费之后可变回报的相对比例大幅上升，体现出主要责任人的特点，从而该管理人需要持续评估其是否控制该资产管理计划。

投资方还应考虑其作为代理人或主要责任人的评估是否发生了变化。投资方与其他方之间整体关系的变化可能意味着原为代理人的投资方不再是代理人；反之亦然。例如，如果投资方或其他方的权利发生了变化，投资方应重新评估其代理人或主要责任人的身份。

投资方初始评估控制的结果，或者初始评估其是主要责任人或代理人的结果，不会简单地因为市场情况的变化（如因市场情况的变化导致被投资方的回报发生变化）而变化，除非市场情况的变化导致了控制两个要素的一个或多个的改变，或导致主要责任人与代理人之间的整体关系的改变。

第三节 合并财务报表编制原则、前期准备事项及程序

一、合并财务报表的编制原则

合并财务报表作为财务报表，必须符合财务报表编制的一般原则和基本要求。这些基本要求包括真实可靠、内容完整。与个别财务报表相比，合并财务报表又具有下列特点。一是反映的对象是由母公司和其全部子公司组成的会计主体；二是编制者是母公司，但所对应的会计主体是由母公司及其控制的所有子公司所构成的企业集团；三是合并财务报表是站在合并财务报表主体的立场上，以纳入合并范围的企业个别财务报表为基础，根据其他有关资料，抵销母公司与子公司、子公司相互之间发生的内部交易，考虑了特殊交易事项对合并财务报表的影响后编制的，旨在反映合并财务报表主体作为一个整体的财务状况、经营成果和现金流量。因此，合并财务报表的编制除在遵循财务报表编制的一般原则和要求外，还应当遵循以下原则和要求。

（1）以个别财务报表为基础编制。合并财务报表并不是直接根据母公司和子公司的账簿编制，而是利用母公司和子公司编制的反映各自财务状况和经营成果的财务报表提供的数据，通过合并财务报表的特有方法进行编制。以纳入合并范围的个别财务报表为基础，可以说是客观性原则在合并财务报表编制时的具体体现。

（2）一体性原则。合并财务报表反映的是企业集团的财务状况和经营成果，反映的是由多个法人企业组成的一个会计主体的财务情况，在编制合并财务报表时应当将母公司和所有子公司作为整体来看待，视为一个会计主体，母公司和子公司发生的经营活动都应当从企业集团这一整体的角度进行考虑。因此，在编制合并财务报表时，对于母公司与子公司、子公司相互之间发生的经济业务，应当视同同一会计主体内部业务处理，视同同一会计主体之下的不同核算单位的内部业务。

（3）重要性原则。与个别财务报表相比，合并财务报表涉及多个法人主体，涉及的经营活动的范围很广，母公司与子公司经营活动往往跨越不同行业界限，有时母公司与子公司经营活动甚至相差很大。这样，合并财务报表要综合反映这样的会计主体的财务情况，必然要涉及重要性的判断问题。特别是在拥有众多子公司的情况下，更是如此。在编制合并财务报表时，特别强调重要性原则的运用。如对一些项目在企业集团中的某一企业具有重要性，但对于整个企业集团则不一定具有重要性，在这种情况下根据重要性的要求对财务报表项目进行取舍，则具有重要的意义。此外，母公司与子公司、子公司相互之间发生的经济业务，对整个企业集团财务状况和经营成果影响不大时，

为简化合并手续也应根据重要性原则进行取舍，可以不编制抵销分录而直接编制合并财务报表。

二、合并财务报表编制的前期准备事项

合并财务报表的编制涉及多个子公司，有的合并财务报表的合并范围甚至包括数百个子公司。为了使编制的合并财务报表准确、全面反映企业集团的真实情况，必须做好一系列的前期准备事项。这些前期准备事项主要如下。

（一）统一母子公司的会计政策

会计政策是指企业进行会计核算和编制财务报表时所采用的会计原则、会计程序和会计处理方法，是编制财务报表的基础，统一母公司和子公司的会计政策是保证母子公司财务报表各项目反映内容一致的基础。为此，在编制财务报表前，应当尽可能统一母公司和子公司的会计政策，统一要求子公司所采用的会计政策与母公司保持一致。对一些境外子公司，由于所在国或地区法律、会计准则等方面的原因，确实无法使其采用的会计政策与母公司所采用的会计政策保持一致，则应当要求其按照母公司所采用的会计政策重新编报财务报表，也可以由母公司根据自身所采用的会计政策对境外子公司报送的财务报表进行调整，以重编或调整编制的境外子公司财务报表，作为编制合并财务报表的基础。

（二）统一母子公司的资产负债表日及会计期间

财务报表总是反映一定日期的财务状况和一定会计期间经营成果的，母公司和子公司的个别财务报表只有在反映财务状况的日期和反映经营成果的会计期间一致的情况下，才能进行合并。为了编制合并财务报表，必须统一企业集团内所有的子公司的资产负债表日和会计期间，使子公司的资产负债表日和会计期间与母公司的资产负债表日和会计期间保持一致，以便于子公司提供相同资产负债表日和会计期间的财务报表。

对于境外子公司，由于当地法律限制确实不能与母公司财务报表决算日和会计期间一致的，母公司应当按照自身的资产负债表日和会计期间对子公司的财务报表进行调整，以调整后的子公司财务报表为基础编制合并财务报表，也可以要求子公司按照母公司的资产负债表日和会计期间另行编制报送其个别财务报表。

（三）对子公司以外币表示的财务报表进行折算

对母公司和子公司的财务报表进行合并，其前提必须是母子公司个别财务报表所采用的货币计量单位一致。在我国允许外币业务比较多的企业采用某一外币作为记账本位币，境外企业一般也是采用其所在国或地区的货币作为其记账本位币。在将这些企业的财务报表纳入合并时，则必须将其折算为母公司所采用的记账本位币表示的财务报表。我国外币财务报表基本上采用的是现行汇率法。有关外币财务报表的具体折算方法在外币业务中已作论述，在此不再重复。

（四）收集编制合并财务报表的相关资料

合并财务报表以母公司和其子公司的财务报表以及其他有关资料为依据，由母公司合并有关项目的数额编制。为编制合并财务报表，母公司应当要求子公司及时提供下列有关资料：（1）子公司相应期间的财务报表；（2）与母公司及与其他子公司之间发生的内部购销交易、债权债务、投资及

其产生的现金流量和未实现内部销售损益的期初、期末余额及变动情况等资料；（3）子公司所有者权益变动和利润分配的有关资料；（4）编制合并财务报表所需要的其他资料，如非同一控制下企业合并购买日的公允价值资料。

三、合并财务报表的编制程序

合并财务报表的编制是一项极为复杂的工作，不仅涉及本企业会计业务和财务报表，而且还涉及纳入合并范围的子公司的会计业务和财务报表。为了使合并财务报表的编制工作有条不紊，必须按照一定的程序有步骤地进行。合并财务报表编制程序大致如下。

（1）设置合并工作底稿。合并工作底稿的作用是为合并财务报表的编制提供基础。在合并工作底稿中，对母公司和纳入合并范围的子公司的个别财务报表各项目的数额进行汇总和抵销处理，最终计算得出合并财务报表各项目的合并数。合并工作底稿的基本格式如表 7-4 所示。

（2）将母公司、纳入合并范围的子公司个别资产负债表、利润表及所有者权益变动表各项目的数据过入合并工作底稿，并在合并工作底稿中对母公司和子公司个别财务报表各项目的数据进行加总，计算得出个别资产负债表、个别利润表及个别所有者权益变动表各项目合计数额。

（3）编制调整分录与抵销分录，将母公司与子公司、子公司相互之间发生的经济业务对个别财务报表有关项目的影响进行调整抵销处理。编制调整分录与抵销分录，进行调整抵销处理是合并财务报表编制的关键和主要内容，其目的在于将因会计政策及计量基础的差异而对个别财务报表的影响进行调整，以及将个别财务报表各项目的加总数据中重复的因素等予以抵销。

在合并工作底稿中编制的调整分录是对母子公司个别报表相关项目的调整，具体包括：一是对属于非同一控制下企业合并中取得的子公司的个别财务报表，根据母公司为该子公司设置的备查簿记录的子公司各项可辨认资产、负债及或有负债等在购买日的公允价值为基础进行调整，以使子公司的个别财务报表反映为在购买日公允价值基础上确定的可辨认资产、负债及或有负债在本期资产负债表日的金额；二是对于子公司所采用的会计政策和会计期间与母公司不一致的，对子公司的个别财务报表进行调整；三是母公司对子公司的长期股权投资调整为权益法。在合并工作底稿中编制的抵销分录，是将内部交易对合并财务报表有关项目的影响进行抵销处理。

在合并工作底稿中编制的调整分录和抵销分录，借记或贷记的均为财务报表项目（即资产负债表项目、利润表项目、现金流量表项目和所有者权益变动表项目），而不是具体的会计科目。比如，在涉及调整或抵销固定资产折旧、固定资产减值准备等均通过资产负债表中的“固定资产”项目，而不是“累计折旧”“固定资产减值准备”等科目来进行调整和抵销。

（4）计算合并财务报表各项目的合并数额。即在母公司和纳入合并范围的子公司个别财务报表各项目加总数额的基础上，分别计算财务报表中的资产项目、负债项目、所有者权益项目、收入项目和费用项目的合并数。其计算方法如下。

① 资产类项目，其合并数根据该项目加总的数额，加上该项目调整分录与抵销分录的借方发生额，减去该项目调整分录与抵销分录的贷方发生额计算确定。

② 负债类项目和所有者权益类项目，其合并数根据该项目加总的数额，减去该项目调整分录与抵销分录的借方发生额，加上该项目调整分录与抵销分录的贷方发生额计算确定。

③ 有关收益类项目，其合并数根据该项目加总的数额，减去该项目调整分录与抵销分录的借方

发生额，加上该项目调整分录与抵销分录的贷方发生额计算确定。

④ 有关成本费用类项目和有关利润分配的项目，其合并数根据该项目加总的数额，加上该项目调整分录与抵销分录的借方发生额，减去该项目调整分录与抵销分录的贷方发生额计算确定。

（5）填列合并财务报表。即根据合并工作底稿中计算出的资产、负债、所有者权益、收入、成本费用类各项目的合并数，填列正式的合并财务报表。

四、编制合并财务报表需要调整抵销的项目

（一）编制合并资产负债表需要调整抵销的项目

合并资产负债表是以母公司和纳入合并范围的子公司的个别资产负债表为基础编制的。个别资产负债表则是以单个企业为会计主体进行会计核算的结果，它从母公司本身或从子公司本身的角度对自身的财务状况进行反映。对于企业集团内部发生的经济业务，从发生内部经济业务的企业来看，发生经济业务的两方都在其个别资产负债表中进行了反映。例如，集团内部母公司与子公司之间发生的赊购赊销业务，对于赊销企业来说，一方面，确认营业收入、结转营业成本、计算营业利润，并在其个别资产负债表中反映为应收账款；而对于赊购企业来说，在内部购入的存货未实现对外销售的情况下，则在其个别资产负债表中反映为存货和应付账款。在这种情况下，资产、负债和所有者权益类各项目的加总数额中，必然包含有重复计算的因素。作为反映企业集团整体财务状况的合并资产负债表，必须将这些重复计算的因素予以扣除，对这些重复的因素进行抵销处理。这些需要扣除的重复因素，就是合并财务报表编制时需要进行抵销处理的项目。

编制合并资产负债表时需要进行抵销处理的主要有如下项目：（1）母公司对子公司股权投资项目与子公司所有者权益（或股东权益）项目；（2）母公司与子公司、子公司相互之间未结算的内部债权债务项目；（3）存货项目，即内部购进存货价值中包含的未实现内部销售损益；（4）固定资产项目（包括固定资产原价和累计折旧项目），即内部购进固定资产价值中包含的未实现内部销售损益；（5）无形资产项目，即内部购进无形资产价值包含的未实现内部销售损益。

（二）编制合并利润表和合并所有者权益变动表需要调整抵销的项目

合并利润表和合并所有者权益变动表是以母公司和纳入合并范围的子公司的个别利润表和个别所有者权益变动表为基础编制的。利润表和所有者权益变动表作为以单个企业为会计主体进行会计核算的结果，它从母公司本身或从子公司本身反映一定会计期间经营成果的形成及其分配情况。在以其个别利润表及个别所有者权益变动表为基础计算的收益和费用等项目的加总数额中，也必然包含有重复计算的因素。在编制合并利润表和合并所有者权益变动表时，也需要将这些重复的因素予以扣除。

编制合并利润表和合并所有者权益变动表时需要进行抵销处理的主要有如下项目。

（1）内部销售收入和内部销售成本项目；（2）内部投资收益项目，包括内部利息收入与利息支出项目、内部股权投资收益项目；（3）资产减值损失项目，即与内部交易相关的内部应收账款、存货、固定资产、无形资产等项目的资产减值损失；（4）纳入合并范围的子公司利润分配项目。

（三）编制合并现金流量表需要调整抵销的项目

合并现金流量表是综合反映母公司及其子公司组成的企业集团，在一定会计期间现金流入、

现金流出数量以及其增减变动情况的财务报表。合并现金流量表以母公司和子公司的现金流量表为基础，在抵销母公司与子公司、子公司相互之间发生内部交易对合并现金流量表的影响后，由母公司编制。

在以母公司和子公司个别现金流量表为基础编制合并现金流量表时，需要进行抵销的内容主要如下。（1）母公司与子公司、子公司相互之间当期以现金投资或收购股权增加的投资所产生的现金流量；（2）母公司与子公司、子公司相互之间当期取得投资收益收到的现金与分配股利、利润或偿付利息支付的现金；（3）母公司与子公司、子公司相互之间以现金结算债权与债务所产生的现金流量；（4）母公司与子公司、子公司相互之间当期销售商品所产生的现金流量；（5）母公司与子公司、子公司相互之间处置固定资产、无形资产和其他长期资产收回的现金净额与购建固定资产、无形资产和其他长期资产支付的现金；（6）母公司与子公司、子公司相互之间当期发生的其他内部交易所产生的现金流量。

五、合并财务报表的格式

合并财务报表格式通常在个别财务报表基础上，增加下列项目。

1. 合并资产负债表

（1）在所有者权益项目下增加“归属于母公司所有者权益合计”，用于反映企业集团的所有者权益中归属于母公司所有者权益的部分，包括实收资本（或股本）、其他权益工具、资本公积、库存股、其他综合收益、专项储备、盈余公积、一般风险准备、未分配利润、其他等项目的金额；

（2）在所有者权益项目下，增加“少数股东权益”项目，用于反映非全资子公司的所有者权益中不属于母公司的份额。具体格式可参见表 7-5。

2. 合并利润表

（1）在“净利润”项目下增加“归属于母公司所有者的净利润” 和“少数股东损益”两个项目，分别反映净利润中由母公司所有者所享有的份额和非全资子公司当期实现的净利润中属于少数股东权益的份额。同一控制下企业合并增加子公司的，当期的合并利润表中还应在“净利润”项目下增加“其中：被合并方在合并前实现的净利润”项目，用于反映同一控制下企业合并中取得的被合并方在合并日以前实现的净利润。

（2）在“综合收益总额”项目下增加“归属于母公司所有者的综合收益总额” 和“归属于少数股东的综合收益总额”两个项目，分别反映综合收益总额中由母公司所有者所享有的份额和非全资子公司当期综合收益总额中属于少数股东权益的份额。合并利润表的一般格式见表 7-6。

3. 合并现金流量表

格式与《企业会计准则第 31 号——现金流量表》应用指南中现金流量表的格式基本相同。

4. 合并所有者权益变动表

应增加“少数股东权益”栏目，反映少数股东权益变动的情况。另外，参照合并资产负债表中的“专项储备”“一般风险准备”“资本公积”“其他权益工具”“其他综合收益”等项目的列示，合并所有者权益变动表中应单独列示上述各栏目。具体格式可参见表 7-7。

对于纳入合并财务报表的子公司既有一般工商企业，又有金融企业等的，如果母公司在企业集团经营中权重较大，以母公司业主是一般工商企业还是金融企业确定其报表类别，根据集团其他业务适当增加其他报表类别的相关项目；如果母公司在企业集团经营中权重不大，以企业集团的主业确定其报表类别，根据集团其他业务适当增加其他报表类别的相关项目；对于不符合上述情况的，合并财务报表采用一般企业报表格式，根据集团其他业务适当增加其他报表类别的相关项目。

第四节 长期股权投资与所有者权益的合并处理（同一控制下企业合并）

在一般情况下，企业取得子公司的途径主要有两条：一是对外进行直接投资组建新的被投资企业使其成为子公司，这里包括单独投资组建全资子公司、与其他企业合资组建非全资子公司等情况；二是通过企业合并，对现有的企业的股权进行并购，使其成为子公司，这里包括购买同一控制下的企业的股权使其成为直接的子公司、购买非同一控制下的企业的股权使其成为子公司两种情况。

一、同一控制下取得子公司合并日合并财务报表的编制

根据现行企业会计准则，母公司在合并日可以编制合并日的合并资产负债表、合并利润表、合并现金流量表等合并财务报表。母公司在将购买取得子公司股权登记入账后，在编制合并日合并资产负债表时，只需将对子公司长期股权投资与子公司所有者权益中母公司所拥有的份额相抵销。参见【例 6-3】、【例 6-4】。

二、直接投资及同一控制下取得子公司合并日后合并财务报表的编制

编制合并日后合并财务报表时，首先，将母公司对子公司长期股权投资由成本法核算的结果调整为权益法核算的结果，使母公司对子公司长期股权投资项目反映其在子公司所有者权益中所拥有权益的变动情况；其次，将母公司对子公司长期股权投资项目与子公司所有者权益项目等内部交易相关的项目进行抵销处理，将内部交易对合并财务报表的影响予以抵销;最后，在编制合并日合并工作底稿的基础上，编制合并财务报表。

（一）长期股权投资成本法核算的结果调整为权益法核算的结果

将成本法核算调整为权益法核算时，应当自取得对子公司长期股权投资的年度起，逐年按照子公司当年实现的净利润中属于母公司享有的份额，调整增加对子公司长期股权投资的金额，并调整增加当年投资收益；对于子公司当期分派的现金股利或宣告分派的股利中母公司享有的份额，则调整冲减长期股权投资的账面价值，同时调整减少原投资收益。之所以要按子公司分派或宣告分派的现金股利调整减少投资收益，是因为在成本法核算的情况下，母公司在当期的财务报表中已按子公司分派或宣告分派的现金股利确认投资收益。

在取得子公司长期股权投资的第二年，将成本法调整为权益法核算的结果时，则在调整计算第一年年末权益法核算的对子公司长期股权投资的金额的基础上，按第二年子公司实现的净利润中母公司所拥有的份额，调增长期股权投资的金额；按子公司分派或宣告分派的现金股利中母公司所拥

有的份额，调减长期股权投资的金额。以后年度的调整，则比照上述做法进行调整处理。

子公司除净损益以外所有者权益的其他变动，在按照权益法对成本法核算的结果进行调整时，应当根据子公司本期除损益以外的所有者权益的其他变动而计入资本公积或其他综合收益的金额中所享有的金额，对长期股权投资的金额进行调整。在以后年度将成本法调整为权益法核算的结果时，也应当持续考虑这一因素对长期股权投资的金额进行调整。

【例7-1】甲公司于2016年1月1日，以25 600万元的价格取得A公司80%的股权，使其成为子公司。甲公司和A公司2016年度个别财务报表如表7-1、表7-2和表7-3所示。

资产负债表

表7-1　　　　　　　　　　　　　　　　　　　　　　　　　　会企01表

编制单位：　　　　　　　　　　2016年12月31日　　　　　　　　　　单位：万元

资产	甲公司	A公司	负债和所有者权益（或股东权益）	甲公司	A公司
流动资产：			流动负债：		
货币资金	5 700	6 500	短期借款	10 000	4 800
以公允价值计量且变动计入当期损益的金融资产	3 000	5 000	以公允价值计量且变动计入当期损益的金融负债	4 000	2 400
应收票据	7 200	3 600	应付票据	13 000	3 600
应收账款	8 500	5 100	应付账款	18 000	5 200
预付款项	1 500	2 500	预收款项	4 000	3 900
应收利息			应付职工薪酬	5 000	1 600
应收股利	4 800	0	应缴税费	2 700	1 400
其他应收款	500	1 300	应付利息		
存货	37 000	18 000	应付股利	5 000	4 500
一年内到期的费流动资产			其他应付款	300	700
其他流动资产	1 800	1 300	一年内到期的非流动负债		
流动资产合计	70 000	43 000	其他流动负债	2 000	900
			流动负债合计	64 000	29 000
非流动资产：			非流动负债：		
可供出售金融资产	8 000	0	长期借款	4 000	5 000
持有至到期投资	13 000	4 000	应付债券	20 000	7 000
长期应收款			长期应付款	6 000	0
长期股权投资	40 000	0	其他非流动负债		
投资性房地产			非流动负债合计	30 000	12 000
固定资产	28 000	26 000	负债合计	94 000	41 000
在建工程	13 000	4 200	股东权益：		
工程物资			股本	40 000	20 000
固定资产清理			其他权益工具		
生产性生物资产			其中：优先股		
油气资产			永续债		
无形资产	6 000	1 800	资本公积	10 000	8 000
开发支出			减：库存股		
商誉	2 000	0	其他综合收益		

续表

资产	甲公司	A公司	负债和所有者权益（或股东权益）	甲公司	A公司
长期待摊费用			专项储备		
递延所得税资产			盈余公积	18 000	3 200
其他非流动资产			未分配利润	18 000	6 800
非流动资产合计	110 000	36 000	股东权益合计	86 000	38 000
资产总计	180 000	79 000	负债和股东权益总计	180 000	79 000

利润表

表 7-2　　　　会企 02 表

编制单位：　　　　2016 年度　　　　单位：万元

项目	甲公司	A公司
一、营业收入	150 000	94 800
减：营业成本	96 000	73 000
营业税金及附加	1 800	1 000
销售费用	5 200	3 400
管理费用	6 000	3 900
财务费用	1 200	800
资产减值损失	600	300
加：公允价值变动收益（损失以"-"号填列）	0	0
投资收益（损失以"-"号填列）	9 800	200
其中：对联营企业和合营企业的投资收益（损失以"-"号填列）		
二、营业利润（亏损以"-"号填列）	49 000	12 600
加：营业外收入	1 600	2 400
其中：非流动资产处置利得		
减：营业外支出	2 600	1 000
其中：非流动资产处置损失		
三、利润总额（亏损总额以"-"号填列）	48 000	14 000
减：所得税费用	12 000	3 500
四、净利润（净亏损以"-"号填写）	36 000	10 500
五、其他综合收益的税后净额		
（一）以后不能重分类进损益的其他综合收益		
（二）以后将重分类进损益的其他综合收益		
六、综合收益总额	36 000	10 500
七、每股收益：		
（一）基本每股收益		
（二）稀释每股收益		

股东权益变动表

表7-3　　　　会企04表

编制单位：　　　　2016年度　　　　单位：万元

项目	甲公司					A公司				
	股本	资本公积	盈余公积	未分配利润	股东权益合计	股本	资本公积	盈余公积	未分配利润	股东权益合计
一、上年年末余额	40 000	10 000	11 000	9 000	70 000	20 000	8 000	1 200	2 800	32 000
加：会计政策变更										
前期差错更正										
二、本年年初余额	40 000	10 000	11 000	9 000	70 000	20 000	8 000	1 200	2 800	32 000
三、本年增减变动金额（减少以"–"号填列）										
（一）综合收益总额				36 000	36 000				10 500	10 500
（二）所有者投入和减少资本										
（三）利润分配										
1. 提取盈余公积			7 000	7 000				2 000	2 000	
2. 对股东的分配				20 000	20 000				4 500	4 500
3. 其他										
（四）股东权益内部结转										
四、本年年末余额	40 000	10 000	18 000	18 000	86 000	20 000	8 000	3 200	6 800	38 000

A公司2016年1月1日股东权益总额为32 000万元，其中，股本为20 000万元，资本公积为8 000万元，盈余公积为1 200万元，未分配利润为2 800万元；2016年12月31日，股东权益总额为38 000万元，其中，股本为20 000万元，资本公积为8 000万元，盈余公积为3 200万元，未分配利润为6 800万元。

A公司2016年全年实现净利润10 500万元，经公司董事会提议并经股东会批准，2016年提取盈余公积2 000万元，向股东宣告分派现金股利4 500万元。

本例中，A公司当年实现净利润10 500万元，经公司董事会提议并经股东会批准，2016年提取盈余公积2 000万元，向股东宣告分派现金股利4 500万元。甲公司对A公司长期股权投资取得时的账面价值为25 600万元，2016年12月31日仍为25 600万元，甲公司当年确认投资收益3 600万元。

将成本法核算的结果调整为权益法核算的结果相关的调整分录如下。

借：长期股权投资——A公司　　8 400①

　　贷：投资收益　　8 400

借：投资收益　　3 600②

　　贷：长期股权投资——A公司　　3 600

经过上述调整分录后，甲公司对A公司长期股权投资的账面价值为30 400万元（25 600+8 400−3 600）。甲公司对A公司长期股权投资的账面价值30 400万元正好与母公司在A公司股东权益中所拥有的份额相等。

（二）合并抵销处理

在合并工作底稿中，对长期股权投资的金额进行调整后，长期股权投资的金额正好反映母公司在子公司所有者权益中所拥有的份额；或者也可以不进行权益法调整，直接抵销，本章存货举例中是按照先调整后抵销的原则处理的。要编制合并财务报表，在此基础上还必须按编制合并财务报表的要求进行合并抵销处理，将母公司与子公司之间的内部交易对合并财务报表的影响予以抵销。

编制合并财务报表时，首先，必须将母公司对子公司长期股权与子公司所有者权益中所拥有的份额予以抵销。根据母公司在子公司所有者权益中拥有份额的多少不同，可以将子公司分为全资子公司和非全资子公司。对于全资子公司，进行抵销处理时将对子公司长期股权投资的金额与子公司所有者权益全额抵销；而对于非全资子公司，则将长期股权投资与子公司所有者权益中母公司所拥有的金额进行抵销，不属于母公司的份额，即属于子公司少数股东的权益，应将其转为少数股东权益。

接【例7-1】，本例经过调整后，甲公司对A公司长期股权投资的金额为30 400万元；A公司股东权益总额为38 000万元，甲公司拥有80%的股权，即在子公司股东权益中拥有30 400万元；其余20%则属于少数股东权益。

长期股权投资与子公司所有者权益相互抵销时，其抵销分录如下。

借：股本	20 000③	
资本公积	8 000	
盈余公积	3 200	
未分配利润	6 800	
贷：长期股权投资		30 400
少数股东权益		7 600

其次，还必须将对子公司的投资收益与子公司当年利润分配相抵销，使合并财务报表反映母公司股东权益变动的情况。从单一企业来讲，当年实现的净利润加上年初未分配利润是企业利润分配的来源，企业对其进行分配，提取盈余公积、向股东分配股利以及留待以后年度的未分配利润（未分配利润可以理解为将这部分利润分配到下一会计年度）等，则是利润分配的去向。而子公司当年实现的净利润，可以分为两部分：一部分属于母公司所有，即母公司的投资收益；另一部分则属于少数股东所有，即少数股东本期收益。为了使合并财务报表反映母公司股东权益的变动情况及财务状况，则必须将母公司投资收益、少数股东收益和期初未分配利润与子公司当年利润分配以及未分配利润的全额相抵销。

甲公司进行上述抵销处理时，其抵销分录如下。

借：投资收益	8 400④	
少数股东损益	2 100	
年初未分配利润	2 800	
贷：提取盈余公积		2 000
向股东分配利润		4 500

年末未分配利润　　6 800

同时，被合并方在企业合并前实现的留存收益中归属于合并方的部分，自资本公积转入留存收益。

另外，本例中A公司本年宣告分派现金股利4 500万元，股利款项尚未支付，A公司已将其计列应付股利4 500万元。甲公司根据A公司宣告的分派现金股利的公告，按照其所享有的金额，已确认应收股利，并在其资产负债表中计列应收股利3 600万元。这属于母公司与子公司之间的债权债务，在编制合并财务报表时必须将其予以抵销，其抵销分录如下。

借：应付股利　　3 600⑤

　　贷：应收股利　　3 600

根据上述调整分录①和②和抵销分录③至⑤，编制合并工作底稿如表7-4所示。

合并工作底稿

表7-4　　2016年　　单位：万元

项目	母公司	子公司	合计数	调整分录		抵销分录		少数股东权益	合并数
				借方	贷方	借方	贷方		
流动资产：									
货币资金	5 700	6 500	12 200						12 200
以公允价值计量且其变动计入当期损益的金融资产	3 000	5 000	8 000						8 000
衍生金融资产									
应收票据	7 200	3 600	10 800						10 800
应收账款	8 500	5 100	13 600						13 600
预付账款	1 500	2 500	4 000						4 000
应收股利	4 800	0	4 800				3 600⑤		1 200
其他应收款	500	1 300	1 800						1 800
存货	37 000	18 000	55 000						55 000
其他流动资产	1 800	1 000	2 800						2 800
流动资产合计	70 000	43 000	113 000				3 600		109 000
非流动资产：									
可供出售金融资产	8 000	0	8 000						8 000
持有至到期投资	13 000	4 000	17 000						17 000
长期股权投资	40 000	0	40 000	8 400①	3 600②		30 400③		14 400
固定资产原价	28 000	26 000	54 000						54 000
在建工程	13 000	4 200	17 200						17 200
无形资产	6 000	1 800	7 800						7 800
商誉	2 000	0	2 000						2 000
其他非流动资产	0	0	0						0
非流动资产合计	110 000	36 000	146 000	8 400	3 600		30 400		120 400
资产总计	180 000	79 000	259 000	8 400	3 600		30 400		229 800

续表

项目	母公司	子公司	合计数	调整分录		抵销分录		少数股东权益	合并数
				借方	贷方	借方	贷方		
流动负债：									
短期借款	10 000	4 800	14 800						14 800
以公允价值计量且其变动计入当期损益的金融负债	4 000	2 400	6 400						6 400
衍生金融负债									
应付票据	13 000	3 600	16 600						16 600
应付账款	18 000	5 200	23 200						23 200
预收账款	4 000	3 900	7 900						7 900
应付职工薪酬	5 000	1 600	6 600						6 600
应缴税费	2 700	1 400	4 100						4 100
应付股利	5 000	4 500	9 500			3 600⑤			5 900
其他应付款	300	700	1 000						1 000
其他流动负债	2 000	900	2 900						2 900
流动负债合计	64 000	29 000	93 000			3 600			89 400
非流动负债：									
长期借款	4 000	5 000	9 000						9 000
应付债券	20 000	7 000	27 000						27 000
长期应付款	6 000	0	6 000						6 000
其他非流动负债	0	0	0						0
非流动负债合计	30 000	12 000	42 000						42 000
负债合计	94 000	41 000	135 000			3 600			131 400
股东权益：									
股本	40 000	20 000	60 000			20 000③			40 000
资本公积	10 000	8 000	18 000			8 000③			10 000
盈余公积	18 000	3 200	21 200			3 200③			18 000
未分配利润（见本表最后一行）									
股东权益合计	86 000	38 000	124 000			41 600			90 800
少数股东权益								7 600③	7 600
负债和股东权益总计	180 000	79 000	259 000						229 800
利润表									
一、营业收入	150 000	94 800	244 800						244 800
减：营业成本	96 000	73 000	169 000						169 000
营业税金及附加	1 800	1 000	2 800						2 800
销售费用	5 200	3 400	8 600						8 600
管理费用	6 000	3 900	9 900						9 900
财务费用	1 200	800	2 000						2 000

续表

项目	母公司	子公司	合计数	调整分录		抵销分录		少数股东权益	合并数
				借方	贷方	借方	贷方		
资产减值损失	600	300	900						900
加：公允价值变动收益	0	0	0						0
投资收益	9 800	200	10 000	3 600②	8 400①	8 400④			6 400
二、营业利润	49 000	12 600	61 600	3 600	8 400	8 400			58 000
加：营业外收入	1 600	2 400	4 000						4 000
减：营业外支出	2 600	1 000	36 000						3 600
三、利润总额	48 000	14 000	62 000	3 600	8 400	8 400			58 400
减：所得税费用	1 200	3 500	15 500						15 500
四、净利润	36 000	10 500	46 500	3 600	8 400	8 400			42 900
归属于母公司股东损益									40 800
少数股东损益								2 100④	2 100
五、其他综合收益的税后净额									
六、综合收益总额	36 000	10 500	46 500	3 600	8 400	8 400			42 900
归属于母公司股东的综合收益总额									40 800
归属于少数股东的综合收益总额								2 100④	2 100
股东权益变动表									
一、年初未分配利润	9 000	2 800	11 800			2 800④			9 000
二、本年增减变动金额									
其中：利润分配									
1. 提取盈余公积	7 000	2 000	9 000				2 000④		7 000
2. 对股东的分配	20 000	4 500	24 500				4 500④		20 000
三、年末未分配利润	18 000	6 800	24 800	3 600	8 400	6 800③ 18 000	6 800④ 13 300	2 100④	22 800*

注：*22 800=24 800+（8 400−3 600）+（13 300−18 000）−2 100

根据上述合并工作底稿，可以编制甲公司 2016 年度合并资产负债表、合并利润表和合并股东权益变动表如表 7-5、表 7-6 和表 7-7 所示。

合并资产负债表

表 7-5　　　　　　　　　　　　　　　　　　　　　　　　　　　　会合 01 表

编制单位：甲公司　　　　　　　　2016 年 12 月 31 日　　　　　　　　单位：万元

资产	期末余额	年初余额	负债和所有者权益（或股东权益）	期末余额	年初余额
流动资产：			流动负债：		
货币资金	12 200		短期借款	14 800	

续表

资产	期末余额	年初余额	负债和所有者权益（或股东权益）	期末余额	年初余额
以公允价值计量且变动计入当期损益的金融资产	8 000		以公允价值计量且变动计入当期损益的金融负债	6 400	
应收票据	10 800		应付票据	16 600	
应收账款	13 600		应付账款	23 200	
预付款项	4 000		预收款项	7 900	
应收利息			应付职工薪酬	6 600	
应收股利	1 200		应缴税费	4 100	
其他应收款	1 800		应付利息		
存货	55 000		应付股利	5 900	
一年内到期的非流动资产			其他应付款	1 000	
其他流动资产	2 800		一年内到期的非负债		
			其他流动负债	2 900	
流动资产合计	109 400		流动负债合计	89 400	
非流动资产：			非流动负债：		
可供出售金融资产	8 000		长期借款	9 000	
持有至到期投资	17 000		应付债券	27 000	
长期应收款			长期应付款	6 000	
长期股权投资	14 400		专项应付款		
投资性房地产			预计负债		
固定资产	54 000		递延所得税负债		
在建工程	17 200		其他非流动负债		
工程物资			非流动负债合计	42 000	
固定资产清埋			负债合计	131 400	
生产性生物资产			股东权益：		
油气资产			股本	40 000	
无形资产	7 800		其他权益工具		
开发支出			其中：优先股		
商誉	2 000		永续债		
长期待摊费用			资本公积	10 000	
递延所得税资产			减：库存股		
其他非流动资产			其他综合收益		
非流动资产合计	120 400		专项储备		
			盈余公积	18 000	
			未分配利润	22 800	
			归属于母公司股东权益合计	90 800	
			少数股东权益	7 600	
资产总计	229 800		负债和股东权益总计	229 800	

合并利润表

表 7-6　　　　会合 02 表

编制单位：甲公司　　　　2016 年度　　　　单位：万元

项目	本年金额	上年金额
一、营业收入	244 800	
减：营业成本	169 000	
营业税金及附加	2 800	
销售费用	8 600	
管理费用	9 900	
财务费用	2 000	
资产减值损失	900	
加：公允价值变动收益（损失以“-”号填列）	0	
投资收益（损失以“-”号填列）	6 400	
其中：对联营企业和合营企业的投资收益（损失以“-”号填列）		
二、营业利润（亏损以“-”号填列）	58 000	
加：营业外收入	4 000	
其中：非流动资产处置利得		
减：营业外支出	3 600	
其中：非流动资产处置损失		
三、利润总额（亏损总额以“-”号填列）	58 400	
减：所得税费用	15 500	
四、净利润（净亏损以“-”号填写）	42 900	
归属于母公司股东的净利润	40 800	
少数股东损益	2 100	
五、其他综合收益的税后净额		
（一）以后不能重分类进损益的其他综合收益		
（二）以后将重分类进损益的其他综合收益		
六、综合收益总额	42 900	
归属于母公司股东的综合收益总额	40 800	
归属于少数股东的综合收益总额	2 100	
七、每股收益：		
（一）基本每股收益		
（二）稀释每股收益		

合并股东权益变动表

表 7-7　　　　会合 04 表

编制单位：甲公司　　　　2016 年度　　　　单位：万元

项目	本年金额						上年金额					
	归属于母公司股东权益				少数股东权益	股东权益合计	归属于母公司股东权益				少数股东权益	股东权益合计
	股本	资本公积	盈余公积	未分配利润			股本	资本公积	盈余公积	未分配利润		
一、上年年末余额	40 000	10 000	11 000	9 000		70 000						
加：会计政策变更					6 400	6 400						

续表

项目	本年金额						上年金额					
	归属于母公司股东权益				少数股东权益	股东权益合计	归属于母公司股东权益				少数股东权益	股东权益合计
	股本	资本公积	盈余公积	未分配利润			股本	资本公积	盈余公积	未分配利润		
前期差错更正												
二、本年年初余额	40 000	10 000	11 000	9 000	6 400	76 400						
三、本年增减变动金额（减少以“－”号填列）				40 800	2 100	42 900						
（一）综合收益总额				40 800	2 100	42 900						
（二）所有者投入和减少资本												
（三）利润分配			7 000	27 000	900	20 900						
1. 提取盈余公积			7 000	7 000								
2. 对股东的分配				20 000	900	20 900						
3. 其他												
（四）股东权益内部结转												
四、本年年末余额	40 000	10 000	18 000	22 800	7 600	98 400						

值得注意的是，子公司发行累积优先股等其他权益工具的，无论当期是否宣告发放其股利，在计算列报母公司合并利润表中的“归属于母公司股东的净利润”时，应扣除当期归属于除母公司之外的其他权益工具持有者的可累积分配股利，扣除金额应在“少数股东损益”项目中列示；子公司发行不可累积优先股等其他权益工具的，在计算列报母公司合并利润表中的“归属于母公司股东的净利润”时，应扣除当期宣告发放的归属于除母公司之外的其他权益工具持有者的不可累积分配股利，扣除金额应在“少数股东损益”项目中列示。子公司发行累积或不可累积优先股等其他权益工具的，在资产负债表和股东权益变动表中的列报原则与利润表相同。

第五节 长期股权投资与所有者权益的合并处理（非同一控制下企业合并）

一、非同一控制下取得子公司购买日合并财务报表的编制

根据现行企业会计准则，非同一控制下取得子公司，母公司编制购买日的合并资产负债表时，因企业合并取得的子公司各项可辨认资产、负债及或有负债应当以公允价值在合并财务报表中列示。母公司合并成本大于取得的子公司可辨认净资产公允价值份额的差额，作为合并商誉在合并资产负债表中列示。

（一）按公允价值对非同一控制下取得子公司的财务报表进行调整

在非同一控制下取得子公司的情况下，母公司为进行企业合并要对子公司的资产负债进行估值，然而子公司作为持续经营的主体，一般情况下，即一般不将该估值而产生的资产、负债公允价值的变动登记入账，其对外提供的财务报表仍然是以各项资产和负债原来的账面价值为基础编制的，其提供的购买日财务报表一般也是以各项资产和负债原账面价值为基础编制的。为此，母公司要编制购买日的合并财务报表，则必须按照购买日子公司资产、负债的公允价值对其财务报表项目进行调整。这一调整是通过在合并工作底稿中编制调整分录进行的，实际上相当于将各项资产、负债的公众价值变动模拟入账，然后以购买日子公司各项资产、负债的公允价值为基础编制购买日的合并财务报表。

【例7-2】甲公司2016年1月1日以定向增发公司普通股票的方式，购买取得A公司70%的股权。甲公司当日资产负债表和A公司当日资产负债表及估值确认的资产负债数据如表7-8所示。甲公司定向增发普通股股票10 000万股（每股面值为1元），甲公司普通股股票面值每股为1元，市场价格每股为2.95元。甲公司并购A公司属于非同一控制下的企业合并，假定不考虑所得税、甲公司增发该普通股股票所发生的审计以及发行等相关的费用。

资产负债表

表7-8　　　　　　　　　　　　　　　　　　　　　　　　　　　　会企01表

编制单位：　　　　　　　　　　　　2016年1月1日　　　　　　　　　　　　单位：万元

资产	甲公司	A公司		负债和所有者权益（或股东权益）	甲公司	A公司	
		账面价值	公允价值			账面价值	公允价值
流动资产：				流动负债：			
货币资金	9 000	4 200	4 200	短期借款	12 000	5 000	5 000
以公允价值计量且变动计入当期损益的金融资产	4 000	1 800	1 800	以公允价值计量且变动计入当期损益的金融负债	3 800	0	0
应收票据	4 700	3 000	3 000	应付票据	10 000	3 000	3 000
应收账款	5 800	3 920	3 820	应付账款	18 000	4 200	4 200
预付款项	1 500	2 500	2 500	预收款项	3 000	1 300	1 300
应收股利	4 200	0	0	应付职工薪酬	6 000	1 600	1 600
其他应收款	0	0	0	应缴税费	2 000	1 200	1 200
存货	31 000	20 000	21 100	应付股利	4 000	4 000	4 000
其他流动资产	1 300	1 200	1 200	其他流动负债	1 200	700	700
流动资产合计	62 000	35 000	36 000	流动负债合计	60 000	21 000	21 000
非流动资产：				非流动负债：			
可供出售金融资产	6 000	0	0	长期借款	4 000	3 000	3 000
持有至到期投资	11 000	0	0	应付债券	20 000	2 000	2 000
长期股权投资	32 000	0	0	长期应付款	2 000	0	0
固定资产	21 000	18 000	21 000	非流动负债合计	26 000	5 000	5 000
在建工程	20 000	3 400	3 400	负债合计	86 000	26 000	26 000
无形资产	4 000	1 600	1 600	股东权益：			
商誉	0	0	0	股本	40 000	20 000	

续表

资产	甲公司	A公司		负债和所有者权益（或股东权益）	甲公司	A公司	
		账面价值	公允价值			账面价值	公允价值
其他非流动资产	0	0	0	资本公积	10 000	8 000	
非流动资产合计	94 000	23 000	26 000	盈余公积	11 000	1 200	
				未分配利润	9 000	2 800	
				股东权益合计	70 000	32 000	36 000
资产总计	156 000	58 000	62 000	负债和股东权益总计	156 000	58 000	62 000

甲公司将购买取得A公司70%的股权作为长期股权投资入账，其账务处理如下。

借：长期股权投资——A公司　　29 500①

　贷：股本　　10 000

　　资本公积　　19 500

编制购买日的合并资产负债表时，将A公司资产和负债的公允价值与其账面价值的差额分别调增或调减相关资产和负债项目的金额。在合并工作底稿中调整分录如下。

借：存货　　1 100②

　固定资产　　3 000

　贷：应收账款　　100

　　资本公积　　4 000

上述调整实际上等于将资产、负债的公允价值变动模拟入账，通过这一调整，调整后的子公司资产负债表实际上是以公允价值反映资产和负债的。在此基础上，再与母公司的个别财务报表合并，则是将子公司的资产和负债以公允价值反映于合并资产负债表中。

（二）母公司长期股权投资与子公司所有者权益抵销处理

在编制购买日的合并资产负债表时，需要将母公司对子公司长期股权投资与子公司所有者权益中所拥有的份额予以抵销。母公司对非同一控制下取得的子公司长期股权投资进行账务处理时，母公司是按子公司资产、负债的公允价值确定其在子公司所有者权益中所拥有的份额，合并成本超过这一金额的差额则作为合并商誉处理。经过上述按公允价值对子公司财务报表调整处理后，在编制合并财务报表时则可以将长期股权投资与子公司所有者权益所拥有的份额相抵销。在非全资子公司的情况下，不属于母公司所拥有的份额在抵销处理时则结转为少数股东权益。在抵销处理时，应当注意的是，母公司在子公司所有者权益中所拥有的份额是按资产和负债的公允价值为基础计算的，也是按公允价值进行抵销，少数股东权益也是按资产和负债的公允价值为基础计算调整后的金额确定的。

接【例7-2】，基于资产和负债的公允价值对A公司财务报表调整后，有关计算如下。

A公司调整后的资本公积=8 000 + 4 000=12 000（万元）

A公司调整后的股东权益总额=32 000 +4 000=36 000（万元）

合并商誉=29 500−36 000 ×70%=4 300（万元）

少数股东权益=36 000×30% = 10 800（万元）

因此，甲公司将长期股权投资与其在A公司所有者权益中拥有的份额抵销时，其抵销分录如下。

借：股本　　20 000③

资本公积　12 000

盈余公积　1 200

未分配利润　2 800

商誉　4 300

贷：长期股权投资——A公司　29 500

少数股东权益　10 800

（三）编制合并工作底稿并编制合并财务报表

在按公允价值对子公司财务报表项目进行调整，并编制合并抵销分录，将母公司对子公司长期股权投资与子公司所有者权益中母公司所持有的份额进行抵销处理后，则可以编制购买日合并工作底稿。

根据上述调整分录和抵销分录，甲公司编制购买日合并工作底稿如表7-9所示。

合并工作底稿

表7-9　2016年1月1日　单位：万元

项目	母公司	子公司	合计数	调整分录		抵销分录		少数股东权益	合并数
				借方	贷方	借方	贷方		
流动资产：									
货币资金	9 000	4 200	13 200						13 200
以公允价值计量且其变动计入当期损益的金融资产	4 000	1 800	5 800						5 800
应收票据	4 700	3 000	7 700						7 700
应收账款	5 800	3 920	9 720		100②				9 620
预付账款	2 000	880	2 880						2 880
应收股利	4 200	0	4 200						4 200
其他应收款	0	0	0						0
存货	31 000	20 000	51 000	1 100②					52 100
其他流动资产	1 300	1 200	2 500						2 500
流动资产合计	62 000	35 000	97 000	1 100	100				98 000
非流动资产：									
可供出售金融资产	6 000	0	6 000						6 000
持有至到期投资	11 000	0	11 000						11 000
长期股权投资	32 000	0	32 000	29 500①			29 500③		32 000
固定资产原价	30 000	20 000	50 000	3 000②					53 000
减：累计折旧	9 000	2 000	11 000						11 000
固定资产净值	21 000	18 000	39 000	3 000					42 000
在建工程	20 000	3 400	23 400						23 400
无形资产	4 000	1 600	5 600						5 600
商誉	0	0	0			4 300③			4 300
其他非流动资产	0	0	0						0
非流动资产合计	94 000	23 000	117 000	3 000	29 500	4 300	29 500		124 300

续表

项目	母公司	子公司	合计数	调整分录		抵销分录		少数股东权益	合并数
				借方	贷方	借方	贷方		
资产总计	156 000	58 000	214 000	33 600	100	4 300	29 500		222 300
流动负债:									
短期借款	12 000	5 000	17 000						17 000
以公允价值计量且其变动计入当期损益的金融负债	3 800	0	3 800						3 800
应付票据	10 000	3 000	13 000						13 000
应付账款	18 000	4 200	22 200						22 200
预收账款	3 000	1 300	4 300						4 300
应付职工薪酬	6 000	1 600	7 600						7 600
应缴税费	2 000	1 200	3 200						3 200
应付股利	4 000	4 000	8 000						8 000
其他应付款	0	0	0						0
其他流动负债	1 200	700	1 900						1 900
流动负债合计	60 000	21 000	81 000						81 000
非流动负债:									
长期借款	4 000	3 000	7 000						7 000
应付债券	20 000	2 000	22 000						22 000
长期应付款	2 000	0	2 000						2 000
其他非流动负债	0	0	0						0
非流动负债合计	26 000	5 000	31 000						31 000
负债合计	86 000	26 000	112 000						112 000
股东权益:									
股本	40 000	20 000	60 000		10 000①	20 000③			50 000
资本公积	10 000	8 000	18 000		19 500① 4 000②	12 000③			29 500
盈余公积	11 000	1 200	12 200			1 200③			11 000
未分配利润	9 000	2 800	11 800			2 800③			9 000
股东权益合计	70 000	32 000	102 000		33 500	36 000			99 500
少数股东权益								10 800③	10 800
负债和股东权益总计	156 000	58 000	214 000		33 500	36 000		10 800	222 300*

注：*222 300=214 000+33 500−36 000+10 800

根据上述合并工作底稿计算得出的合并资产负债表各项目的合并数，则可以编制购买日的合并资产负债表。本例编制的合并资产负债表略。

二、非同一控制下取得子公司购买日后合并财务报表的编制

母公司在非同一控制下取得子公司后，在未来持有该子公司的情况下，每一会计期末都需要将

其纳入合并范围，编制合并财务报表。在对非同一控制下取得的子公司编制合并财务报表时，具体程序如下。

首先，应当以购买日确定的各项可辨认资产、负债及或有负债的公允价值为基础对子公司的财务报表进行调整。

其次，将母公司对子公司的长期股权投资采用成本法核算的结果，调整为权益法核算的结果，对公司的财务报表进行相应的调整。

再次，则是通过编制合并抵销分录，将母公司对子公司长期股权投资与子公司所有者权益等内部交易对合并财务报表的影响予以抵销。

最后，则是在编制合并工作底稿的基础上，计算合并财务报表各项目的合并数，编制合并财务报表。

【例7-3】接【例7-2】，甲公司2016年1月1日以定向增发普通股票的方式，购买持有A公司70%的股权。甲公司对A公司长期股权投资的金额为29 500万元，甲公司购买日编制的合并资产负债表中确认合并商誉为4 300万元。

甲公司和A公司2016年12月31日的个别资产负债表、利润表和股东权益变动表如表7-10、表7-11和表7-12所示。

资产负债表

表7-10 会企01表

编制单位： 2016年12月31日 单位：万元

资产	甲公司	A公司	负债和所有者权益（或股东权益）	甲公司	A公司
流动资产：			流动负债：		
货币资金	5 700	6 500	短期借款	10 000	4 800
以公允价值计量且变动计入当期损益的金融资产	3 000	5 000	以公允价值计量且变动计入当期损益的金融负债	4 000	2 400
应收票据	7 200	3 600	应付票据	13 000	3 600
应收账款	8 500	5 100	应付账款	18 000	5 200
预付款项	1 500	2 500	预收款项	4 000	3 900
应收利息			应付职工薪酬	5 000	1 600
应收股利	4 800	0	应缴税费	2 700	1 400
其他应收款	500	1 300	应付利息		
存货	37 000	18 000	应付股利	5 000	4 500
一年内到期的非流动资产			其他应付款	300	700
其他流动资产	1 800	1 300	其他流动负债	2 000	900
流动资产合计	70 000	43 000	流动负债合计	64 000	29 000
非流动资产：			非流动负债：		
可供出售金融资产	9 000	0	长期借款	4 000	5 000
持有至到期投资	14 000	4 000	应付债券	20 000	7 000
长期股权投资	69 500	0	长期应付款	6 000	0
固定资产	28 000	26 000	非流动负债合计	30 000	12 000
在建工程	13 000	4 200	负债合计	94 000	41 000

续表

资产	甲公司	A 公司	负债和所有者权益（或股东权益）	甲公司	A 公司
无形资产	6 000	1 800			
商誉			股东权益：		
其他非流动资产			股本	50 000	20 000
非流动资产合计	139 500	36 000	资本公积	29 500	8 000
			盈余公积	18 000	3 200
			未分配利润	18 000	6 800
			股东权益合计	115 500	38 000
资产总计	209 500	79 000	负债和股东权益总计	209 500	79 000

利润表

表 7-11　　　　会企 02 表

编制单位：　　　　2016 年度　　　　单位：万元

项目	甲公司	A 公司
一、营业收入	150 000	94 800
减：营业成本	96 000	73 000
营业税金及附加	1 800	1 000
销售费用	5 200	3 400
管理费用	6 000	3 900
财务费用	1 200	800
资产减值损失	600	300
加：公允价值变动收益（损失以“-”号填列）	0	0
投资收益（损失以“-”号填列）	9 800	200
其中：对联营企业和合营企业的投资收益（损失以“-”号填列）		
二、营业利润（亏损以“-”号填列）	49 000	12 600
加：营业外收入	1 600	2 400
其中：非流动资产处置利得		
减：营业外支出	2 600	1 000
其中：非流动资产处置损失		
三、利润总额（亏损总额以“-”号填列）	48 000	14 000
减：所得税费用	12 000	3 500
四、净利润（净亏损以“-”号填写）	36 000	10 500
五、其他综合收益的税后净额		
六、综合收益总额	36 000	10 500
七、每股收益：		
（一）基本每股收益		
（二）稀释每股收益		

股东权益变动表

表 7-12　　　　　　　　　　　　　　　　　　　　　　　　　　　　会企 04 表

编制单位：　　　　　　　　　　　　　2016 年度　　　　　　　　　　　　单位：万元

项目	甲公司					A 公司				
	股本	资本公积	盈余公积	未分配利润	股东权益合计	股本	资本公积	盈余公积	未分配利润	股东权益合计
一、上年年末余额	40 000	10 000	11 000	9 000	70 000	20 000	8 000	1 200	2 800	32 000
加：会计政策变更										
前期差错更正										
二、本年年初余额	40 000	10 000	11 000	9 000	70 000	20 000	8 000	1 200	2 800	32 000
三、本年增减变动金额（减少以"–"号填列）										
（一）综合收益总额				36 000	36 000				10 500	10 500
（二）所有者投入和减少资本										
所有者投入的普通股	10 000	19 500			29 500					
（三）利润分配										
1. 提取盈余公积			7 000	7 000				2 000	2 000	
2. 对股东的分配				20 000	20 000				4 500	4 500
3. 其他										
（四）股东权益内部结转										
四、本年年末余额	50 000	29 500	18 000	18 000	115 500	20 000	8 000	3 200	6 800	38 000

A公司在购买日股东权益总额为32 000万元，其中，股本为20 000万元、资本公积为8 000万元、盈余公积为1 200万元、未分配利润为2 800万元。A公司购买日应收账款账面价值为3 920万元、公允价值为3 820万元；存货的账面价值为20 000万元、公允价值为21 100万元；固定资产账面价值为18 000万元、公允价值为21 000万元。

A公司2016年12月31日股东权益总额为38 000万元，其中，股本为20 000万元、资本公积为8 000万元、盈余公积为3 200万元、未分配利润为6 800万元。A公司2016年全年实现净利润10 500万元，A公司当年提取盈余公积2 000万元、向股东分配现金股利4 500万元。截至2016年12月31日，应收账款按购买日确认的金额收回，确认的坏账已核销；购买日存货公允价值增值部分，当年已全部实现对外销售；购买日固定资产原价公允价值增加系公司用办公楼增值，该办公楼采用的折旧方法为年限平均法，该办公楼剩余折旧年限为20年，假定该办公楼增加的公允价值在未来20年内平均摊销。

甲公司2016年年末编制合并财务报表时相关项目计算如下。

A公司调整后本年净利润=10 500 +[100（购买日应收账款公允价值减值的实现而调减资产减值损失）−1 100（购买日存货公允价值增值的实现而调增营业成本）−150（固定资产公允价值增值计算的折旧而调增管理费用）]

=9 350（万元）

150万元系固定资产公允价值增值3 000万元按剩余折旧年限20年摊销。

A公司调整后本年年末未分配利润=2 800（年初）+ 9 350−2 000（提取盈余公积）−4 500（分派股利）=5 650（万元）

权益法下甲公司对A公司投资的投资收益=9 350 ×70%= 6 545（万元）

权益法下甲公司对A公司长期股权投资本年年末余额=29 500 + 6 545 − 4 500（分派股利）×70 %

=32 895（万元）

少数股东损益=9 350 × 30%=2 805（万元）

少数股东权益的年末余额=10 800 + 2 805 − 4 500 ×30%=12 255（万元）

甲公司20 16年编制合并财务报表时，应当进行的调整抵销处理如下。

（1）按公允价值对A公司财务报表项目进行调整。

根据购买日A公司资产和负债的公允价值与账面价值之间的差额，调整A公司相关公允价值变动的资产和负债项目及资本公积项目。在合并工作底稿中，其调整分录如下。

借：存货　　1 100①

　　固定资产　　3 000

　　贷：应收账款　　100

　　　　资本公积　　4 000

因购买日A公司资产和负债的公允价值与原账面价值之间的差额对A公司本年净利润的影响，调整A公司的相关项目。之所以进行这一调整，是由于子公司个别财务报表是按其资产、负债的原账面价值为基础编制的，其当期计算的净利润也是以其资产、负债的原账面价值为基础计算的结果，而公允价值与原账面价值存在差额的资产或负债，在经营过程中因使用、销售或偿付而实现其公允价值，其实现的公允价值对子公司当期净利润的影响需要在净利润计算中予以反映。在合并工作底稿中，其调整分录如下。

借：营业成本　　1 100②

　　管理费用　　150

　　应收账款　　100

　　贷：存货　　1 100

　　　　固定资产　　150

　　　　资产减值损失　　100

（2）按照权益法对甲公司财务报表项目进行调整。

因购买日A公司资产和负债的公允价值与原账面价值之间的差额对A公司本年净利润的影响，而对甲公司对A公司长期股权投资权益法核算影响，需要对甲公司对A公司长期股权投资及相关项目进行调整；另外，甲公司对A公司长期股权投资采用成本法进行核算，需要对成本法核算的结果按权益法核算要求，对长期股权投资及相关项目进行调整。在合并工作底稿中，其调整分录如下。

借：长期股权投资　　6 545③
　　投资收益　　3 150
　　贷：投资收益　　6 545
　　　　长期股权投资　　3 150

（3）长期股权投资与所有者权益的抵销。

将甲公司对A公司的长期股权投资与其在A公司股东权益中拥有的份额予以抵销。在合并工作底稿中，其抵销分录如下。

借：股本　　20 000④
　　资本公积　　12 000
　　盈余公积　　3 200
　　未分配利润　　5 650
　　商誉　　4 300
　　贷：长期股权投资　　32 895
　　　　少数股东权益　　12 255

（4）投资收益与子公司利润分配等项目的抵销。

将甲公司对A公司投资收益与A公司本年利润分配有关项目的金额予以抵销。在合并工作底稿中，其抵销分录如下。

借：投资收益　　6 545⑤
　　少数股东损益　　2 805
　　年初未分配利润　　2 800
　　贷：提取盈余公积　　2 000
　　　　向股东分配利润　　4 500
　　　　年末未分配利润　　5 650

（5）应收股利与应付股利的抵销。

本例中，A公司本年宣告分派现金股利4 500万元，股利款项尚未支付，A公司已将其计列应付股利4 500万元。甲公司根据A公司宣告的分派现金股利的公告，按照其所享有的金额，已确认应收股利，并在其资产负债表中计列应收股利3 150万元。这属于母公司与子公司之间的债权债务，在编制合并财务报表时必须将其予以抵销，其抵销分录如下。

借：应付股利　　3 150⑥
　　贷：应收股利　　3 150

编制合并工作底稿并编制合并财务报表。

根据上述调整分录和抵销分录，甲公司可以编制合并工作底稿如表7-13所示。

合并工作底稿

表7-13　　2016年　　单位：万元

项目	母公司	子公司	合计数	调整分录		抵销分录		少数股东权益	合并数
				借方	贷方	借方	贷方		
流动资产：									

续表

项目	母公司	子公司	合计数	调整分录		抵销分录		少数股东权益	合并数
				借方	贷方	借方	贷方		
货币资金	5 700	6 500	12 200						12 200
以公允价值计量且其变动计入当期损益的金融资产	3 000	5 000	8 000						8 000
衍生金融资产									
应收票据	7 200	3 600	10 800						10 800
应收账款	8 500	5 100	13 600	100②	100①				13 600
预付账款	1 500	2 500	4 000						4 000
应收股利	4 800	0	4 800				3 150⑥		1 650
其他应收款	500	1 300	1 800						1 800
存货	37 000	18 000	55 000	1 100①	1 100②				55 000
其他流动资产	1 800	1 000	2 800						2 800
流动资产合计	70 000	43 000	113 000	1 200	1 200		3 150		109 850
非流动资产：									
可供出售金融资产	9 000	0	9 000						9 000
持有至到期投资	14 000	4 000	18 000						18 000
长期股权投资 其中：A公司	69 500 29 500	0	69 500	6 545③	3 150③		32 895④		40 000
固定资产	28 000	26 000	54 000	3 000①	150②				56 850
在建工程	13 000	4 200	17 200						17 200
无形资产	6 000	1 800	7 800						7 800
商誉	0	0	0			4 300④			4 300
其他非流动资产	0	0	0						0
非流动资产合计	139 500	36 000	175 500	9 545	3 300	4 300	32 895		153 150
资产总计	209 500	79 000	288 500	10 745	4 500	4 300	36 045		263 000
流动负债：									
短期借款	10 000	4 800	14 800						14 800
以公允价值计量且其变动计入当期损益的金融负债	4 000	2 400	6 400						6 400
衍生金融负债									
应付票据	13 000	3 600	16 600						16 600
应付账款	18 000	5 200	23 200						23 200
预收账款	4 000	3 900	7 900						7 900
应付职工薪酬	5 000	1 600	6 600						6 600
应缴税费	2 700	1 400	4 100						4 100
应付股利	5 000	4 500	9 500			3 150⑤			6 350
其他应付款	300	700	1 000						1 000
其他流动负债	2 000	900	2 900						2 900

续表

项目	母公司	子公司	合计数	调整分录		抵销分录		少数股东权益	合并数
				借方	贷方	借方	贷方		
流动负债合计	64 000	29 000	93 000			3 150			89 850
非流动负债:									
长期借款	4 000	5 000	9 000						9 000
应付债券	20 000	7 000	27 000						27 000
长期应付款	6 000	0	6 000						6 000
其他非流动负债	0	0	0						0
非流动负债合计	30 000	12 000	42 000						42 000
负债合计	94 000	41 000	135 000			3 150			131 850
股东权益:									
股本	50 000	20 000	70 000			20 000④			50 000
资本公积	29 500	8 000	37 500		4 000①	12 000④			29 500
盈余公积	18 000	3 200	21 200			3 200④			18 000
未分配利润（见本表最后一行）									
股东权益合计	115 500	38 000	49 500						118 895
少数股东权益								12 255④	12 255
负债和股东权益总计	209 500	79 000	288 500						263 000
一、营业收入	150 000	94 800	244 800						244 800
减：营业成本	96 000	73 000	169 000	1 100②					170 100
营业税金及附加	1 800	1 000	2 800						2 800
销售费用	5 200	3 400	8 600						8 600
管理费用	6 000	3 900	9 900	150②					10 050
财务费用	1 200	800	2 000						2 000
资产减值损失	600	300	900		100②				800
加：公允价值变动收益	0	0	0						0
投资收益 其中：A 公司	9 800 3 150	200	10 000	3 150③	6 545③	6 545⑤			6 850 0
二、营业利润	49 000	12 600	61 600	4 400	6 645	6 545			57 300
加：营业外收入	1 600	2 400	4 000						4 000
减：营业外支出	2 600	1 000	3 600						3 600
三、利润总额	48 000	14 000	62 000	4 400	6 645	6 545			57 700
减：所得税费用	1 200	3 500	15 500						15 500
四、净利润	36 000	10 500	46 500	4 400	6 645	6 545			42 200
归属于母公司股东损益									39 395
少数股东损益								2 805④	2 805

续表

项目	母公司	子公司	合计数	调整分录		抵销分录		少数股东权益	合并数
				借方	贷方	借方	贷方		
五、其他综合收益的税后净额									
六、综合收益总额	36 000	10 500	46 500	4 400	6 645	6 545			42 200
归属于母公司股东的综合收益总额									39 395
归属于少数股东的综合收益总额								2 805④	2 805
股东权益变动表									
一、年初未分配利润	9 000	2 800	11 800			2 800⑤			9 000
二、本年增减变动金额									
其中：利润分配									
1. 提取盈余公积	7 000	2 000	9 000				2 000⑤		7 000
2. 对股东的分配	20 000	4 500	24 500				4 500⑤		20 000
三、年末未分配利润	18 000	6 800	24 800	4 400	6 645	5 650④ 14 995	5 650⑤ 12 150	2 805	21 395*

注：*21 395=24 800+（6 645−4 400）+（12 150−14 995）−2 805

甲公司在编制上述合并工作底稿，计算各项目合并数后，根据合并数编制合并资产负债表、合并利润表以及合并股东权益变动表（略）。

【例7-4】接【例7-3】，甲公司和A公司2017年12月31日个别资产负债表、利润表和所有者权益变动表如表7-14、表7-15和表7-16所示。

资产负债表

表 7-14　　　　会企 01 表

编制单位：　　　　2017 年 12 月 31 日　　　　单位：万元

资产	甲公司	A 公司	负债和所有者权益（或股东权益）	甲公司	A 公司
流动资产：			流动负债：		
货币资金	8 900	9 400	短期借款	8 000	5 800
以公允价值计量且变动计入当期损益的金融资产	4 800	7 800	以公允价值计量且变动计入当期损益的金融负债	4 000	2 100
应收票据	7 100	3 900	应付票据	15 000	5 600
应收账款	9 000	5 300	应付账款	14 800	5 300
预付款项	2 600	2 900	预收款项	4 000	3 300
应收利息			应付职工薪酬	5 800	1 800
应收股利	5 500	0	应缴税费	2 200	1 700
其他应收款	3 700	1 600	应付利息		
存货	37 900	23 000	应付股利	8 000	6 000

续表

资产	甲公司	A 公司	负债和所有者权益（或股东权益）	甲公司	A 公司
一年内到期的非流动资产			其他应付款	2 000	1 500
其他流动资产	1 500	1 100	其他流动负债	1 200	900
流动资产合计	81 000	55 000	流动负债合计	65 000	34 000
非流动资产：			非流动负债：		
可供出售金融资产	8 000	0	长期借款	3 000	4 000
持有至到期投资	14 000	4 200	应付债券	20 000	7 000
长期股权投资	69 500	0	长期应付款	4 000	0
固定资产	33 000	25 000	非流动负债合计	27 000	11 000
在建工程	7 000	3 200	负债合计	92 000	45 000
无形资产	5 000	1 600			
商誉			股东权益：		
其他非流动资产			股本	50 000	20 000
非流动资产合计	136 500	34 000	资本公积	29 500	8 000
			盈余公积	24 000	5 600
			未分配利润	22 000	10 400
			股东权益合计	125 500	44 000
资产总计	217 500	89 000	负债和股东权益总计	217 500	89 000

利润表

表 7-15　　　　会企 02 表

编制单位：　　　　2017 年度　　　　单位：万元

项目	甲公司	A 公司
一、营业收入	180 000	117 000
减：营业成本	135 000	89 300
营业税金及附加	2 800	1 900
销售费用	5 800	4 700
管理费用	6 900	4 400
财务费用	2 000	1 200
资产减值损失	1 000	100
加：公允价值变动收益（损失以“-”号填列）	0	0
投资收益（损失以“-”号填列）	11 000	1 300
其中：对联营企业和合营企业的投资收益（损失以“-”号填列）		
二、营业利润（亏损以“-”号填列）	37 500	16 700
加：营业外收入	3 700	1 100
其中：非流动资产处置利得		
减：营业外支出	1 200	1 800
其中：非流动资产处置损失		
三、利润总额（亏损总额以“-”号填列）	40 000	16 000
减：所得税费用	10 000	4 000

续表

项目	甲公司	A 公司
四、净利润（净亏损以“-”号填写）	30 000	12 000
五、其他综合收益的税后净额		
六、综合收益总额	30 000	12 000
七、每股收益：		
（一）基本每股收益		
（二）稀释每股收益		

股东权益变动表

表 7-16　　　　　　　　　　　　　　　　　　　　　　　　　　　　会企 04 表

编制单位：　　　　　　　　　　2017 年度　　　　　　　　　　　　单位：万元

项目	甲公司					A 公司				
	股本	资本公积	盈余公积	未分配利润	股东权益合计	股本	资本公积	盈余公积	未分配利润	股东权益合计
一、上年年末余额	50 000	29 500	18 000	18 000	115 500	20 000	8 000	3 200	6 800	38 000
加：会计政策变更										
前期差错更正										
二、本年年初余额	50 000	29 500	18 000	18 000	115 500	20 000	8 000	3 200	6 800	38 000
三、本年增减变动金额（减少以“－”号填列）										
（一）综合收益总额				30 000	30 000				12 000	12 000
（二）所有者投入和减少资本										
所有者投入的普通股										
（三）利润分配										
1. 提取盈余公积			6 000	6 000				2 400	2 400	
2. 对股东的分配				20 000	20 000				6 000	6 000
3. 其他										
（四）股东权益内部结转										
四、本年年末余额	50 000	29 500	24 000	22 000	125 500	20 000	8 000	5 600	10 400	44 000

A公司在购买日相关资产和负债等资料同上，即购买日A公司股东权益总额为32 000万元，其中，股本为20 000万元、资本公积为8 000万元、盈余公积为1 200万元、未分配利润为2 800万元。A公司购买日应收账款账面价值为3 920万元、公允价值为3 820万元；存货的账面价值为20 000万元、公允价值为21 100万元；固定资产账面价值为18 000万元、公允价值为21 000万元。截至2017年12月31日，应收账款按购买日公允价值的金额收回；购买日的存货，当年已全部实现对外销售；购买日固定资产公允价值增加的系公司管理用办公楼，该办公楼采用的折旧方法为年限平均法，该办公楼购买后剩余折旧年限为20年，假定该办公楼增加的公允价值在未来20年内平均摊销。

A公司2017年12月31日股东权益总额为44 000万元，其中，股本为20 000万元、资本公积为8 000万元、盈余公积为5 600万元、未分配利润为10 400万元。A公司2017年全年实现净利润12 000万元，A公司当年提取盈余公积2 400万元、向股东分配现金股利6 000万元。

甲公司编制2017年度合并财务报表时，相关项目计算如下。

A公司调整后本年净利润=12 000−150（固定资产公允价值增值计算的折旧）

=11 850（万元）

A公司调整后本年年初未分配利润=6 800＋100（上年实现的购买日应收账款公允价值减值）−1 100（上年实现的购买日存货公允价值增值）−150（固定资产公允价值增值计算的折旧）

=5 650（万元）

A公司调整后本年年末未分配利润=5 650+11 850−2 400（提取盈余公积）−6 000（分派股利）=9 100（万元）

权益法下甲公司对A公司投资的投资收益=11 850 × 70%=8 295（万元）

权益法下甲公司对A公司长期股权投资本年年末余额=32 895（上年末长期股权投资额）+8 295−6 000（分派股利）× 70%=36 990（万元）

少数股东损益=11 850 × 30%=3 555（万元）

少数股东权益的年末余额=12 255＋3 555 − 6 000 ×30%=14 010（万元）

甲公司2017年编制合并财务报表时，应当进行的调整抵销处理如下。

（1）按公允价值对A公司财务报表项目进行调整。

根据购买日A公司资产和负债的公允价值与账面价值之间的差额，调整A公司年初未分配利润及相关项目。其调整分录如下。

借：初未分配利润	1 100①	
固定资产	3 000	
贷：初未分配利润		100
资本公积		4 000

因购买日A公司资产和负债的公允价值与原账面价值之间的差额对A公司上年净利润的影响，调整A公司年初未分配利润及相关项目。其调整分录如下。

借：年初未分配利润	1 100②	
年初未分配利润	150	
年初未分配利润	100	
贷：年初未分配利润		1 100

　　　固定资产　　　　　　　　　　　　　　　　　　　　　150

　　　年初未分配利润　　　　　　　　　　　　　　　　　　100

上述调整分录简化为

借：年初未分配利润　　　　　　　　　　　　　　　　　150②

　　贷：固定资产　　　　　　　　　　　　　　　　　　　150

因购买日A公司固定资产公允价值与原账面价值之间的差额对A公司本年净利润的影响，调整A公司固定资产折旧相关的项目及累计折旧项目。调整分录如下。

借：管理费用　　　　　　　　　　　　　　　　　　　　150③

　　贷：固定资产　　　　　　　　　　　　　　　　　　　150

至于应收账款公允价值减值和存货公允价值增值，由于在上一年已全部实现，不涉及对本年实现净利润的影响。

（2）按照权益法对甲公司财务报表项目进行调整。

因购买日A公司资产和负债的公允价值与原账面价值之间的差额对A公司上年净利润的影响而对甲公司对A公司长期股权投资权益法核算的影响，调整甲公司对A公司长期股权投资及相关项目。其调整分录如下。

借：长期股权投资　　　　　　　　　　　　　　　　　6 545④

　　年初未分配利润　　　　　　　　　　　　　　　　3 150

　　贷：年初未分配利润　　　　　　　　　　　　　　　6 545

　　　长期股权投资　　　　　　　　　　　　　　　　　3 150

甲公司对A公司长期股权投资由成本法核算的结果调整为权益法核算的结果。即根据调整后A公司本年实现净利润以及本年分派现金股利中所拥有的份额，调整本年甲公司对A公司投资收益。其调整分录如下。

借：长期股权投资　　　　　　　　　　　　　　　　　8 295⑤

　　投资收益　　　　　　　　　　　　　　　　　　　4 200

　　贷：投资收益　　　　　　　　　　　　　　　　　　8 295

　　　长期股权投资　　　　　　　　　　　　　　　　　4 200

（3）长期股权投资与子公司所有者权益的抵销。

将甲公司对A公司的长期股权投资与其在A公司所有者权益中拥有的份额予以抵销。其抵销分录如下。

借：股本　　　　　　　　　　　　　　　　　　　　20 000⑥

　　资本公积　　　　　　　　　　　　　　　　　　12 000

　　盈余公积　　　　　　　　　　　　　　　　　　5 600

　　年末未分配利润　　　　　　　　　　　　　　　9 100

　　商誉　　　　　　　　　　　　　　　　　　　　4 300

　　贷：长期股权投资　　　　　　　　　　　　　　　36 990

　　　少数股东权益　　　　　　　　　　　　　　　　14 010

（4）投资收益与子公司利润分配等项目的抵销。

将甲公司对A公司投资收益与A公司本年利润分配有关项目的金额予以抵销。其抵销分录如下。

借：投资收益　　　　　　　　　　　　　　　　　　8 295⑦

　　少数股东损益　　　　　　　　　　　　　　　　3 555

　　年初未分配利润　　　　　　　　　　　　　　　5 650

　　贷：提取盈余公积　　　　　　　　　　　　　　　　2 400

　　　　向股东分配利润　　　　　　　　　　　　　　　6 000

　　　　年末未分配利润　　　　　　　　　　　　　　　9 100

（5）应收股利与应付股利的抵销。

本例中，A公司本年宣告分派现金股利6 000万元，股利款项尚未支付，A公司已将其计列应付股利6 000万元。甲公司根据A公司宣告的分派现金股利的公告，按照其所享有的金额，已确认应收股利，并在其资产负债表中计列应收股利4 200万元。这属于母公司与子公司之间的债权债务，在编制合并财务报表时必须将其予以抵销，其抵销分录如下。

借：应付股利　　　　　　　　　　　　　　　　　　4 200⑧

　　贷：应收股利　　　　　　　　　　　　　　　　　　4 200

编制合并工作底稿并编制合并财务报表。

根据上述调整分录和抵销分录，甲公司可以编制合并工作底稿如表7-17所示。

合并工作底稿

表 7-17　　　　2017 年　　　　单位：万元

<table>
<tr><th rowspan="2">项目</th><th rowspan="2">母公司</th><th rowspan="2">子公司</th><th rowspan="2">合计数</th><th colspan="2">调整分录</th><th colspan="2">抵销分录</th><th rowspan="2">少数股东权益</th><th rowspan="2">合并数</th></tr>
<tr><th>借方</th><th>贷方</th><th>借方</th><th>贷方</th></tr>
<tr><td>流动资产：</td><td></td><td></td><td></td><td></td><td></td><td></td><td></td><td></td><td></td></tr>
<tr><td>货币资金</td><td>8 900</td><td>9 400</td><td>18 300</td><td></td><td></td><td></td><td></td><td></td><td>18 300</td></tr>
<tr><td>以公允价值计量且其变动计入当期损益的金融资产</td><td>4 800</td><td>7 800</td><td>12 600</td><td></td><td></td><td></td><td></td><td></td><td>12 600</td></tr>
<tr><td>应收票据</td><td>7 100</td><td>3 900</td><td>11 000</td><td></td><td></td><td></td><td></td><td></td><td>11 000</td></tr>
<tr><td>应收账款</td><td>9 000</td><td>5 300</td><td>14 300</td><td></td><td></td><td></td><td></td><td></td><td>14 300</td></tr>
<tr><td>预付账款</td><td>2 600</td><td>2 900</td><td>5 500</td><td></td><td></td><td></td><td></td><td></td><td>5 500</td></tr>
<tr><td>应收股利</td><td>5 500</td><td>0</td><td>5 500</td><td></td><td></td><td></td><td>4 200⑧</td><td></td><td>1 300</td></tr>
<tr><td>其他应收款</td><td>3 700</td><td>1 600</td><td>5 300</td><td></td><td></td><td></td><td></td><td></td><td>5 300</td></tr>
<tr><td>存货</td><td>37 900</td><td>23 000</td><td>60 900</td><td></td><td></td><td></td><td></td><td></td><td>60 900</td></tr>
<tr><td>其他流动资产</td><td>1 500</td><td>1 100</td><td>2 600</td><td></td><td></td><td></td><td></td><td></td><td>2 600</td></tr>
<tr><td>流动资产合计</td><td>81 000</td><td>55 000</td><td>136 000</td><td></td><td></td><td></td><td>4 200</td><td></td><td>131 800</td></tr>
<tr><td>非流动资产：</td><td></td><td></td><td></td><td></td><td></td><td></td><td></td><td></td><td></td></tr>
<tr><td>可供出售金融资产</td><td>8 000</td><td>0</td><td>8 000</td><td></td><td></td><td></td><td></td><td></td><td>8 000</td></tr>
<tr><td>持有至到期投资</td><td>14 000</td><td>4 200</td><td>18 200</td><td></td><td></td><td></td><td></td><td></td><td>18 200</td></tr>
<tr><td>长期股权投资
其中：A公司</td><td>69 500
29 500</td><td>0</td><td>69 500</td><td>6 545④
8 295⑤</td><td>3 150④
4 200⑤</td><td></td><td>36 990⑥</td><td></td><td>40 000</td></tr>
<tr><td>固定资产</td><td>33 000</td><td>25 000</td><td>58 000</td><td>3 000①</td><td>150②
150③</td><td></td><td></td><td></td><td>60 700</td></tr>
<tr><td>在建工程</td><td>7 000</td><td>3 200</td><td>10 200</td><td></td><td></td><td></td><td></td><td></td><td>10 200</td></tr>
</table>

续表

项目	母公司	子公司	合计数	调整分录		抵销分录		少数股东权益	合并数
				借方	贷方	借方	贷方		
无形资产	5 000	1 600	6 600						6 600
商誉	0	0	0			4 300⑥			4 300
其他非流动资产	0	0	0						0
非流动资产合计	136 500	34 000	170 500	17 840	7 650	4 300	36 990		148 000
资产总计	217 500	89 000	306 500	17 840	7 650	4 300	41 190		279 800
流动负债：									
短期借款	8 000	5 800	13 800						13 800
以公允价值计量且其变动计入当期损益的金融负债	4 000	2 100	6 100						6 100
应付票据	15 000	5 600	20 600						20 600
应付账款	14 800	5 300	20 100						20 100
预收账款	4 000	3 300	7 300						7 300
应付职工薪酬	5 800	1 800	7 600						7 600
应缴税费	2 200	1 700	3 900						3 900
应付股利	8 000	6 000	14 000			4 200⑧			9 800
其他应付款	2 000	1 500	3 500						3 500
其他流动负债	1 200	900	2 100						2 100
流动负债合计	65 000	34 000	99 000			4 200			94 800
非流动负债：									
长期借款	3 000	4 000	7 000						7 000
应付债券	20 000	7 000	27 000						27 000
长期应付款	4 000	0	4 000						4 000
其他非流动负债	0	0	0						0
非流动负债合计	27 000	11 000	38 000						38 000
负债合计	92 000	45 000	137 000			4 200			94 800
股东权益：									
股本	50 000	20 000	70 000			20 000⑥			50 000
资本公积	29 500	8 000	37 500		4 000①	12 000⑥			29 500
盈余公积	24 000	5 600	29 600			5 600⑥			24 000
未分配利润	22 000	10 400	32 400						29 490
股东权益合计	125 500	44 000	169 500						132 990
少数股东权益								14 010⑥	14 010
负债和股东权益总计	217 500	89 000	306 500						279 800
利润表									
一、营业收入	180 000	117 000	297 000						297 000
减：营业成本	135 000	89 300	224 300						224 300
营业税金及附加	2 800	1 900	4 700						4 700

续表

项目	母公司	子公司	合计数	调整分录		抵销分录		少数股东权益	合并数
				借方	贷方	借方	贷方		
销售费用	5 800	4 700	10 500						10 500
管理费用	6 900	4 400	11 300	150③					11 450
财务费用	2 000	1 200	3 200						3 200
资产减值损失	1 000	100	1 100						1 100
加：公允价值变动收益	0	0	0						0
投资收益	11 000	1 300	12 300	4 200⑤	8 295⑤	8 295⑦			8 100
二、营业利润	37 500	16 700	54 200	4 350	8 295	8 295			49 850
加：营业外收入	3 700	1 100	4 800						4 800
减：营业外支出	1 200	1 800	3 000						3 000
三、利润总额	40 000	16 000	56 000	4 350	8 295	8 295			51 650
减：所得税费用	10 000	4 000	14 000						14 000
四、净利润	30 000	12 000	42 000	4 350	8 295	8 295			37 650
归属于母公司股东损益									34 095
少数股东损益								3 555⑦	3 555
五、其他综合收益的税后净额									
六、综合收益总额	30 000	12 000	42 000	4 350	8 295	8 295			37 650
归属于母公司股东的综合收益总额									34 095
归属于少数股东的综合收益总额								3 555⑦	3 555
股东权益变动表									
一、年初未分配利润	18 000	6 800	24 800	1 100① 150② 3 150④	100① 6 545④	5 650⑦			21 395
二、本年增减变动金额									
其中：利润分配									
1. 提取盈余公积	6 000	2 400	8 400				2 400⑦		6 000
2. 对股东的分配	20 000	6 000	26 000				6 000⑦		20 000
三、年末未分配利润	22 000	10 400	32 400	8 750	14 940	9 000⑥ 23 045	9 100⑦ 17 500	3 555	29 490

甲公司在编制上述合并工作底稿后，根据其中的合并数，编制合并资产负债表、合并利润表以及合并股东权益变动表。甲公司编制的合并资产负债表、合并利润表以及合并股东权益变动表略。

第六节 内部商品交易的合并处理

一、内部销售收入和内部销售成本的抵销处理

内部销售收入是指企业集团内部母公司与子公司、子公司相互之间（以下称成员企业）发生的购销活动所产生的销售收入。内部销售成本是指企业集团内部母公司与子公司、子公司相互之间发生的内部销售商品的销售成本。

（一）购买企业内部购进的商品当期全部实现销售时的抵销处理

在这种情况下，对于销售企业来说，销售给其他成员企业商品与销售给集团外部企业情况下的会计处理相同，即在本期确认销售收入、结转销售成本、计算损益，并在其个别利润表中反映；对于购买企业来说，一方面要确认销售收入，另一方面要结转销售内部购进商品的成本，并在其个别利润表中分别作为营业收入和营业成本反映，并确认损益。这也就是说，对于同一购销业务，在销售企业和购买企业的个别利润表都有所反映。但从企业集团整体来看，这一购销业务只是实现了一次销售，其销售收入只是购买企业销售该产品的销售收入，其销售成本只是销售企业销售该商品的成本。销售企业销售该商品的收入属于内部销售收入，相应的购买企业销售该商品的销售成本则属于内部销售成本。因此，在编制合并财务报表时，就必须将重复反映的内部销售收入与内部销售成本予以抵销。进行抵销处理时，应借记“营业收入”等项目，贷记“营业成本”等项目。

【例7-5】甲公司拥有A公司70%的股权，系A公司的母公司。甲公司本期个别利润表的营业收入中有3 000万元，系向A公司销售产品取得的销售收入，该产品销售成本为2 100万元。A公司在本期将该产品全部售出，其销售收入为3 750万元，销售成本为3 000万元，并分别在其个别利润表中列示。

对此，编制合并财务报表将内部销售收入和内部销售成本予以抵销时，应编制如下抵销分录。

借：营业收入　　　　3 000

　　贷：营业成本　　　　3 000

（二）购买企业内部购进的商品未实现对外销售时的抵销处理

在内部购进的商品未实现对外销售的情况下，从销售企业来说，同样是按照一般的销售业务确认销售收入，结转销售成本，计算销售利润，并在其利润表中列示。这一业务从整个企业集团来看，实际上只是商品存放地点发生变动，并没有真正实现企业集团对外销售，不应确认销售收入、结转销售成本以及计算损益。因此，对于该内部购销业务，在编制合并财务报表时，应当将销售企业由此确认的内部销售收入和内部销售成本予以抵销。对于这一经济业务，从购买企业来说，则以支付的购货价款作为存货成本入账，并在其个别资产负债表中作为资产列示。这样，购买企业的个别资产负债表中存货的价值中就包含有销售企业实现的销售毛利。销售企业由于内部购销业务实现的销售毛利，属于未实现内部销售损益。

存货价值中包含的未实现内部销售损益是由于企业集团内部商品购销活动所引起的。在内部购销活动中，销售企业将集团内部销售作为收入确认并计算销售利润。而购买企业则是以支付购货的价款作为其成本入账；在本期内未实现对外销售而形成期末存货时，其存货价值中也相应地包括两

部分内容：一部分为真正的存货成本（即销售企业销售该商品的成本），另一部分为销售企业的销售毛利（即其销售收入减去销售成本的差额）。对于期末存货价值中包括的这部分销售毛利，从企业集团整体来看，并不是真正实现的利润。因为从整个企业整体来看，集团内部企业之间的商品购销活动实际上相当于一个企业内部物资调拨活动，既不会实现利润，也不会增加商品的价值。正是从这一意义上来说，将期末存货价值中包括的这部分销售企业作为利润确认的部分，称之为未实现内部销售损益。如果合并财务报表将母公司与子公司财务报表中的存货简单相加，则虚增存货成本。因此，在编制合并资产负债表时，应当将存货价值中包含的未实现内部销售损益予以抵销。

【例7-6】甲公司系A公司的母公司。甲公司本期个别利润表的营业收入中有2 000万元，系向A公司销售商品实现的收入，其商品成本为1 400万元，销售毛利率为30%。A公司本期从甲公司购入的商品在本期均未实现销售，期末存货中包含有2 000万元从甲公司购进的商品，该存货中包含的未实现内部销售损益为600万元。

编制合并利润表时，将内部销售收入、内部销售成本及存货价值中包含的未实现内部销售损益抵销时，其抵销分录如下。

借：营业收入　　　　2 000

　　贷：营业成本　　　　1 400

　　　　存货　　　　600

对于第三种情况，即内部购进的商品部分实现对外销售部分形成期末存货的情况，可以将内部购买的商品分解为两部分来理解：一部分为当期购进并全部实现对外销售；另一部分为当期购进但未实现对外销售而形成期末存货。【例7-4】介绍的就是前一部分的抵销处理，【例7-5】介绍的则是后一部分的抵销处理。将【例7-4】和【例7-5】的抵销处理合并在一起，则就是第三种情况下的抵销处理。

【例7-7】甲公司本期个别利润表的营业收入中有5 000万元，系向A公司销售产品取得的销售收入，该产品销售成本为3 500万元，销售毛利率为30%。 A公司在本期将该批内部购进商品的60%实现销售，其销售收入为3 750万元，销售成本为3 000万元，销售毛利率为20%，并列示于其个别利润表中；该批商品的另外40%则形成A公司期末存货，即期末存货为2 000万元，列示于A公司的个别资产负债表之中。

此时，在编制合并财务报表时，其抵销处理如下。

借：营业收入　　　　（3 000＋2 000）5 000

　　贷：营业成本　　　　（3 500＋900）4 400

　　　　存货　　　　（1 500×40％）600

对于内部销售收入的抵销，也可按照以下方法进行抵销处理：（1）按照内部销售收入的数额，借记“营业收入”项目，贷记“营业成本”项目；（2）按照期末存货价值中包含的未实现内部销售损益的数额，借记“营业成本”项目，贷记“存货”项目。

【例7-8】甲公司与A公司内部销售业务资料见【例7-5】。

将其内部销售收入、销售成本以及期末存货中包含的未实现内部销售利润抵销，编制抵销分录如下。

借：营业收入　　　　2 000

　　贷：营业成本　　　　2 000

借：营业成本　　600
　贷：存货　　600

在合并工作底稿中，按上述抵销分录进行抵销的结果与【例7-5】的抵销结果相同。

（三）购买企业内部购进的商品作为固定资产使用时的抵销处理

在集团内成员企业将自身的产品销售给其他成员企业作为固定资产使用的情况下，对于销售企业来说是作为普通商品销售并进行会计处理的，即在销售时确认收入、结转成本和计算损益，并以此在其个别财务报表中列示；对于购买企业来说，则以购买价格（在此不考虑安装及运输费用）作为固定资产原值记账，该固定资产入账价值中既包含销售企业生产该产品的成本，也包含销售企业由于该产品销售所实现的销售利润。购买企业虽然以支付给销售企业的购买价格作为固定资产原价入账，但从整个企业集团来说，只能以销售企业生产该产品的成本作为固定资产原价在合并财务报表中反映。因此，编制合并利润表时应将销售企业由于该固定资产交易所实现的销售收入、结转的销售成本予以抵销；并将内部交易形成的固定资产原价中包含的未实现内部销售损益予以抵销。

【例7-9】母公司个别利润表的营业收入中有500万元，系向子公司销售其生产的设备所取得的收入，该设备生产成本为400万元。子公司个别资产负债表固定资产原价中包含有该设备的原价，该设备系12月购入并投入使用，本期未计提折旧，该固定资产原价中包含有100万元未实现内部销售损益。对此，在编制合并财务报表时，需要将母公司相应的销售收入和销售成本予以抵销，并将该固定资产原价中包含的未实现内部销售损益予以抵销。其抵销分录如下。

借：营业收入　　500
　贷：营业成本　　400
　　　固定资产　　100

二、连续编制合并财务报表时内部销售商品的合并处理

在连续编制合并财务报表的情况下，首先必须将上期抵销的存货价值中包含的未实现内部销售损益对本期期初未分配利润的影响予以抵销，调整本期期初未分配利润的数额；然后再对本期内部购进存货进行合并处理。具体合并处理程序和方法如下。

（1）将上期抵销的存货价值中包含的未实现内部销售损益对本期期初未分配利润的影响进行抵销。即按照上期内部购进存货价值中包含的未实现内部销售损益的数额，借记“期初未分配利润”项目，贷记“营业成本”项目。这一抵销分录，可以理解为上期内部购进的存货中包含的未实现内部销售损益在本期视同为实现利润，将上期未实现内部销售损益转为本期实现利润，冲减当期的合并销售成本。

（2）对于本期发生内部购销活动的，将内部销售收入、内部销售成本及内部购进存货中未实现内部销售损益予以抵销。即按照销售企业内部销售收入的数额，借记“营业收入”项目，贷记“营业成本”“存货”项目。

（3）将期末内部购进存货价值中包含的未实现内部销售损益予以抵销。对于期末内部购买形成的存货（包括上期结转形成的本期存货），应按照购买企业期末内部购入存货价值中包含的未实现内部销售损益的数额，借记“未分配利润（期初）”“营业成本”项目，贷记“存货”项目。

【例7-10】上期甲公司与A公司内部购销资料、内部销售的抵销处理及其合并工作底稿（局部）见【例7-6】～【例7-8】。本期甲公司个别财务报表中向A公司销售商品取得销售收入6 000万元，销售成本为4 200万元，甲公司本期销售毛利率与上期相同，为30%。A公司个别财务报表中从甲公司购进商品本期实现对外销售收入为5 625万元，销售成本为4 500万元，销售毛利率为20%；期末内部购进形成的存货为3 500万元（期初存货2 000万元+本期购进存货6 000万元-本期销售成本4 500万元），存货价值中包含的未实现内部销售损益为1 050万元。

此时，编制合并财务报表时应进行如下合并处理。

（1）调整期初未分配利润的数额。

借：期初未分配利润　　600①

　　贷：营业成本　　600

（2）抵销本期内部销售收入。

借：营业收入　　6 000②

　　贷：营业成本　　6 000

（3）抵销期末存货中包含的未实现内部销售损益。

借：营业成本（3 500×30%）　　1 050③

　　贷：存货　　1 050

三、存货跌价准备的合并处理

（一）初次编制合并财务报表时存货跌价准备的合并处理

根据现行企业会计准则的规定，企业必须定期或者至少于年度终了时，对存货进行全面清查，采用成本与可变现净值孰低法进行期末计价，按单个存货项目计提存货跌价准备。其存货清查的范围既包括从企业集团外部购进形成的存货，也包括从企业集团内部购进形成的存货；采用成本与可变现净值孰低法进行期末计价的范围，也包括从企业集团内部购进形成的期末存货。当企业本期计提的存货跌价准备中包括对内部销售形成的存货计提的跌价准备时，则涉及如何将对内部购进的存货计提的跌价准备进行抵销的问题。

某一商品因毁损、陈旧过时而导致其可变现净值下跌，从而计提跌价准备时，从整个企业集团来说，对这一毁损、陈旧的商品同样必须计提跌价准备。也就是说，某一商品在企业集团内某一成员企业计提跌价准备，对于企业集团来说也同样必须计提跌价准备。某一商品计提跌价准备的金额，从单一企业来说，为该商品可变现净值低于取得成本的差额；而从企业集团来说，则是该商品可变现净值与企业集团范围内取得该商品成本的差额。

从商品的可变现净值来说，某一商品的可变现净值，无论对于企业集团还是持有该商品的企业来说，基本上都是一致的。从商品的取得成本来说，持有内部购进商品的企业，该商品的取得成本包括销售企业所实现的利润，而对于企业集团整体来说，则是指从外部购买该商品的成本或生产这一产品的生产成本。编制合并财务报表时，计提存货跌价准备应当是将该商品的可变现净值与从企业集团的取得成本进行比较确定的计提金额。

对内部销售形成的存货计提跌价准备的合并处理，从购买企业来看有两种情况：第一种情况是，购买企业本期期末内部购进存货的可变现净值低于其取得成本，但高于销售企业销售成本。第二种情况是，购买企业本期期末内部购进存货的可变现净值既低于该存货的取得成本，也低于销售企业的该存货的取得成本。

在第一种情况下，从购买企业个别财务报表来说，购买企业按该存货的可变现净值低于其取得成本的金额，一方面，确认存货跌价准备并在其个别资产负债表中通过抵销存货项目的金额列示；另一方面，在利润表中作为资产减值损失列示。但从合并财务报表来说，随着内部购进存货包含的未实现内部销售损益的抵销，该存货在合并财务报表中列示的成本为抵销未实现内部销售损益后的成本。当该存货的可变现净值低于购买企业的取得成本，但高于该存货在合并财务报表中成本时，则不需要计提存货跌价准备。个别财务报表中计列的相应的存货跌价准备，也应予以抵销。进行合并处理时，应当按照购买企业本期计提存货跌价准备的金额，借记“存货”项目，贷记“资产减值损失”项目。

【例7-11】甲公司系A公司的母公司，甲公司本期向A公司销售商品2 000万元，其销售成本为1 400万元；A公司购进的该商品当期全部未实现对外销售而形成期末存货。A公司期末对存货进行检查时，发现该商品已经部分陈旧，其可变现净值已降至1 840万元。为此，A公司期末对该存货计提存货跌价准备160万元，并在其个别财务报表中列示。

在本例中，对存货可变现净值已降至1 840万元，高于抵销未实现内部销售损益后的金额（1 400万元）。此时，在编制合并财务报表时，应进行如下合并处理。

（1）将内部销售收入与内部销售成本抵销。

借：营业收入　　2 000①

　　贷：营业成本　　2 000

（2）将内部销售形成的存货价值中包含的未实现内部销售损益抵销。

借：营业成本　　600②

　　贷：存货　　600

（3）将A公司本期计提的存货跌价准备抵销。

借：存货　　160③

　　贷：资产减值损失　　160

在第二种情况下，从购买企业个别财务报表来说，购买企业按该存货的可变现净值低于其取得成本的金额确认存货跌价准备。确认的存货跌价准备的金额，一方面，在其个别资产负债表中通过抵销存货项目列示；另一方面，在利润表中作为资产减值损失列示。购买企业在个别财务报表中确认的存货跌价准备的金额，既包括购买企业该商品取得成本高于销售企业销售成本（即取得成本）的差额（即抵销的未实现内部销售损益），也包括销售企业销售成本高于该商品可变现净值的差额。但从合并财务报表来说，随着内部购进存货价值中包含的未实现内部销售损益的抵销，在合并财务报表中列示的该存货的成本为抵销未实现内部销售损益后的成本。相对于购买企业该存货的取得成本高于销售企业销售该存货成本的差额部分计提的跌价准备的金额，已因未实现内部销售损益的抵销而抵销，故在编制合并财务报表时，也须将这部分金额予以抵销；而相对于销售企业销售该存货成本高于该存货可变现净值的部分而计提的跌价准备的金额，无论从购买企业来说，还是对于整个企业集团来说，都是必须计提的存货跌价准备，必须在合并财务报表中予以反映。进行抵销处理时，应当按购买企业本期计提的存货跌价准备中内部购进商品取得成本高于销售企业取得成本的数额，借记“存货”项目，贷记“资产减值损失”项目。

【例7-12】甲公司为A公司的母公司。甲公司本期向A公司销售商品2 000万元，其销售成本为1 400万元，并以此在其个别利润表中列示。A公司购进的该商品当期全部未实现对外销售而形成期末存货；期末对存货进行检查时，发现该存货已经部分陈旧，其可变现净值降至1 320万元。为此，A公司期末对该存货计提存货跌价准备680万元。

在本例中，该存货的可变现净值降至1 320万元，低于抵销未实现内部销售损益后的金额（1 400万元）。在A公司本期计提的存货跌价准备680万元中，其中的600万元是相对于A公司取得成本（2 000万元）高于甲公司销售该商品的销售成本（1 400万元）部分计提的，另外80万元则是相对于甲公司销售该商品的销售成本（1 400万元）高于其可变现净值（1 320万元）的部分计提的。此时，A公司对计提存货跌价准备中相当于抵销的未实现内部销售损益的数额600万元部分，从整个企业集团来说，该商品的取得成本为1 400万元，在可变现净值高于这一金额的情况下，不需要计提存货跌价准备，故必须将其予以抵销；而对于另外的80万元的存货跌价准备，从整个企业集团来说，则是必须计提的存货跌价准备，则不需要进行抵销处理。

在编制本期合并财务报表时，应进行如下抵销处理。

（1）将内部销售收入与内部销售成本抵销。

借：营业收入　　2 000①

　贷：营业成本　　2 000

（2）将内部销售形成的存货价值中包含的未实现内部销售损益抵销。

借：营业成本　　600②

　贷：存货　　600

（3）将A公司本期计提的存货减值准备中相当于未实现内部销售利润的部分抵销。

借：存货　　600③

　贷：资产减值损失　　600

（二）连续编制合并财务报表时存货跌价准备的合并处理

在连续编制合并财务报表进行合并处理时，首先，将上期资产减值损失中抵销的存货跌价准备对本期期初未分配利润的影响予以抵销，即按上期资产减值损失项目中抵销的存货跌价准备的数额，借记“存货”或“营业成本”项目，贷记“期初未分配利润”项目。其次，对于本期对内部购进存货在个别财务报表中补提或者冲销的存货跌价准备的数额也应予以抵销，借记“存货”项目，贷记“资产减值损失”项目。

至于抵销存货跌价准备的数额，应当分别不同的情况进行处理。当本期内部购进存货的可变现净值低于持有该存货企业的取得成本但高于抵销未实现内部销售损益后的取得成本（即销售企业该存货的取得成本）时，其抵销的存货跌价准备的金额为本期存货跌价准备的增加额。当本期内部购进存货的可变现净值低于抵销未实现内部销售损益后的取得成本（即销售企业的取得成本）时，其抵销的存货跌价准备的金额为相对于购买企业该存货的取得成本高于销售企业销售成本的差额部分计提的跌价准备的数额扣除期初内部购进存货计提的存货跌价准备的金额后的余额，即本期期末存货中包含的未实现内部销售损益的金额减去期初内部购进存货计提的存货跌价准备的金额后的余额。

【例7-13】接【例7-11】，甲公司与A公司之间内部销售情况、内部销售及存货跌价准备的抵销处理。A公司与甲公司之间本期未发生内部销售。本例期末存货系上期内部销售结存的存货。A公司本期期末对存货清查时，该内部购进存货的可变现净值为1 200万元，A公司期末存货跌价准备余额为800万元。

本例中，该内部购进存货的可变现净值由上期期末的1 840万元降至1 200万元，既低于A公司从甲公司购买时的取得成本，也低于抵销未实现内部销售损益后的金额（即甲公司销售该商品的成本1 400万元）。A公司本期期末存货跌价准备余额800万元，从计提时间来看，包括上期期末计提结存的存货跌价准备160万元，还包括本期期末计提的存货跌价准备640万元。上期计提的部分，在编制上期合并财务报表时已将其与相应的资产减值损失相抵销，从而影响到本期的期初未分配利润。为此，对于这一部分在本期编制合并财务报表时需要调整期初未分配利润的数额。而对于本期计提的640万元存货跌价准备，其中440万元是相对上期计提存货跌价准备后存货净额与甲公司该内部销售商品的销售成本之间的差额计提的，而另外200万元则相对甲公司该内部销售商品的销售成本与其可变现净值之间的差额计提的。从整个企业集团来说，前者应当予以抵销；后者则是属于应当计提的。

甲公司在编制本期合并财务报表时，应进行如下合并处理。

（1）借：存货　160①
　　贷：期初未分配利润　160

（2）借：期初未分配利润　600②
　　贷：存货　600

（3）借：存货　440③
　　贷：资产减值损失　440

【例7-14】接【例7-11】，甲公司上期向A公司销售商品2 000万元，其销售成本为1 400万元；A公司购进的该商品当期未实现对外销售全部形成期末存货。A公司期末对存货进行检查时，发现该存货已经部分陈旧，其可变现净值降至1 840万元，A公司期末对该存货计提存货跌价准备160万元。在编制上期合并财务报表时，已将该存货跌价准备予以抵销。甲公司本期向A公司销售商品3 000万元，甲公司销售该商品的销售成本为2 100万元。A公司本期对外销售内部购进商品实现的销售收入为4 000万元，销售成本为3 200万元，其中上期从甲公司购进商品本期全部售出，销售收入为2 500万元，销售成本为2 000万元；本期从甲公司购进商品销售40％，销售收入为1 500万元，销售成本为1 200万元。另60%形成期末存货，其取得成本为1 800万元，期末其可变现净值为1 620万元，A公司本期期末对该内部购进形成的存货计提存货跌价准备180万元。

（1）借：营业成本　160①
　　贷：期初未分配利润　160

（2）借：期初未分配利润　600②
　　贷：营业成本　600

（3）借：营业收入　3 000③
　　贷：营业成本　3 000

（4）借：营业成本　540④
　　贷：存货　540

（5）借：存货　180⑤
　　贷：资产减值损失　180

第七节 内部债权债务的合并处理

一、内部债权债务抵销概述

母公司与子公司、子公司相互之间的债权和债务项目，是指母公司与子公司、子公司相互之间的应收账款与应付账款、预付账款和预收账款、应付债券与债券投资等项目。对于发生在母公司与子公司、子公司相互之间的这些项目，从债权方企业来说，在资产负债表中表现为一项债权资产；而从债务方来说，一方面形成一项负债，另一方面同时形成一项资产。发生的这种内部债权债务，从母公司与子公司组成的集团整体角度来看，它只是集团内部资金运动，既不增加企业集团的资产，也不增加负债。为此，在编制合并财务报表时也应当将内部债权债务项目予以抵销。

在编制合并资产负债表时需要进行合并处理的内部债权债务项目主要包括：（1）应收账款与应付账款；（2）应收票据与应付票据；（3）预付账款与预收账款；（4）长期债券投资与应付债券；（5）应收般利与应付股利；（6）其他应收款与其他应付款。

【例7-15】甲公司系A公司的母公司。甲公司个别资产负债表应收账款中有600万元为应收A公司账款；应收票据中有400万元为应收A公司票据；持有至到期投资中有A公司发行的应付债券2 500万元。

对此，甲公司在编制合并财务报表时，应当将这些内部债权债务予以抵销。其抵销分录如下。

（1）内部应收账款与应付账款抵销。

借：应付账款	600	
贷：应收账款		600

（2）内部应收票据与应付票据抵销。

借：应付票据	400	
贷：应收票据		400

（3）持有至到期投资与应付债券抵销。

借：应付债券	2 500	
贷：持有至到期投资		2 500

二、内部应收应付款项及其坏账准备的合并处理

企业对于包括应收账款、应收票据、预付账款以及其他应收款在内的所有应收款项，应当根据其预计可收回金额变动情况，确认资产减值损失，计提坏账准备。这里的应收账款、应收票据等也包括应收子公司账款、应收子公司票据等。在对子公司的应收款项计提坏账准备的情况下，在编制合并财务报表时，随着内部应收款项的抵销，与此相联系也须将该内部应收款项计提的坏账准备予以抵销。将内部应收款项抵销时，按内部应付款项的金额，借记"应付账款""应付票据"等项目，贷记"应收账款""应收票据"等项目；将内部应收款项计提的坏账准备抵销时，按各内部应收款项计提的相应坏账准备期末余额，借记"应收账款""应收票据"等项目，贷记"资产减值损失"项目。

【例7-16】甲公司为A公司的母公司。甲公司本期个别资产负债表应收账款中有580万元为应收A公司账款，该应收账款账面余额为600万元，甲公司当年计提坏账准备20万元；应收票据中有390万元为应收A公司票据，该应收票据账面余额为400万元，甲公司当年计提坏账准备10万元。A公司本期个别资产负债表中应付账款和应付票据中列示有应付甲公司账款600万元和应付甲公司票据400万元。

在编制合并财务报表时，甲公司应当将内部应收账款与应付账款相互抵销，同时，还应将内部应收账款计提的坏账准备予以抵销，其抵销分录如下。

（1）应收账款与应付账款抵销。

借：应付账款　　600①

　　贷：应收账款　　600

（2）应收票据与应付票据抵销。

借：应付票据　　400②

　　贷：应收票据　　400

（3）坏账准备与资产减值损失抵销。

借：应收账款　　20③

　　应收票据　　10

　　贷：资产减值损失　　30

三、连续编制合并财务报表时内部应收款项及其坏账准备的合并处理

在连续编制合并财务报表进行合并处理时，首先，将内部应收款项与应付款项予以抵销，即按内部应付款项的数额，借记“应付账款”“应付票据”等项目，贷记“应收账款”“应收票据”等项目。其次，应将上期资产减值损失中抵销的各内部应收款项计提的相应坏账准备对本期期初未分配利润的影响予以抵销，即按上期资产减值损失项目中抵销的各内部应收款项计提的相应坏账准备的数额，借记“应收账款”“应收票据”等项目，贷记“期初未分配利润”项目。再次，对于本期各内部应收款项在个别财务报表中补提或者冲销的相应坏账准备的数额也应予以抵销，即按照本期期末内部应收款项在个别资产负债表中补提的坏账准备的数额，借记“应收账款”“应收票据”等项目，贷记“资产减值损失”项目；或按照本期期末各内部应收款项在个别资产负债表中冲销的相应坏账准备的数额，借记“资产减值损失”项目，贷记“应收账款”“应收票据”等项目。

（一）内部应收款项坏账准备本期余额与上期余额相等时的合并处理

【例7-17】接【例7-16】。甲公司为A公司的母公司。甲公司和A公司上期内部应收款项、坏账准备情况、内部债权债务的抵销见【例7-16】。甲公司本期个别资产负债表应收账款中有应收A公司账款580万元，该应收账款系上期发生的，账面余额为600万元，甲公司上期对其计提坏账准备20万元，该坏账准备结转到本期；应收A公司票据390万元，该应收票据系上期发生的，账面余额为400万元，甲公司上期对其计提坏账准备10万元，该坏账准备结转到本期。本期对上述内部应收账款和应收票据未计提坏账准备。

甲公司在合并工作底稿中应进行如下抵销处理。

（1）将上期内部应收款项计提的坏账准备抵销。

在这种情况下，母公司个别资产负债表中坏账准备余额可以理解为实际上是上期结转而来的余

额。因此，只需将上期内部应收账款计提的坏账准备予以抵销，同时，调整期初未分配利润的数额。其抵销分录如下。

借：应收账款　　20①
　　应收票据　　10
　　贷：期初未分配利润　　30

（2）内部应收账款、应收票据与应付账款、应付票据抵销。

借：应付账款　　600②
　　贷：应收账款　　600
借：应付票据　　400③
　　贷：应收票据　　400

（二）内部应收款项坏账准备本期余额大于上期余额时的合并处理

【例7-18】接【例7-16】。甲公司为A公司的母公司。甲公司和A公司上期内部应收款项、坏账准备情况、内部债权债务的抵销见【例7-16】。甲公司本期个别资产负债表应收账款中有应收A公司账款735万元，该应收账款账面余额为800万元，甲公司对该应收账款累计计提坏账准备65万元，其中20万元系上期结转至本期的，本期对其补提坏账准备45万元；应收A公司票据875万元，该应收票据账面余额为900万元，甲公司对该应收票据累计计提坏账准备25万元，其中10万元系上期结转至本期的，本期对其补提坏账准备15万元。

甲公司在合并工作底稿中应进行如下抵销处理。

（1）抵销上期内部应收款项计提的坏账准备，并调整期初未分配利润的数额。

借：应收账款　　20①
　　应收票据　　10
　　贷：期初未分配利润　　30

（2）内部应收账款、应收票据与应付账款、应付票据抵销。

借：应付账款　　800②
　　贷：应收账款　　800
借：应付票据　　900③
　　贷：应收票据　　900

（3）抵销本期内部应收款项增加计提的坏账准备与资产减值损失。

借：应收账款　　45④
　　应收票据　　15
　　贷：资产减值损失　　60

（三）内部应收款项坏账准备本期余额小于上期余额时的合并处理

【例7-19】接【例7-16】。甲公司为A公司的母公司。甲公司和A公司上期内部应收款项、坏账准备情况、内部债权债务的抵销见【例7-16】。甲公司本期个别资产负债表应收账款中有应收A公司账款538万元，该应收账款账面余额为550万元，甲公司对该应收账款累计计提坏账准备12万元，其中上期结转至本期的坏账准备20万元，本期冲减坏账准备8万元；应收A公司票据374万元，该应收票据账面余额为380万元，甲公司对其累计计提坏账准备6万元，其中上期结转至本期的坏账准备10万元，本期冲减坏账准备4万元。

甲公司在合并工作底稿中应进行如下抵销处理。

（1）抵销上期内部应收款项计提的坏账准备，并调整期初未分配利润的数额。

借：应收账款　　20①
　　应收票据　　10
　　贷：期初未分配利润　　30

（2）内部应收账款、应收票据与应付账款、应付票据抵销。

借：应付账款　　550②
　　贷：应收账款　　550
借：应付票据　　380③
　　贷：应收票据　　380

（3）抵销本期内部应收款项冲销的坏账准备与资产减值损失。

借：资产减值损失　　12④
　　贷：应收账款　　8
　　　　应收票据　　4

在第三期编制合并财务报表的情况下，必须先将第二期各内部应收款项期末余额相应的坏账准备予以抵销；再将内部应收款项与应付款项等内部债权债务相抵销；最后将第三期内部应收款项的坏账准备与第二期内部应收款项的坏账准备进行比较，计算确定本期内部应收款项坏账准备的增加或减少数额，并将其予以抵销。其抵销分录与第二期编制的抵销分录相同。首先，借记“应收账款”“应收票据”等项目，贷记“期初未分配利润”项目，将第二期编制合并财务报表时抵销的坏账准备对第三期期初未分配利润的影响予以抵销，调整期初未分配利润的数额；其次，借记“应付账款”“应付票据”等项目，贷记“应收账款”“应收票据”等项目，将内部应收款项与应付款项等内部债权债务予以抵销；再次，如果第三期内部应收款项坏账准备的期末余额大于第二期内部应收款项坏账准备的期末余额，补提内部应收账款坏账准备时，借记“应收账款”“应收票据”等项目，贷记“资产减值损失”项目；如果第三期内部应收款项坏账准备期末余额小于第二期内部应收款项期末余额，冲减内部应收账款坏账准备时，则借记“资产减值损失”项目，贷记“应收账款”“应收票据”等项目。

第八节　内部固定资产交易的合并处理

一、内部固定资产交易概述

内部固定资产交易，是指企业集团内部发生的与固定资产有关的购销业务。根据销售企业销售的是产品还是固定资产，可以将企业集团内部固定资产交易划分为两种类型：第一种类型是企业集团内部企业将自身使用的固定资产变卖给企业集团内的其他企业作为固定资产使用；第二种类型是企业集团内部企业将自身生产的产品销售给企业集团内的其他企业作为固定资产使用。此外，还有另一类型的内部固定资产交易，即企业集团内部企业将自身使用的固定资产变卖给企业集团内的其他企业作为普通商品销售。这种类型的固定资产交易，属于固定资产的内部处置，在企业集团内部发生的情况极少，一般情况下发生的数量也不大。

严格说来，内部固定资产交易属于内部商品交易，其在编制合并财务报表时的抵销处理与一般内部商品交易的抵销处理有相同之处。但由于固定资产取得并投入使用后，往往要跨越若干个会计期间，并且在使用过程中通过计提折旧将其价值转移到产品生产成本或各会计期间费用之中去，因而其抵销处理也有其特殊性。由于其跨越若干会计期间，则涉及使用该固定资产期间编制合并财务报表的期初未分配利润的调整问题；由于固定资产需要计提折旧，则涉及每一次计提折旧中包含的未实现内部销售损益的抵销问题，也涉及每期累计折旧中包含的未实现内部销售损益的抵销问题。相对来说，内部固定资产交易的抵销处理，要比一般的内部商品交易的抵销处理复杂得多。

为了便于理解，本节将财务报表中的“固定资产”项目，细化为“固定资产原价”项目、“累计折旧”项目以及“固定资产净值”项目3个项目，来介绍内部交易固定资产相关的合并抵销处理。

二、内部固定资产交易当期的合并处理

（一）内部固定资产交易但当期未计提折旧的抵销处理

1. 企业集团内部固定资产变卖交易的抵销处理

在合并工作底稿中编制抵销分录时，应当按照该内部交易固定资产的转让价格与其原账面价值之间的差额，借记“营业外收入”项目，贷记“固定资产原价”项目。如果该内部交易的固定资产转让价格低于其原账面价值，则按其差额，借记“固定资产原价”项目，贷记“营业外支出”项目。

【例7-20】A公司和B公司为甲公司控制下的两个子公司。A公司将其净值为1 280万元的某厂房，以1 500万元的价格变卖给B公司作为固定资产使用。A公司因该内部固定资产交易实现收益220万元，并列示于其个别利润表之中。B公司以1 500万元的金额将该厂房作为固定资产的原价入账，并列示其个别资产负债表之中。

在该内部固定资产交易中，A公司因交易实现营业外收入220万元。编制合并财务报表时，甲公司必须将因该固定资产交易实现的营业外收入与固定资产原值中包含的未实现内部销售损益的数额予以抵销。其抵销分录如下。

借：营业外收入　　220

　　贷：固定资产原价　　220

通过上述抵销处理后，该内部固定资产交易所实现的损益予以抵销，该厂房的原价通过抵销处理后调整为1 280万元。

2. 企业集团内部产品销售给其他企业作为固定资产的交易的抵销处理

在合并工作底稿中编制抵销分录将其抵销时，应当借记“营业收入”项目，贷记“营业成本”项目和“固定资产原价”项目。其中借记“营业收入”项目的数额，为销售企业销售该产品的销售收入；贷记“营业成本”项目的数额，为销售企业销售该产品结转的销售成本；贷记“固定资产原价”项目的数额，为销售企业销售该产品的销售收入与销售成本之间的差额，即该内部交易所形成的固定资产原价中包含的未实现内部销售损益的数额。

【例7-21】A公司和B公司为甲公司控制下的两个子公司。A公司于20×1年12月，将自己生产的产品销售给B公司作为固定资产使用，A公司销售该产品的销售收入为1 680万元，销售成本为1 200万元，B公司以1 680万元的价格作为该固定资产的原价入账。

此时，与一般的内部商品交易的抵销处理相似，编制合并财务报表时，甲公司应当将该产品的销售收入1 680万元及其销售成本1 200万元，以及B公司固定资产原价中包含的未实现内部销售损益480万元（1 680−1 200）予以抵销。在合并工作底稿中应进行如下抵销处理。

借：营业收入　　　　　　　　　　　　　　　　　　1 680①

　　贷：营业成本　　　　　　　　　　　　　　　　　　1 200

　　　　固定资产原价　　　　　　　　　　　　　　　　220

（二）内部固定资产交易且当期计提折旧的合并处理

在发生内部固定资产交易当期编制合并财务报表时，首先，必须将该内部固定资产交易相关销售收入、销售成本以及形成的固定资产原价中包括的未实现内部销售损益予以抵销。其次，购买企业使用该内部交易固定资产并计提折旧，其折旧费用计入当期损益，由于购买企业是以该固定资产的取得成本作为其原价计提折旧，在取得成本中包含有销售企业由于该内部固定资产交易所实现的损益（即未实现内部销售损益），相应地在该内部交易固定资产使用过程中其各期计提的折旧额中，也包含有未实现内部销售损益摊销的金额。因此还必须将当期该内部交易固定资产计提的折旧额中相当于未实现内部销售损益的摊销金额即多计提折旧的数额，从该内部交易固定资产当期计提的折旧费用和该固定资产累计折旧中予以抵销。其合并抵销处理如下。

（1）将内部交易固定资产相关的销售收入、销售成本以及其原价中包含的未实现内部销售损益予以抵销，即按销售企业由于该固定资产交易所实现的销售收入，借记“营业收入”项目，按照其销售成本，贷记“营业成本”项目，按照该内部交易固定资产的销售收入与销售成本之间的差额（即原价中包含的未实现内部销售损益的数额），贷记“固定资产原价”项目。

（2）将内部交易固定资产当期因未实现内部销售损益而多计提的折旧费用和累计折旧予以抵销。对固定资产计提折旧，企业进行会计处理时，一方面增加当期的费用，另一方面形成累计折旧。对因内部交易固定资产当期使用多计提的折旧进行抵销处理时，应按当期多计提的数额，借记“累计折旧”项目，贷记“管理费用”等项目（为便于理解，本节有关内部交易固定资产均假定为管理用固定资产，其各期多计提的折旧费用均通过“管理费用”项目进行抵销处理）。

【例7-22】A公司和B公司为甲公司控制下的两个子公司。A公司于20×1年1月1日，将自己生产的产品销售给B公司作为固定资产使用，A公司销售该产品的销售收入为1 680万元，销售成本为1 200万元。B公司以1 680万元的价格作为该固定资产的原价入账。B公司购买的该固定资产用于公司的行政管理，该固定资产属于不需要安装的固定资产，当月投入使用，其折旧年限为4年，预计净残值为零。为简化合并处理，假定该内部交易固定资产在交易当年按12个月计提折旧。

甲公司在编制合并财务报表时，应当进行如下抵销处理。

（1）将该内部交易固定资产相关销售收入与销售成本及原价中包含的未实现内部销售利润予以抵销。本例中，A公司因该内部交易确认销售收入1 680万元，结转销售成本1 200万元；B公司该固定资产的原价为1 680万元，其中包含的未实现内部销售损益为480万元（1 680−1 200）。在合并工作底稿中应进行如下抵销处理。

借：营业收入　　　　　　　　　　　　　　　　　　1 680①

　　贷：营业成本　　　　　　　　　　　　　　　　　　1 200

　　　　固定资产原价　　　　　　　　　　　　　　　　480

（2）将当年计提的折旧和累计折旧中包含的未实现内部销售损益予以抵销。该固定资产在B公司按4年的折旧年限计提折旧，每年计提折旧420万元，其中每年计提的折旧和累计折旧中均包含未实现内部销售损益的摊销额120万元（480÷4）。在合并工作底稿中应进行如下抵销处理。

借：累计折旧　　　　120②

　　贷：管理费用　　　　120

通过上述抵销分录，在合并工作底稿中累计折旧额减少 120 万元，其合并数为 300 万元；管理费用减少 120 万元，其合并数为 300 万元。

三、内部交易固定资产取得后至处置前期间的合并处理

在以后的会计期间，具体抵销程序如下。

（1）将内部交易固定资产原价中包含的未实现内部销售损益抵销，并调整期初未分配利润，即按照固定资产原价中包含的未实现内部销售损益的数额，借记“期初未分配利润”项目，贷记“固定资产原价”项目。

（2）将以前会计期间内部交易固定资产多计提的累计折旧抵销，并调整期初未分配利润，即按照以前会计期间抵销该内部交易固定资产因包含未实现内部销售损益而多计提（或少计提）的累计折旧额，借记“累计折旧”项目，贷记“期初未分配利润”项目。

（3）将当期由于该内部交易固定资产因包含未实现内部销售损益而多计提的折旧费用予以抵销，并调整本期计提的累计折旧额，即按照本期该内部交易的固定资产多计提的折旧额，借记“累计折旧”项目，贷记“管理费用”等费用项目。

【例7-23】接【例7-22】，B公司20×2年其个别资产负债表中，该内部交易固定资产价为1 680万元，累计折旧为840万元，该固定资产净值为840万元。该内部交易固定资产20×2年计提折旧为420万元。

甲公司编制20×2年度合并财务报表时，应当进行如下抵销处理。

（1）借：期初未分配利润　　　　480①

　　　　贷：固定资产原价　　　　480

（2）借：累计折旧　　　　120②

　　　　贷：期初未分配利润　　　　120

（3）借：累计折旧　　　　120③

　　　　贷：管理费用　　　　120

【例7-24】接【例7-23】，B公司20×3年个别资产负债表中，该内部交易固定资产原价为1 680万元，累计折旧为1 260万元，该固定资产净值为420万元。该内部交易固定资产20×3年计提折旧为420万元。

甲公司编制20×3年度合并财务报表时，应当进行如下抵销处理。

（1）借：期初未分配利润　　　　480①

　　　　贷：固定资产原价　　　　480

（2）借：累计折旧　　　　240②

　　　　贷：期初未分配利润　　　　240

（3）借：累计折旧　　　　120③

　　　　贷：管理费用　　　　120

四、内部交易固定资产清理期间的合并处理

对于销售企业来说，因该内部交易固定资产实现的利润，作为期初未分配利润的一部分结转到以后的会计期间，直到购买企业对该内部交易固定资产进行清理的会计期间。从购买企业来说，对内部交易固定资产进行清理的会计期间，在其个别财务报表中表现为固定资产原价和累计折旧的减少；该固定资产清理收入减去该固定资产净值以及有关清理费用后的余额，则在其个别利润表中以营业外收入（或营业外支出）项目列示。固定资产清理时可能出现 3 种情况：（1）期满清理；（2）超期清理；（3）提前清理。编制合并财务报表时，应当根据具体情况进行合并处理。

（一）内部交易固定资产使用期限届满进行清理期间的合并处理

在内部交易固定资产使用期限届满进行清理的会计期间期末，购买企业内部资产固定资产实体已不复存在，因此不存在着未实现内部销售损益抵销问题，包括未实现内部销售损益在内的该内部交易固定资产的价值全部转移到各会计期间实现的损益之中。从整个企业来说，随着该内部交易固定资产的使用期满，其包含的未实现内部销售损益也转化为已实现利润。从销售企业来说，因该内部销售所实现的利润，作为期初未分配利润的一部分已结转到购买企业对该内部交易固定资产使用期满进行清理的会计期间。为此，编制合并财务报表时首先必须调整期初未分配利润。其次，在固定资产进行清理的会计期间，在未进行清理前仍处于使用之中，仍须计提折旧，本期计提折旧中仍然包含因内部未实现销售损益而多计提的折旧额，因此也需要将当期多计提的折旧额予以抵销。

【例7-25】接【例7-24】，20×4年12月该内部交易固定资产使用期满，B公司于20×4年12月对其进行清理。B公司对该固定资产清理时实现固定资产清理净收益14万元，在20×4年度个别利润表中以营业外收入项目列示。随着对该固定资产的清理，该固定资产的原价和累计折旧转销，在20×4年12月31日个别资产负债表固定资产中已无该固定资产的列示。此时，甲公司编制合并财务报表时，应当进行如下抵销处理。

（1）按照内部交易固定资产原价中包含的未实现内部销售利润，调整期初未分配利润。

借：期初未分配利润　　480①

　　贷：营业外收入　　480

（2）按以前会计期间因固定资产原价中包含的未实现内部销售利润而多计提累计折旧的数额，调整期初未分配利润。

借：营业外收入　　360②

　　贷：期初未分配利润　　360

（3）将本期因固定资产原价中包含的未实现内部销售利润而多计提的折旧额抵销。

借：营业外收入　　120③

　　贷：管理费用　　120

随着内部交易固定资产的清理，该固定资产的原价、累计折旧和净值在B公司个别资产负债表中均无列示，故涉及调整期初未分配利润项目的抵销处理，均通过营业外收入项目或营业外支出项目进行。

以上三笔抵销分录，可以合并为以下抵销分录。

借：期初未分配利润　　120

　　贷：管理费用　　120

（二）内部交易固定资产超期使用进行清理期间的合并处理

内部交易固定资产超期使用进行清理时，在内部交易固定资产清理前的会计期间，该固定资产仍然按包含未实现内部销售损益的原价及计提的累计折旧，在购买企业的个别产负债表中列示；销售企业因该内部交易固定资产所实现的利润，作为期初未分配利润的一部分结转到购买企业对该内部交易固定资产进行清理的会计期间。因此，首先需要将该固定资产原价中包括的未实现内部销售损益予以抵销，并调整期初未分配利润。其次，要将以前会计期间因内部交易固定资产原价中包含的未实现内部销售利润而多计提的累计折旧予以抵销。最后，由于在该固定资产使用期满的会计期间仍然需要计提折旧，本期计提折旧中仍然包含有多计提的折旧，因此需要将多计提的折旧费用予以抵销，并调整已计提的累计折旧。

【例7-26】接【例7-25】，20×4年12月31日该内部交易固定资产使用期满，但该固定资产仍处于使用之中，B公司未对其进行清理报废。B公司20×4年度个别资产负债表固定资产仍列示该固定资产的原价1 680万元，累计折旧1 680万元；在其个别利润表列示该固定资产当年计提的折旧420万元。

此时，甲公司在编制20×4年度合并财务报表时，应当进行如下抵销处理。

（1）将内部交易固定资产原价中包含的未实现内部销售利润抵销，并调整期初未分配利润。

借：期初未分配利润　　480①

　贷：固定资产原价　　480

（2）将因固定资产原价中包含的未实现内部销售利润而多计提的累计折旧抵销，并调整期初未分配利润。

借：累计折旧　　360②

　贷：期初未分配利润　　360

（3）将本期因固定资产原价中包含的未实现内部销售利润而多计提的折旧额抵销。

借：累计折旧　　120③

　贷：管理费用　　120

在内部交易固定资产超期使用未进行清理前，由于该内部交易的固定资产仍处于使用之中，并在购买企业资产负债表中列示，因此，必须将该固定资产原价中包含的未实现内部销售损益予以抵销；其次，由于该固定资产的累计折旧仍然是按包含有未实现内部销售损益的原价计提折旧，为此也必须将其计提的累计折旧予以抵销。但由于固定资产超期使用不计提折旧，所以不存在抵销多计提折旧问题。

【例7-27】接【例7-26】，该内部交易固定资产20×5年仍处于使用之中。B公司个别资产负债表中内部交易固定资产为1 680万元，累计折旧为1 680万元；由于固定资产超期使用不计提折旧，B公司个别利润表中无该内部固定资产计提的折旧费用。

此时，甲公司编制合并财务报表时，应进行如下抵销处理。

（1）将固定资产原价中包含的未实现内部销售利润抵销，调整期初未分配利润。

借：期初未分配利润　　480①

　贷：固定资产原价　　480

（2）将累计折旧包含的未实现内部销售利润抵销，调整期初未分配利润。

借：累计折旧　　480②

　贷：期初未分配利润　　480

对于超期使用后再进行清理的内部交易的固定资产，由于清理当期其实物已不存在，不存在着固定资产原价中包含未实现内部销售损益的抵销问题；同时，该固定资产累计折旧也随着固定资产清理而转销，也不存在着固定资产使用多计提折旧的抵销问题。也可以这样理解，即当内部交易固定资产超期使用进行清理的情况下，其包含的未实现内部销售损益，随着其折旧计提完毕，其包含的未实现内部销售损益已实现。因此，在编制对该内部交易固定资产进行清理的会计期间的合并财务报表时，不需要进行合并处理。

（三）内部交易固定资产使用期限未满提前进行清理期间的合并处理

在这种情况下，购买企业内部交易固定资产实体已不复存在，因此不存在未实现内部销售损益抵销问题，但由于固定资产提前报废，固定资产原价中包含的未实现内部销售损益随着清理而成为实现的损益。对于销售企业来说，因该内部交易固定资产所实现的利润，作为期初未分配利润的一部分结转到购买企业对该内部交易固定资产进行清理的会计期间。为此，首先必须调整期初未分配利润；其次在固定资产进行清理前仍需计提折旧，本期计提折旧中仍然包含有多计提的折旧，需要将多计提的折旧费用予以抵销。

【例7-28】接【例7-26】，B公司于20×3年12月对该内部交易固定资产进行清理处置，在对其清理过程中取得清理净收益25万元，在其个别利润表作为营业外收入列示。

本例中，该内部交易固定资产至20×3年12月已经使用3年，B公司对该固定资产累计计提折旧1 260万元。

此时，编制合并财务报表时，应编制如下抵销分录。

（1）借：期初未分配利润	480	
贷：营业外收入		480
（2）借：营业外收入	240	
贷：期初未分配利润		240
（3）借：营业外收入	120	
贷：管理费用		120

第九节 内部无形资产交易的合并处理

内部无形资产交易是企业集团内部发生交易的一方涉及无形资产的交易，如企业集团内部某一成员企业将自身拥有的专利权、专有技术等转让出售给其他成员企业作为无形资产继续使用。对于内部无形资产交易，在编制合并财务报表时，首先必须将由于转让出售无形资产所产生的收入、成本及购入企业无形资产入账价值中包含的未实现内部销售损益予以抵销；其次，随着无形资产价值的摊销，无形资产价值中包含的未实现内部销售损益也随之计入当期费用，为此也必须对内部交易无形资产摊销计入相关费用项目进行抵销处理。

为了便于理解，本节将财务报表中的“无形资产”项目，细化为“无形资产”项目、“累计摊销”项目以及“无形资产净额”项目 3 个项目，来介绍内部交易无形资产相关的合并抵销处理。

一、内部无形资产交易当期的合并处理

进行合并处理时，按照内部交易时该无形资产账面价值中包含的未实现内部销售损益的数额，借记“营业外收入”项目，按交易时该内部交易无形资产账面价值中包含的未实现内部销售损益的数额，贷记“无形资产”项目；同时按本期该内部交易无形资产摊销额中包含的未实现内部销售损益的数额(即该无形资产价值中包含的未实现内部销售损益除以该无形资产的摊销年限得出的金额)借记“累计摊销”项目，贷记“管理费用”项目。

【例7-29】甲公司系A公司的母公司，甲公司20×1年1月8日向A公司转让无形资产一项，转让价格为820万元，该无形资产的账面成本为700万元。A公司购入该无形资产后，即投入使用，确定使用年限为5年。A公司20×1年12月31日资产负债表中无形资产项目的金额为656万元，利润表管理费用项目中记有当年摊销的该无形资产价值164万元。

此时，A公司该无形资产入账价值为820万元，其中包含的未实现内部销售利润为120万元；按5年的期限，本期摊销的金额为164万元（与固定资产不同，无形资产从取得的当月起开始摊销），其中包含的未实现内部销售利润的摊销额为24万元。

甲公司在编制20×1年度合并财务报表时，应当对该内部无形资产交易进行如下抵销处理。

（1）将A公司受让取得该内部交易无形资产时其价值中包含的未实现内部销售利润抵销。

借：营业外收入　　120①

　　贷：无形资产　　120

（2）将A公司本期该内部交易无形资产价值摊销额中包含的未实现内部销售利润抵销。

借：累计摊销　　24②

　　贷：管理费用　　24

对于抵销分录（1），可以理解为将购入时该无形资产价值中包含的未实现内部销售损益予以抵销。对于抵销分录（2），则可以理解为将本期无形资产累计摊销中因内部交易无形资产价值中包含未实现内部销售损益而多计算的摊销额以及当期多计列的无形资产摊销费用予以抵销。

二、内部交易无形资产持有期间的合并处理

进行合并处理时，按受让时内部交易无形资产价值中包含的未实现内部销售损益的数额，借记“期初未分配利润”项目，贷记“无形资产”项目；按上期期末该内部交易无形资产累计摊销金额中包含的已摊销未实现内部销售损益的数额，借记“累计摊销”项目，贷记“期初未分配利润”项目；按本期因该内部交易无形资产价值中包含未实现内部销售损益而多计算的摊销金额，借记“累计摊销”项目，贷记“管理费用”项目。

【例7-30】接【例7-29】，20×2年12月31日A公司个别资产负债表无形资产项目的金额为492万元，利润表管理费用项目中记有当年摊销的该无形资产价值164万元。

本例中，A公司该无形资产取得时入账价值为820万元，其中包含的未实现内部销售利润为120万元；该无形资产按5年的使用期限摊销，每期摊销金额为164万元，到20×2年12月31日A公司该内部交易无形资产累计摊销额为328万元，包括上年结转的累计摊销额和本期发生的无形资产摊销额各164万元，上年结转的累计摊销额中包含20×1年因内部交易无形资产价值中包含未实现内部销售利

润而多计算的摊销额24万元；此外，本期因该内部交易无形资产使用而计算的摊销额164万元，其中也包括因该无形资产价值中包含未实现内部销售利润而多计算的摊销额24万元。

甲公司在编制20×2年度合并财务报表时，应当对该内部无形资产交易进行如下抵销处理。

（1）将A公司受让取得该内部交易无形资产时其价值中包含的未实现内部销售利润抵销。

借：年初未分配利润　　120①

　　贷：无形资产　　120

（2）将A公司上期期末该无形资产价值摊销额中包含的已摊销未实现内部销售利润抵销。

借：累计摊销　　24②

　　贷：年初未分配利润　　24

（3）将A公司本期该内部交易无形资产价值摊销额中包含的未实现内部销售利润抵销。

借：累计摊销　　24③

　　贷：管理费用　　24

甲公司在编制20×3年度合并财务报表时，该内部无形资产交易相关的抵销处理如下。

（1）将A公司受让取得该无形资产时其价值中包含的未实现内部销售利润抵销。

借：期初未分配利润　　120①

　　贷：无形资产　　120

（2）将A公司上期期末该无形资产价值摊销额中包含的已摊销未实现内部销售利润抵销。

借：累计摊销　　48②

　　贷：期初未分配利润　　48

（3）将A公司本期摊销的该无形资产价值中包含的未实现内部销售利润的摊销抵销。

借：累计摊销　　24③

　　贷：管理费用　　24

甲公司在编制20×4年度合并财务报表时，该内部无形资产交易相关的抵销处理如下。

（1）将A公司受让取得该无形资产时其价值中包含的未实现内部销售利润抵销。

借：期初未分配利润　　120①

　　贷：无形资产　　120

（2）将A公司上期期末该无形资产价值摊销额中包含的已摊销未实现内部销售利润抵销。

借：累计摊销　　72②

　　贷：期初未分配利润　　72

（3）将A公司本期摊销的该无形资产价值中包含的未实现内部销售利润的摊销抵销。

借：累计摊销　　24③

　　贷：管理费用　　24

三、内部无形资产交易摊销完毕的期间的合并处理

从购买企业来说，该内部交易无形资产到期时，其账面价值已摊销完毕，包含于其中的未实现内部销售损益的数额也摊销完毕，无形资产账面价值经摊销后为零。对于转让企业来说，因该内部交易无形资产实现的收益，作为期初未分配利润的一部分结转到以后的会计期间，直到购买企业对该内部交易无形资产到期的会计期间。从整个企业来说，随着该内部交易无形资产的使用期满，其

包含的未实现内部销售损益也转化为已实现损益。由于销售企业因该内部交易无形资产所实现的收益，作为期初未分配利润的一部分结转到购买企业该内部交易无形资产到期的会计期间，为此首先必须调整期初未分配利润。其次，在该无形资产到期的会计期间，本期无形资产摊销额中仍然包含无形资产价值中包含的未实现内部销售损益的摊销额，这一数额仍须进行抵销处理。

【例7-31】接【例7-30】，20×5年12月，A公司该内部交易无形资产使用期满，在其个别资产负债表中已无该无形资产摊余价值，在其个别利润表管理费用中仍包含该无形资产使用本期摊销额164万元。

甲公司在编制20×5年度合并财务报表时，该内部无形资产交易相关的抵销处理如下。

（1）将A公司受让取得该无形资产时其价值中包含的未实现内部销售利润抵销。

借：期初未分配利润　　120①

　　贷：无形资产　　120

（2）将A公司上期期末该无形资产价值摊销额中包含的已摊销未实现内部销售利润抵销。

借：累计摊销　　96②

　　贷：期初未分配利润　　96

（3）将A公司本期摊销的该无形资产价值中包含的未实现内部销售利润的摊销抵销。

借：累计摊销　　24③

　　贷：管理费用　　24

第十节　特殊交易在合并财务报表中的会计处理

一、追加投资的会计处理

（一）母公司购买子公司少数股东股权

母公司购买子公司少数股东拥有的子公司股权的，在母公司个别财务报表中，其自子公司少数股东处新取得的长期股权投资应当按照《企业会计准则第 2 号——长期股权投资》的规定确定其入账价值；在合并财务报表中，子公司的资产、负债应以购买日或合并日所确定的净资产价值开始持续计算的金额反映，因购买少数股权新取得的长期股权投资与按照新增持股比例计算应享有子公司自购买日或合并日开始持续计算的净资产份额之间的差额，应当调整母公司个别报表中的资本公积（资本溢价或股本溢价），资本公积不足冲减的，调整留存收益。

【例7-32】2×12年12月26日，甲公司以7 000万元取得A公司60%的股权，能够对A公司实施控制，形成非同一控制下的企业合并。2×13年12月23日，甲公司又以公允价值为2 000万元、原账面价值为1 600万元的固定资产作为对价，自A公司的少数股东取得A公司15%的股权。本例中甲公司与A公司的少数股东在交易前不存在任何关联方关系（不考虑所得税等影响）。

2×12年12月26日，甲公司在取得A公司60%股权时，A公司可辨认净资产公允价值为9 000万元。

2×13年12月23日，A公司自购买日开始持续计算的净资产账面价值为10 000万元。本例中，2×13年12月23日，甲公司进一步取得A公司15%的股权时，甲公司合并财务报表的会计处理如下。

合并财务报表中，A公司的有关资产、负债按照自购买日开始持续计算的价值进行合并，无须按照公允价值进行重新计量。甲公司按新增持股比例计算应享有自购买日开始持续计算的净资产份额为1 500万元（10 000×15%），与新增长期股权投资2 000万元之间的差额为500万元，在合并资产负债表中应调整所有者权益相关项目，首先调整归属于母公司的资本公积（资本溢价或股本溢价），资本公积不足冲减的，冲减归属于母公司的盈余公积，盈余公积不足冲减的，冲减归属于母公司的未分配利润。

甲公司作为对价的固定资产的公允价值（2 000万元）与账面价值（1 600万元）的差异（400万元），应计入甲公司利润表中的营业外收入。

（二）企业因追加投资等原因能够对非同一控制下的被投资方实施控制

企业因追加投资等原因，通过多次交易分步实现非同一控制下企业合并的，在合并财务报表上，首先，应结合分步交易的各个步骤的协议条款，以及各个步骤中所分别取得的股权比例、取得对象、取得方式、取得时点及取得对价等信息来判断分步交易是否属于“一揽子交易”。

各项交易的条款、条件以及经济影响符合以下一种或多种情况的，通常应将多次交易事项作为“一揽子交易”进行会计处理：一是这些交易是同时或者在考虑了彼此影响的情况下订立的；二是这些交易整体才能达成一项完整的商业结果；三是一项交易的发生取决于至少一项其他交易的发生；四是一项交易单独看是不经济的，但是和其他交易一并考虑时是经济的。

如果分步取得对子公司股权投资直至取得控制权的各项交易属于“一揽子交易”，应当将各项交易作为一项取得子公司控制权的交易进行会计处理。

如果不属于“一揽子交易”，在合并财务报表中，对于购买日之前持有的被购买方的股权，应当按照该股权在购买日的公允价值进行重新计量，公允价值与其账面价值之间的差额计入当期投资收益；购买日之前持有的被购买方的股权涉及权益法核算下的其他综合收益以及除净损益、其他综合收益和利润分配外的其他所有者权益变动（其他所有者权益变动）的，与其相关的其他综合收益、其他所有者权益变动应当转为购买日所属当期收益，由于被投资方重新计量设定受益计划净负债或净资产变动而产生的其他综合收益除外。购买方应当在附注中披露其在购买日之前持有的被购买方的股权在购买日的公允价值、按照公允价值重新计量产生的相关利得或损失的金额。

【例7-33】2×11年1月1日，甲公司以每股3元的价格购入A上市公司股票500万股，并由此持有A公司5%股权。投资前甲公司与A公司不存在关联方关系。甲公司将对A公司的该项投资作为可供出售金融资产。2×13年1月1日，甲公司以现金2.2亿元为对价，向A公司大股东收购A公司55%的股权，从而取得对A公司的控制权；A公司当日股价为每股4元，A公司可辨认净资产的公允价值为3亿元。甲公司购买A公司5%股权和后续购买55%的股权不构成“一揽子交易”（不考虑所得税等影响）。

甲公司在编制合并财务报表时，首先，应考虑对原持有股权按公允价值进行重新计量。因为甲公司将原持有A公司5%的股权作为可供出售金融资产，所以2×13年1月1日，该股权的公允价值与其账面价值相等，为2 000万元，不存在差额；同时，将原计入其他综合收益的500万元[500×（4–3）]转入合并当期投资收益（以个别财务报表作为合并报表编制基础的情况下，在其个别报表中已将其他综合收益转入当期投资收益的，在合并财务报表中无须再作处理）。

其次，按照企业合并准则有关非同一控制下企业合并的相关规定，甲公司购买A公司股权并取得控制权的合并对价为2.4亿元（原持有股权在购买日的公允价值2 000万元+合并日应支付的对价2.2亿元）。由于甲公司享有A公司于购买日的可辨认净资产公允价值的份额为1.8亿元（3×60%），因此，购买日形成的商誉为0.6亿元（24–1.8）。

【例7-34】2×11年1月1日，甲公司以现金4 000万元取得A公司20%股权并具有，重大影响，按权益法进行核算。当日，A公司可辨认净资产公允价值为1.8亿元。2×13年1月1日，甲公司另支付现金9 000万元取得A公司35%股权，并取得对A公司的控制权。2×13年1月1日，甲公司原持有的对A公司20%股权的公允价值为5 000万元，账面价值为4 600万元（其中，与A公司权益法核算相关的累计净损益为150万元、累计其他综合收益为450万元）；A公司可辨认净资产公允价值为2.2亿元（不考虑所得税等影响）。

甲公司在编制合并财务报表时，首先应对原持有股权按照公允价值进行重新计量。在购买日（2×13年1月1日），该项股权投资的公允价值为5 000万元，与其账面价值（4 600万元）之间的差额（400万元）应计入合并当期投资收益；同时，将原计入其他综合收益的450万元转入合并当期投资收益。

其次，按照企业合并准则有关非同一控制下企业合并的相关规定，甲公司购买A公司股权并取得控制权的合并对价应为1.4亿元（原持有股权于购买日的公允价值5 000万元+合并日新支付的对价9 000万元）。由于甲公司享有A公司在购买日的可辨认净资产公允价值的份额为1.21亿元（2.2×55%），因此，购买日形成的商誉为0.19亿元（1.4−1.21）。

（三）通过多次交易分步实现同一控制下企业合并

对于分步实现的同一控制下企业合并，在编制合并财务报表时，应视同参与合并的各方在最终控制方开始控制时即以目前的状态存在进行调整，在编制比较报表时，以不早于合并方和被合并方同处于最终控制方的控制之下的时点开始，将被合并方的有关资产、负债并入合并方合并财务报表的比较报表中，并将合并而增加的净资产在比较报表中调整所有者权益项下的相关项目。

为避免对被合并方净资产的价值进行重复计算，合并方在取得被合并方控制权之前持有的股权投资，在取得原股权之日与合并方和被合并方同处于同一方最终控制之日孰晚日起至合并日之间已确认有关损益、其他综合收益以及其他净资产变动，应分别冲减比较报表期间的期初留存收益或当期损益。

【例7-35】甲公司为P公司的全资子公司。2×11年1月1日，甲公司与非关联方A公司各出资600万元及1 400万元设立乙公司，并各持有乙公司30%及70%的股权。

2×12年1月1日，P公司向A公司收购其持有乙公司70%的股权，乙公司成为P公司的全资子公司，当日乙公司净资产的账面价值与其公允价值相等。

2×13年3月1日，甲公司向P公司购买其持有乙公司70%的股权，乙公司成为甲公司的全资子公司。

甲公司与A公司不存在关联关系，甲公司购买乙公司70%股权的交易和原取得乙公司30%股权的交易不属于“一揽子交易”，并在可预见的未来打算一直持有乙公司股权。

乙公司自2×11年1月1日至2×12年1月1日实现净利润800万元，自2×12年1月1日至2×13年1月1日实现净利润600万元，自2×13年1月1日至2×13年3月1日实现净利润100万元（不考虑所得税等影响）。

本例中，2×13年3月1日，甲公司从P公司手中购买乙公司70%股权的交易属于同一控制下企业合并。并且甲公司自2×12年1月1日起与乙公司同受P公司最终控制，甲公司合并财务报表应自取得原股权之日（2×11年1月1日）和双方同处于同一方最终控制之日（2×12年1月1日）孰晚日（2×12年1月1日）起，将乙公司纳入合并范围。

在甲公司合并财务报表中，视同自2×12年1月1日起，甲公司即持有乙公司100%股权，重溯2×12年1月1日的报表项目，2×11年1月1日至2×12年1月1日的合并财务报表并不重溯。

2×12年1月1日，乙公司净资产的账面价值为2 800万元（2 000 +800）。此前，甲公司持有对乙公司的长期股权投资的账面价值为840万元（600 + 800×30%）。因此，甲公司在编制合并财务报表时，并入乙公司2×12年（比较期间）年初各项资产、负债后，因合并而增加净资产2 800万元，冲减长期股权投资账面价值840万元，两者之间的差额调增资本公积1 960万元（2 800−840）。

借：资产、负债　　2 800
　　贷：长期股权投资　　840
　　　　资本公积　　1 960

甲公司对于合并日（即2×13年3月1日）的各报表项目，除按照本章“第三节　合并财务报表编制原则、前期准备事项及程序”的一般规定编制合并分录外，还应冲减2×12年1月1日至2×13年1月1日对乙公司30%的长期股权投资的权益法核算结果，冲减乙公司2×13年1月1日至2×13年3月1日实现的净利润中按照权益法核算归属于甲公司的份额。即冲减期初留存收益180万元（600×30%），冲减投资收益30万元（100×30%）。

借：期初留存收益　　180
　　投资收益　　30
　　贷：长期股权投资　　210

（四）本期增加子公司时如何编制合并财务报表

编制合并资产负债表时，以本期取得的子公司在合并资产负债表日的资产负债表为基础编制。对于本期投资或追加投资取得的子公司，不需要调整合并资产负债表的期初数。但为了提高会计信息的可比险，应当在财务报表附注中披露本期取得的子公司对合并财务报表的财务状况的影响，即披露本期取得的子公司在购买日的资产和负债金额，包括流动资产、长期股权投资、固定资产、无形资产及其他资产和流动负债、长期负债等的金额。

编制合并利润表时，应当以本期取得的子公司自取得控制权日起至本期期末为会计期间的财务报表为基础编制，将本期取得的子公司自取得控制权日起至本期期末的收入、费用和利润通过合并，纳入合并财务报表之中。同时，为了提高会计信息的可比性，应在财务报表附注中披露本期取得的子公司对合并财务报表的经营成果的影响，以及对前期相关金额的影响，即披露本期取得的子公司自取得控制权日至本期期末止的经营成果，包括营业收入、营业利润、利润总额、所得税费用和净利润等。

编制合并现金流量表时，应当将本期取得的子公司自取得控制权日起至本期期末止的现金流量的信息纳入合并现金流量表，并将取得子公司所支付的现金扣除子公司于购买日持有的现金及现金等价物后的净额，在有关投资活动类的“取得子公司及其他营业单位所支付的现金”项目反映。

二、处置对子公司投资的会计处理

（一）在不丧失控制权的情况下部分处置对子公司长期股权投资

母公司在不丧失控制权的情况下部分处置对子公司的长期股权投资的，在母公司个别财务报表中作为长期股权投资的处置，确认有关处置损益。即出售股权取得的价款或对价的公允价值与所处置投资账面价值的差额，应作为投资收益或损失计入处置投资当期母公司的个别财务报表；在合并财务报表中，因出售部分股权后，母公司仍能够对被投资单位实施控制，被投资单位应当纳入母公司合并财务报表。因此，在合并财务报表中，处置价款与处置长期股权投资相对应享有子公司自购买日或合并日开始持续计算的净资产份额之间的差额，应当调整资本公积（资本溢价或股本溢价），资本公积不足冲减的，调整留存收益。

（二）母公司因处置对子公司长期股权投资而丧失控制权

1. 一次交易处置子公司

母公司因处置部分股权投资或其他原因丧失了对原有子公司控制的，在合并财务报表中，应当进行如下会计处理。

（1）终止确认长期股权资产、商誉等的账面价值，并终止确认少数股东权益（包括属于少数股东的其他综合收益）的账面价值。

（2）按照丧失控制权日的公允价值进行重新计量剩余股权，按剩余股权对被投资方的影响程度，将剩余股权作为长期股权投资或金融工具进行核算。

（3）处置股权取得的对价与剩余股权的公允价值之和，减去按原持股比例计算应享有原有子公司自购买日开始持续计算的净资产账面价值份额与商誉之和，形成的差额计入丧失控制权当期的投资收益。

（4）与原有子公司的股权投资相关的其他综合收益、其他所有者权益变动，应当在丧失控制权时转入当期损益，由于被投资方重新计量设定受益计划净负债或净资产变动而产生的其他综合收益除外。

2. 多次交易分步处置子公司

企业通过多次交易分步处置对子公司股权投资直至丧失控制权，在合并财务报表中，首先应判断分步交易是否属于“一揽子交易”。

如果分步交易不属于“一揽子交易”，则在丧失对子公司控制权以前的各项交易，应按照前述“（一）在不丧失控制权的情况下部分处置对子公司长期股权投资”的规定进行会计处理。

如果分步交易属于“一揽子交易”，则应将各项交易作为一项处置原有子公司并丧失控制权的交易进行会计处理，其中，对于丧失控制权之前的每一次交易，处置价款与处置投资对应的享有该子公司自购买日开始持续计算的净资产账面价值的份额之间的差额，在合并财务报表中应当计入其他综合收益，在丧失控制权时一并转入丧失控制权当期的损益。

【例7-36】为集中力量发展优势业务，甲公司计划剥离辅业处置全资子公司A公司。2×11年11月20日，甲公司与乙公司签订不可撤销的转让协议，约定甲公司向乙公司转让其持有的A公司100%股权，对价总额为7 000万元。考虑到股权平稳过渡，双方协议约定，乙公司应在2×11年12月31日之前支付3 000万元，以取得A公司30%股权；乙公司应在2×12年12月31日之前支付4 000万元，以取得A公司剩余70%股权。2×11年12月31日至乙公司支付剩余价款期间，A公司仍由甲公司控制，若A公司在此期间向股东进行利润分配，则后续70%股权的购买对价按乙公司已分得的金额进行相应调整。

2×11年12月31日，乙公司按照协议约定向甲公司支付3 000万元，甲公司将A公司30%股权转让给乙公司，股权变更手续已于当日完成；当日，A公司自购买日持续计算的净资产账面价值为5 000万元。

2×12年9月30日，乙公司向甲公司支付4 000万元，甲公司将A公司剩余70%股权转让给乙公司并办理完毕股权变更手续，自此乙公司取得A公司的控制权；当日，A公司自购买日持续计算的净资产账面价值为6 000万元。

2×12年1月1日至2×12年9月30日，A公司实现净利润1 000万元，无其他净资产变动事项（不考虑所得税等影响）。

本例中，甲公司通过两次交易分步处置其持有的A公司100%股权：第一次交易处置A公司30%股权，仍保留对A公司的控制权；第二次交易处置剩余70%股权，并丧失对A公司的控制权。

首先，需要分析上述两次交易是否属于“一揽子交易”。

（1）甲公司处置A公司股权是出于集中力量发展优势业务，剥离辅业的考虑，甲公司的目的是全部处置其持有的A公司股权，两次处置交易结合起来才能达到其商业目的。

（2）两次交易在同一转让协议中同时约定。

（3）在第一次交易中，30%股权的对价为3 000万元，相对于100%股权的对价总额7 000万元而言，第一次交易单独来看对乙公司而言并不经济，和第二次交易一并考虑才反映真正的经济影响。此外，如果在两次交易期间A公司进行了利润分配，也将据此调整对价，说明两次交易是在考虑了彼此影响的情况下订立的。

综上所述，在合并财务报表中，两次交易应作为“一揽子交易”，按照分步处置子公司股权至丧失控制权并构成“一揽子交易”的相关规定进行会计处理。

2×11年12月31日，甲公司转让A公司30%股权，在A公司中所占股权比例下降至70%，甲公司仍控制A公司。处置价款3 000万元与处置30%股权对应的A公司净资产账面价值份额1 500万元（5 000×30%）之间的差额为1 500万元，在合并财务报表中计入其他综合收益。

借：银行存款　　3 000

　贷：少数股东权益　　1 500

　　其他综合收益　　1 500

2×12年1月1日至2×12年9月30日，A公司作为甲公司持股70%的非全资子公司应纳入甲公司合并财务报表合并范围，A公司实现的净利润1 000万元中归属于乙公司的份额300万元（1 000×30%），在甲公司合并财务报表中确认少数股东损益300万元，并调整少数股东权益。

2×12年9月30日，甲公司转让A公司剩余70%股权，丧失对A公司的控制权，不再将A公司纳入合并范围。甲公司应终止确认对A公司的长期股权投资及少数股东权益等，并将处置价款4 000万元与享有的A公司净资产份额4 200万元（6 000×70 %）之间的差额200万元，计入当期损益；同时，将第一次交易计入其他综合收益的1 500万元转入当期损益。

（三）本期减少子公司时如何编制合并财务报表

在本期出售转让子公司部分股份或全部股份，丧失对该子公司的控制权而使其成为非子公司的情况下，应当将其排除在合并财务报表的合并范围之外。

在编制合并资产负债表时，不需要对该出售转让股份而成为非子公司的资产负债表进行合并。但为了提高会计信息的可比性，应当在财务报表附注中披露该子公司成为非子公司对合并财务报表财务状况以及对前期相关金额的影响，即披露该子公司在丧失控制权日以及该子公司在上年年末的资产和负债金额，具体包括流动资产、长期股权投资、固定资产、无形资产及其他资产和流动负债、长期负债等。

编制合并利润表时，则应当以该子公司期初至丧失控制权成为非子公司之日止的利润表为基础，将该子公司自期初至丧失控制权之日止的收入、费用、利润纳入合并利润表。同时为提高会计信息的可比性，在财务报表附注中披露该子公司成为非子公司对合并财务报表的经营成果以及对前期相关金额的影响，即披露该子公司自期初至丧失控制权日止的经营成果以及上年度的经营成果，具体包括营业收入、营业利润、利润总额、所得税费用和净利润等。

在编制现金流量表时，应将该子公司自期初至丧失控制权之日止的现金流量信息纳入合并现金流量表，并将出售该子公司所收到的现金扣除子公司持有的现金和现金等价物以及相关处置费用后的净额，在有关投资活动类的“处置子公司及其他营业单位所收到的现金”项目反映。

三、因子公司少数股东增资导致母公司股权稀释

如果由于子公司的少数股东对子公司进行增资，导致母公司股权稀释，母公司应当按照增资前的股权比例计算其在增资前子公司账面净资产中的份额，该份额与增资后按母公司持股比例计算的在增资后子公司账面净资产份额之间的差额计入资本公积，资本公积不足冲减的，调整留存收益。

【例7-37】 2×12年1月1日，甲公司和乙公司分别出资800万元和200万元设立A公司，甲公司、乙公司的持股比例分别为80%和20%。A公司为甲公司的子公司。2×13年1月1日，乙公司对A公司增资400万元，增资后占A公司股权比例为30%。增资完成后，甲公司仍控制A公司。A公司自成立日至增资前实现净利润1 000万元，除此以外，不存在其他影响A公司净资产变动的事项（不考虑所得税等影响）。

本例中，甲公司持股比例原为80%，由于少数股东乙公司增资而变为70 %。增资前，甲公司按照80%的持股比例享有的A公司净资产账面价值为1 600万元（2 000×80 %）；增资后，甲公司按照70%持股比例享有的净资产账面价值为1 680万元（2 400×70%），两者之间的差额80万元，在甲公司合并资产负债表中应调增资本公积。

四、交叉持股的合并处理

交叉持股指在由母公司和子公司组成的企业集团中，母公司持有子公司一定比例股份，能够对其实施控制，同时子公司也持有母公司一定比例股份，即相互持有对方的股份。

母子公司有交互持股情形的，在编制合并财务报表时，对于母公司持有的子公司股权，与通常情况下母公司长期股权投资与子公司所有者权益的合并抵销处理相同。对于子公司持有的母公司股权，应当按照子公司取得母公司股权日所确认的长期股权投资的初始投资成本，将其转为合并财务报表中的库存股，作为所有者权益的减项，在合并资产负债表中所有者权益项目下以“减：库存股”项目列示；对于子公司持有母公司股权所确认的投资收益（如利润分配或现金股利），应当进行抵销处理。子公司将所持有的母公司股权分类为可供出售金融资产的，按照公允价值计量的，同时冲销子公司累计确认的公允价值变动。

子公司相互之间持有的长期股权投资，应当比照母公司对子公司的股权投资的抵销方法，将长期股权投资与其对应的子公司所有者权益中所享有的份额相互抵销。

五、逆流交易的合并处理

如果母子公司之间发生逆流交易，即子公司向母公司出售资产，则所发生的未实现内部交易损益，应当按照母公司对该子公司的分配比例在“归属于母公司所有者的净利润”和“少数股东损益”之间分配抵销。

【例7-38】甲公司是A公司的母公司，持有A公司80%的股份。2×13年5月1日，A公司向甲公司销售商品1 000万元，商品销售成本为700万元，甲公司以银行存款支付全款，将购进的该批商品作为存货核算。截至2×13年12月31日，该批商品仍有20%未实现对外销售。2×13年年末，甲公司对剩余存货进行检查，发现未发生存货跌价损失。除此之外，甲公司与A公司2×13年未发生其他交易（不考虑所得税等影响）。

本例中，2×13年存货中包含的未实现内部销售损益为60万元[（1 000−700）×20 %]。在2×13年合并财务报表工作底稿中的抵销分录如下。

借：营业收入　　1 000

　　贷：营业成本　　940

　　　　存货　　60

同时，由于该交易为逆流交易，应将内部销售形成的存货中包含的未实现内部销售损益在甲公司和A公司少数股东之间进行分摊。

在存货中包含的未实现内部销售损益中，归属于少数股东的未实现内部销售损益分摊金额为12万元（60×20%）。在2×13年合并财务报表工作底稿中的抵销分录如下。

借：少数股东权益　　12

　　贷：少数股东损益　　12

子公司之间出售资产所发生的未实现内部交易损益，应当按照母公司对出售方子公司的持股比例在“归属于母公司所有者的净利润”和“少数股东损益”之间分配抵销。

六、其他特殊交易

对于站在企业集团合并财务报表角度的确认和计量结果与其所属的母公司或子公司的个别财务报表层面的确认和计量结果不一致的，在编制合并财务报表时，应站在企业集团角度对该特殊交易事项予以调整。例如，母公司将借款作为实收资本投入子公司用于长期资产的建造，母公司应在合并财务报表层面反映借款利息的资本化金额。再如，子公司作为投资性房地产的大厦，出租给集团内其他企业使用，母公司应在合并财务报表层面作为固定资产反映。

第十一节　所得税会计相关的合并处理

一、所得税会计概述

在编制合并财务报表时，由于需要对企业集团内部交易进行合并抵销处理，由此可能导致在合并财务报表中反映的资产、负债账面价值与其计税基础不一致，存在差异。为了使合并财务报表全面反映所得税相关的影响，特别是当期所负担的所得税费用的情况，应当进行所得税会计核算，在计算确定资产、负债的账面价值与计税基础之间差异的基础上，确认相应的递延所得税资产或递延所得税负债。

二、内部应收款项相关所得税会计的合并处理

在编制合并财务报表时，随着内部债权债务的抵销，也必须将内部应收账款计提的坏账准备予以抵销。通过对其进行合并抵销处理后，合并财务报表中该内部应收账款已不存在，由内部应收账款账面价值与计税基础之间的差异所形成的暂时性差异也不能存在。在编制合并财务报表时，对持有该集团内部应收款项的企业因该暂时性差异确认的递延所得税资产则需要进行抵销处理。

【例7-39】甲公司为A公司的母公司。甲公司本期个别资产负债表应收账款中有1 700万元为应收A公司账款，该应收账款账面余额为1 800万元，甲公司当年对其计提坏账准备100万元。A公司本期个别资产负债表中列示有应付甲公司账款1 800万元。甲公司和A公司适用的所得税税率均为25 %。

甲公司在编制合并财务报表时，其合并处理如下。

（1）将内部应收账款与应付账款相互抵销，其抵销分录如下。

借：应付账款　　1 800①

　　贷：应收账款　　1 800

（2）将内部应收账款计提的坏账准备予以抵销，其抵销分录如下。

借：应收账款　　100②

　　贷：资产减值损失　　100

（3）将甲公司对内部应收账款计提坏账准备导致暂时性差异确认的递延所得税资产予以抵销。

本例中，甲公司在其个别财务报表中，对应收A公司账款计提坏账准备100万元，由此导致应收A公司账款的账面价值调整为1 700万元，而该应收账款的计税基础仍为1 800万元，应收A公司账款的账面价值1 700万元与其计税基础1 800万元之间的差额100万元，则形成当年暂时性差异。对此，按照所得税会计准则的规定，应当确认该暂时性差异相应的递延税款资产25万元（100×25%）。甲公司在其个别财务报表中确认递延所得税资产时，借记“递延所得税资产”科目25万元，贷记“所得税费用”科目25万元。在编制合并财务报表时随着内部应收账款及其计提的坏账准备的抵销，在合并财务报表中该应收账款已不存在，由甲公司在其个别财务报表中因应收A公司账款账面价值与其计税基础之间形成的暂时性差异也不存在，对该暂时性差异确认的递延所得税资产则需要予以抵销。在编制合并财务报表对其进行合并抵销处理时，其抵销分录如下。

借：所得税费用　　25③

　　贷：递延所得税资产　　25

三、内部交易存货相关所得税会计的合并处理

企业在编制合并财务报表时，应当将纳入合并范围的母公司与子公司以及子公司相互之间发生的内部交易对个别财务报表的影响予以抵销，其中包括内部商品交易所形成的存货价值中包含的未实现内部销售损益的金额。对于内部商品交易所形成的存货，从持有该存货的企业来说，假定不考虑计提资产减值损失，其取得成本就是该资产的账面价值，这其中包括销售企业因该销售所实现的损益，这一取得成本也就是计税基础。由于所得税是以独立的法人实体为对象计征的，这一计税基础也是合并财务报表中该存货的计税基础。此时，账面价值与其计税基础是一致的，不存在暂时性差异，也不涉及确认递延所得税资产或递延所得税负债的问题。但在编制合并财务报表过程中，随

着内部商品交易所形成的存货价值包含的未实现内部销售损益的抵销，合并资产负债表所反映的存货价值是以原来内部销售企业该商品的销售成本列示的，不包含未实现内部销售损益。由此导致在合并资产负债表所列示的存货的价值与持有该存货的企业计税基础不一致，存在着暂时性差异。这一暂时性差异的金额就是编制合并财务报表时所抵销的未实现内部销售损益的数额。从合并财务报表编制来说，对于这一暂时性差异，则必须确认递延所得税资产或递延所得税负债。

【例7-40】甲公司持有A公司80%的股权，是A公司的母公司。甲公司20×1年利润表列示的营业收入中有5 000万元，是当年向A公司销售产品取得的销售收入，该产品销售成本为3 500万元。A公司在20×1年将该批内部购进商品的60%实现对外销售，其销售收入为3 750万元，销售成本为3 000万元，并列示于其利润表中；该批商品的另外40%则形成A公司期末存货，即期末存货为2 000万元，列示于A公司20×1年的资产负债表之中。甲公司和A公司适用的企业所得税税率均为25 %。

甲公司在编制合并财务报表时，其合并抵销处理如下。

（1）将内部销售收入与内部销售成本及存货价值中包含的未实现内部销售利润抵销，其抵销分录如下。

借：营业收入　　5 000①

　　贷：营业成本　　4 400

　　　　存货　　600

（2）确认因编制合并财务报表导致的存货账面价值与其计税基础之间的暂时性差异相关递延所得税资产。本例中，从A公司来说，其持有该存货账面价值与计税基础均为2 000万元；从甲集团公司角度来说，通过上述合并抵销处理，合并资产负债表中该存货的价值为1 400万元；由于甲公司和A公司均为独立的法人实体，这一存货的计税基础应从A公司的角度来考虑，即其计税基础为2 000万元。因该内部交易抵销的未实现内部销售损益导致的暂时性差异为600万元（2 000−1 400），实际上就是抵销的未实现内部销售损益的金额。为此，编制合并财务报表时还应当对该暂时性差异确认递延所得税资产150万元（600×25 %）。进行合并抵销处理时，其抵销分录如下。

借：递延所得税资产　　150②

　　贷：所得税费用　　150

四、内部交易固定资产等相关所得税会计的合并处理

对于内部交易形成的固定资产，编制合并财务报表时应当将该内部交易对个别财务报表的影响予以抵销，其中包括将内部交易形成的固定资产价值中包含的未实现内部销售利润予以抵销。对于内部交易形成的固定资产，从持有该固定资产的企业来说，假定不考虑计提资产减值损失，其取得成本就是该固定资产的账面价值，其中包括销售企业因该销售所实现的损益，这一账面价值与其计税基础是一致的，不存在着暂时性差异，也不涉及确认递延所得税资产或递延所得税负债的问题。但在编制合并财务报表时，随着内部交易所形成的固定资产价值所包含的未实现内部销售损益的抵销，合并资产负债表中所反映的该固定资产价值不包含这一未实现内部销售损益，也就是说是以原销售企业该商品的销售成本列示的，因而导致在合并资产负债表所列示的固定资产价值与持有该固定资产的企业计税基础不一致，存在着暂时性差异。这一暂时性差异的金额就是编制合并财务报表时所抵销的未实现内部销售损益的数额。从合并财务报表来说，对于这一暂时性差异，在编制合并

财务报表时必须确认相应的递延所得税资产或递延所得税负债。

【例7-41】A公司和B公司均为甲公司控制下的子公司。A公司于20×1年1月1日，将自己生产的产品销售给B公司作为固定资产使用，A公司销售该产品的销售收入为1 680万元，销售成本为1 200万元。A公司在20×1年度利润表中列示有该销售收入1 680万元，该销售成本1 200万元。B公司以1 680万元的价格作为该固定资产的原价入账。B公司购买的该固定资产用于公司的销售业务，该固定资产属于不需要安装的固定资产，当月投入使用，其折旧年限为4年，预计净残值为零。B公司对该固定资产确定的折旧年限和预计净残值与税法规定一致。为简化合并处理，假定该内部交易固定资产在交易当年按12个月计提折旧。B公司在20×1年12月31日的资产负债表中列示有该固定资产，其原价为1 680万元、累计折旧为420万元、固定资产净值为1 260万元。A公司、B公司和甲公司适用的所得税税率均为25％。

甲公司在编制合并财务报表时，应当进行如下抵销处理。

（1）将该内部交易固定资产相关销售收入与销售成本及原价中包含的未实现内部销售利润予以抵销。其抵销分录如下。

借：营业收入	1 680①
贷：营业成本	1 200
固定资产原价	480

（2）将当年计提的折旧和累计折旧中包含的未实现内部销售损益的金额予以抵销。其抵销分录如下。

借：累计折旧	120②
贷：销售费用	120

（3）确认因编制合并财务报表导致的内部交易固定资产账面价值与其计税基础之间的暂时性差异相关递延所得税资产。

本例中，确认递延所得税资产或负债相关计算如下。

B公司该固定资产的账面价值=1 680（固定资产原价）-420（当年计提的折旧额）

=1 260（万元）

B公司该固定资产的计税基础= 1 680（固定资产原价）-420（当年计提的折旧额）

=1 260（万元）

根据上述计算，从B公司角度来看，因该内部交易形成的固定资产账面价值与其计税基础相同，不产生暂时性差异，在B公司个别财务报表中不涉及确认递延所得税资产或递延所得税负债的问题。

合并财务报表中该固定资产的账面价值=1 200（企业集团取得该资产的成本）-300

（按取得资产成本计算确定的折旧额）

= 900（万元）

合并财务报表中该固定资产的计税基础=B公司该固定资产的计税基础=1 260（万元）

合并财务报表中该固定资产相关的暂时性差异=900（账面价值）-1 260（计税基础）

=-360（万元）

关于计税基础，企业所得税是以单个企业的纳税所得为对象计算征收的。某一资产的计税基础是从使用该资产的企业来考虑的。从某一企业来说，资产的取得成本就是其计税基础。由于该内部交易固定资产属于B公司拥有并使用，B公司该固定资产的计税基础也就是整个企业集团的计税基础，个别财务报表确定该固定资产的计税基础与合并财务报表确定的该固定资产的计税基础是相同的。

关于合并财务报表中该固定资产的账面价值，是以抵销未实现内部销售利润后的固定资产原价（即销售企业的销售成本）1 200万元（固定资产原价1 680万元-未实现内部销售利润480万元），以及按抵销未实现内部销售利润后的固定资产原价计算的折旧额为基础计算的。

合并财务报表中该固定资产相关的暂时性差异，就是因抵销未实现内部销售利润而产生的。本例中该固定资产原价抵销的未实现内部销售利润为480万元，同时由于该固定资产使用而当年计提的折旧额420万元中也包含未实现内部销售利润120万元，这120万元随着固定资产折旧而结转为已实现内部销售利润，因此该内部交易形成的固定资产价值中当年实际抵销的未实现内部销售利润为360万元（480-120）。这360万元也就是因未实现内部销售利润而产生的暂时性差异。

对于合并财务报表中该内部交易固定资产因未实现内部销售利润的抵销而产生的暂时性差异，应当确认的递延所得税资产为90万元（360×25 %）。本例中，确认相关递延所得税资产的合并抵销分录如下。

借：递延所得税资产　　　　90③

　贷：所得税费用　　　　90

第十二节 合并现金流量表的编制

一、合并现金流量表概述

现金流量表作为第三张主要报表已经为世界上一些主要国家的会计实务所采用，现金流量表要求按照收付实现制反映企业经济业务所引起的现金流入和流出，其编制方法有直接法和间接法两种。我国已经明确规定企业对外报送的现金流量表采用直接法编制。所谓直接法，是将按照权责发生制确认的营业收入调整与营业活动有关的流动资产和流动负债的增减变动，列示营业收入和其他收入的收现数，将按照配比原则确认的营业成本和营业费用调整为付现数。在采用直接法的情况下，以合并利润表有关项目的数据为基础，调整得出本期的现金流入和现金流出数量，再按经营活动产生的现金流量、投资活动产生的现金流量、筹资活动产生的现金流量三大类，反映企业一定会计期间的现金流量情况。

合并现金流量表是综合反映母公司及其子公司组成的企业集团在一定会计期间现金流入、现金流出数量以及其增减变动情况的财务报表。合并现金流量表以母公司和子公司的现金流量表为基础，在抵销母公司与子公司、子公司相互之间发生内部交易对合并现金流量表的影响后，由母公司编制。合并现金流量表也可以合并资产负债表和合并利润表为依据进行编制。

二、编制合并现金流量表需要抵销的项目

在以母公司和子公司个别现金流量表为基础编制合并现金流量表时，需要进行抵销的内容主要

如下。

（1）母公司与子公司、子公司相互之间当期以现金投资或收购股权增加的投资所产生的现金流量应当抵销。

当母公司从子公司中购买其持有的其他企业的股票时，由此所产生的现金流量，在购买股权方的母公司的个别现金流量表中，表现为“投资活动产生的现金流量”中的“投资支付的现金”的增加，而在出售股权方的子公司的个别现金流量表中则表现为“投资活动产生的现金流量”中的“收回投资收到的现金”的增加。在母公司对子公司投资的情况下，其所产生的现金流量表在母公司的个别现金流量表中表现为“投资活动产生的现金流量”中的“投资支付的现金”的增加，而在接受投资的子公司个别现金流量表中则表现为“筹资活动产生的现金流量”中的“吸收投资收到的现金”的增加。因此，编制合并现金流量表时将其予以抵销。

（2）母公司与子公司、子公司相互之间当期取得投资收益收到的现金，应当与分配股利、利润或偿付利息支付的现金相互抵销。

母公司对子公司投资以及子公司之间进行投资分配现金股利或利润时，由此所产生的现金流量，在股利或利润支付方的个别现金流量表中表现为“筹资活动产生的现金流量”中的“分配股利、利润或偿付利息支付的现金”的增加，而在收到股利或利润方的个别现金流量表中则表现为“投资活动产生的现金流量”中的“取得投资收益收到的现金”的增加，为此，在编制合并现金流量表时必须将其予以抵销。

（3）母公司与子公司、子公司相互之间以现金结算债权与债务所产生的现金流量应当抵销。

以现金结算内部债权债务，对于债权方来说表现为现金的流入，而对于债务方一来说则表现为现金的流出。在现金结算的债权与债务属于母公司与子公司、子公司相互之间内部销售商品和提供劳务所产生的情况下，从其个别现金流量表来说，在债权方的个别现金流量表中表现为“销售商品、提供劳务收到的现金”的增加；而在债务方的个别现金流量表中则表现为“购买商品、接受劳务支付的现金”的增加。在编制合并现金流量表时必须将由此所产生的现金流量予以抵销。在现金结算的债权与债务属于内部往来所产生的情况下，在债权方的个别现金流量表中表现为“收到的其他与经营活动有关的现金”的增加，在债务方的个别现金流量表中表现为“支付的其他与经营活动有关的现金”的增加，在编制合并现金流量表时由此所产生的现金流量也必须将其予以抵销。

（4）母公司与子公司、子公司相互之间当期销售商品所产生的现金流量应当抵销。

母公司与子公司、子公司相互之间当期销售商品没有形成固定资产、在建工程、无形资产等资产的情况下，该内部销售商品所产生的现金流量，在销售方的个别现金流量表中表现为“销售商品、提供劳务收到的现金”的增加，而在购买方的个别现金流量表中则表现为“购买商品、接受劳务支付的现金”的增加。而在母公司与子公司、子公司相互之间当期销售商品形成固定资产、工程物资、在建工程、无形资产等资产的情况下，该内部销售商品所产生的现金流量，在购买方的个别现金流量表中表现为“购建固定资产、无形资产和其他长期资产所支付的现金”的增加。为此，在编制合并现金流量表时必须将由此所产生的现金流量予以抵销。

（5）母公司与子公司、子公司相互之间处置固定资产、无形资产和其他长期资产收回的现金净额，应当与购建固定资产、无形资产和其他长期资产支付的现金相互抵销。

内部处置固定资产时，由于处置固定资产等所产生的现金流量，对于处置方个别现金流量表来说，表现为“处置固定资产、无形资产和其他长期资产收回的现金净额”的增加；对于购置该资产的接受方来说，在其个别现金流量表中表现为“购置固定资产、无形资产和其他长期资产支付的现金”的增加。故在编制合并现金流量表时必须将由此所产生的现金流量予以抵销。

（6）母公司与子公司、子公司相互之间当期发生的其他内部交易所产生的现金流量应当抵销。

第十三节 合并财务报表附注

与个别财务报表相同，合并财务报表也应当编制附注，企业应当按照规定披露附注信息，主要包括下列内容。

（1）企业集团的基本情况。

（2）财务报表的编制基础。

（3）遵循企业会计准则的声明。

（4）重要会计政策和会计估计。

（5）会计政策和会计估计变更以及差错更正的说明。

（6）报表重要项目的说明。

（7）或有事项。

（8）资产负债表日后事项。

（9）关联方关系及其交易。

（10）风险管理。

以上（1）至（10）项，应当比照《企业会计准则第 30 号——财务报表列报》应用指南的相关规定进行披露。合并现金流量表，还应遵循《企业会计准则第 31 号——现金流量表》应用指南的相关规定进行披露。

（11）母公司和子公司信息。

① 子公司的清单，包括企业名称、注册地、业务性质、母公司的持股比例和表决权比例。

② 母公司直接或通过子公司间接拥有被投资单位表决权不足半数但能对其形成控制的原因。

③ 母公司直接或通过其他子公司间接拥有被投资单位半数以上的表决权但未能对其形成控制的原因。

④ 子公司所采用的与母公司不一致的会计政策，编制合并财务报表的处理方法及其影响。

⑤ 子公司与母公司不一致的会计期间，编制合并财务报表的处理方法及其影响。

⑥ 本期增加子公司，按照《企业会计准则第 20 号——企业合并》的规定进行披露。

⑦ 本期不再纳入合并范围的原子公司，说明原子公司的名称、注册地、业务性质、母公司的持股比例和表决权比例，本期不再成为子公司的原因，其在处置日和上一会计期间资产负债表日资产、负债和所有者权益的金额以及本期期初至处置日的收入、费用和利润的金额。

⑧ 子公司向母公司转移资金的能力受到严格限制的情况。

⑨ 需要在附注中说明的其他事项。

复习思考题

1. 什么是合并财务报表？编制合并财务报表有何意义？
2. 什么是控制？如何确定控制？
3. 合并财务报表的编制程序有哪些？
4. 股权取得日应编制哪些合并财务报表？
5. 合并财务报表应编制哪些调整分录？
6. 编制合并资产负债表时应进行抵销处理的项目有哪些？
7. 编制合并利润表时应进行抵销处理的项目有哪些？
8. 连续编制合并财务报表时为何对上期内部交易事项进行抵销处理？

实务练习题

1. 2009年1月1日，P公司以银行存款购入S公司80%的股份，能够对S公司实施控制。2009年S公司从P公司购进A商品200件，购买价格为每件2万元。P公司A商品每件成本为1.5万元。2009年S公司对外销售A商品150件，每件销售价格为2.2万元；年末结存A商品50件。2010年S公司对外销售A商品10件，每件销售价格为1.8万元。2010年12月31日，S公司年末存货中包括从P公司购进的A商品40件。

要求：

（1）编制2009年与存货有关的抵销分录；

（2）编制2010年与存货有关的抵销分录。

2. P公司于2009年通过控股合并形式合并了S公司，持有S公司80%的股权。母子公司适用的所得税税率均为25%，税法规定计提的坏账准备不得税前扣除。2009年、2010年、2011年P公司、S公司均采用应收账款余额百分比法计提坏账准备，计提比例均为2%，2009年、2010年、2011年年末P公司应收S公司账款分别为500万元、600万元、480万元。

要求：

（1）编制2009年与内部应收账款有关的抵销分录；

（2）编制2010年与内部应收账款有关的抵销分录；

（3）编制2011年与内部应收账款有关的抵销分录。

3. 2009年7月1日，P公司以银行存款6 000万元支付给S公司，取得S公司所持有Q公司80%的股权。P公司和S公司无关联方关系。投资时Q公司所有者权益账面价值为6 000万元，其中股本为4 000万元，资本公积为1 600万元，盈余公积100万元，未分配利润为300万元。2009年7月1日Q公司仅有一项管理用固定资产的公允价值和账面价值不相等，即固定资产账面价值600万元，公允价值700万元，预计尚可使用年限为10年。

2009年7月至12月，Q公司实现净利润1 000万元，提取盈余公积100万元，2009年8月10日Q公司分配现金股利600万元。此外2009年11月，Q公司将其账面价值为600万元的商品以900万元的价格出售给P公司，P公司将取得的商品作为管理用固定资产核算，已于当月投入使用，预计使用寿命为10年，净残值为0。

要求：

（1）判断P公司与Q公司合并所属类型，简要说明理由；

（2）编制2009年7月1日投资时的会计分录，并计算购买日合并商誉；

（3）编制P公司2009年年末将Q公司账面价值调整为公允价值相关的调整分录；

（4）编制P公司2009年年末与合并报表相关内部交易的抵销分录；

（5）编制P公司2009年年末长期股权投资与子公司所有者权益的抵销分录；

（6）编制A公司2009年年末投资收益与子公司利润分配的抵销分录。

第八章 每股收益

第一节 每股收益概述

每股收益是指普通股股东每持有一股所能享有的企业利润或需承担的企业净亏损。每股收益通常被用来反映企业的经营成果，衡量普通股的获利水平及投资风险，是投资者、债权人等信息使用者据以评价企业盈利能力、预测企业成长潜力、进而做出相关经济决策的一项重要的财务指标之一。《企业会计准则第 34 号——每股收益》(以下简称每股收益准则)规范了每股收益的计算和列报要求。

每股收益包括基本每股收益和稀释每股收益两类。

基本每股收益是按照归属普通股股东的当期净利润除以发行在外普通股的加权平均数计算的每股收益，仅考虑当期实际发行在外的普通股股份。

稀释每股收益是以基本每股收益为基础，假定企业所有发行在外的稀释性潜在普通股均已转换为普通股，从而分别调整归属于普通股股东的当期净利润以及发行在外的普通股加权平均数计算的每股收益。稀释每股收益的计算和列报主要是为了避免每股收益虚增可能带来的信息误导。

第二节 基本每股收益

基本每股收益只考虑当期实际发行在外的普通股股份，按照归属于普通股股东的当期净利润除以当期实际发行在外普通股的加权平均数计算确定。

一、分子的确定

计算基本每股收益时，分子为归属于普通股股东的当期净利润，即企业当期实现的可供普通股股东分配的净利润或应由普通股股东分担的净亏损金额。发生亏损的企业，每股收益以负数列示。以合并财务报表为基础计算的每股收益，分子应当是归属于母公司普通股股东的当期合并净利润，即扣减少数股东损益后的余额。与合并财务报表一同提供的母公司财务报表中企业自行选择列报每股收益的[①]，以母公司个别财务报表为基础计算的每股收益，分子应当是归属于母公司全部普通股股东的当期净利润。

二、分母的确定

计算基本每股收益时，分母为当期发行在外普通股的算术加权平均数，即期初发行在外普通股

① 与合并财务报表一同提供的母公司财务报表中不要求计算和列报每股收益，企业可自行选择列报。

股数根据当期新发行或回购的普通股股数与相应时间权数的乘积进行调整后的股数。计算公式如下。

发行在外普通股加权平均数=期初发行在外普通股股数+当期新发行普通股股数×已发行时间÷报告期时间−当期回购普通股股数×已回购时间÷报告期时间

其中，作为权数的已发行时间、报告期时间和已回购时间通常按天数计算，在不影响计算结果合理性的前提下，也可以采用简化的计算方法，如按月数计算。公司库存股不属于发行在外的普通股，且无权参与利润分配，应当在计算分母时扣除。

【例8-1】M公司按月数计算每股收益的时间权数。2015年期初发行在外的普通股为10 000万股；3月31日新发行普通股5 700万股；11月1日回购普通股2 700万股，以备将来奖励职工之用。该公司当年度实现净利润3 318万元。2015年度基本每股收益计算如下。

发行在外普通股加权平均数=10 000×12/12+5 700×9/12−2 700×2/12=13 825（万股）

基本每股收益=3 318/13 825=0.24（元/股）

新发行普通股股数应当根据发行合同的具体条款，从应收对价之日起计算确定。一般情况下，应收对价之日即为股票发行日；但在一些特定发行情况下，两个日期可能并不一致，企业应当以应收对价之日为准。

企业合并中作为对价发行的普通股何时计入发行在外普通股的加权平均数，应当区分两种情况处理。（1）对于非同一控制下的企业合并，购买方自购买日起取得对被购买方的实际控制权。（2）对于同一控制下的企业合并，同一控制下企业合并中作为对价发行的普通股，也应当视同列报最早期间期初就已发行在外，计入各列报期间普通股的加权平均数，与分子净利润口径相一致。

第三节 稀释每股收益

稀释每股收益是以基本每股收益为基础，假设企业所有发行在外的稀释性潜在普通股均已转换为普通股，从而分别调整归属于普通股股东的当期净利润以及发行在外普通股的加权平均数计算而得的每股收益。

一、稀释性潜在普通股

潜在普通股是指赋予其持有者在报告期或以后期间享有取得普通股权利的一种金融工具或其他合同。目前，我国企业发行的潜在普通股主要有可转换公司债券、认股权证、股份期权等。

稀释性潜在普通股，是指假设当期转换为普通股会减少每股收益的潜在普通股。对于亏损企业而言，稀释性潜在普通股假定当期转换为普通股，将会增加企业每股亏损的金额。如果潜在普通股转换为普通股，将增加每股收益或降低每股亏损的金额，则表明该潜在普通股不具有稀释性，而是具有反稀释性，在计算稀释每股收益时不应予以考虑。

需要特别说明的是，潜在普通股是否具有稀释性的判断标准是看其对持续经营每股收益的影响；也就是说，假定潜在普通股当期转换为普通股，如果会减少持续经营每股收益或增加持续经营每股亏损，表明具有稀释性，否则，具有反稀释性。

二、计算稀释每股收益应当考虑的因素

存在稀释性潜在普通股的复杂股权结构的公司，除了应当计算和列报基本每股收益外，还应当同时根据稀释性潜在普通股的影响计算和列报稀释每股收益。企业在计算稀释每股收益时应当考虑稀释潜在普通股以及对分子和分母调整因素的影响。

（一）分子的调整

计算稀释每股收益时，应当根据下列事项对归属于普通股股东的当期净利润进行调整。（1）当期已确认为费用的稀释性潜在普通股的利息。潜在普通股一旦假定转换成普通股，与之相关的利息费用将不再发生，原本已从企业利润中扣除的费用应当加回来，从而增加归属于普通股股东的当期净利润。最常见的例子为可转换公司债券的利息。（2）稀释性潜在普通股转换时将产生的收益或费用。（3）一些随之而来的间接影响因素。

上述调整应当考虑相关的所得税影响，即按照税后影响金额进行调整。对于包含负债和权益成分的金融工具，仅需调整属于金融负债部分的相关利息、利得或损失。

【例8-2】M上市公司于2015年1月1日按面值发行20 000万元的三年期可转换公司债券，票面固定利率为2.5%，利息自发行之日起每年支付一次，即每年12月31日为付息日。该批可转换公司债券自发行结束后24个月以后可转换为公司股票。债券利息不符合资本化条件，直接计入当期损益。所得税税率为25%。假设不考虑可转换公司债券在负债和权益成份的分拆，且债券票面利率等于实际利率。按照公司利润分享计划约定，该公司高级管理人员按照当年税前利润的2%领取奖金报酬。该公司2015年度税前利润为20 000万元，税后净利润为15 000万元。

为计算稀释每股收益，分子归属于普通股股东的当期净利润应调整的项目主要包括以下两方面。一是假定可转换公司债券期初转换为普通股而减少的利息费用，二是由此增加利润所导致的支付高管人员奖金的增加。

税后净利润	15 000
加：减少的利息费用（20 000×2.5%）	500
减：相关所得税影响（500×25%）	（125）
减：增加的高管人员奖金（500×2%）	（10）
加：相关所得税影响（10×25%）	2.5
稀释每股收益计算中归属于普通股股东的当期净利润	15 367.5

（二）分母的调整

计算稀释每股收益时，当期发行在外普通股的加权平均数应当为计算基本每股收益时普通股的加权平均数与假定稀释性潜在普通股转换为已发行普通股而增加的普通股股数的加权平均数之和。

假定稀释性潜在普通股转换为已发行普通股而增加的普通股股数，应当根据潜在普通股的条件确定。当存在不止一种转换基础时，应当假定会采取从潜在普通股持有者角度看最有利的转换率或执行价格。

假定稀释性潜在普通股转换为已发行普通股而增加的普通股股数应当按照其发行在外时间进行加权平均。以前期间发行的稀释性潜在普通股，应当假设在当期期初转换为普通股；当期发行的稀释性潜在普通股，应当假设在发行日转换为普通股；当期被注销或终止的稀释性潜在普通股，应当按照当期发行在外的时间加权平均计入稀释每股收益；当期被转换或行权的稀释性潜在普通股，应

当从当期期初至转换日（或行权日）计入稀释每股收益中，从转换日（或行权日）起所转换的普通股则计入基本每股收益中。

三、可转换公司债券

可转换公司债券是指发行公司依法发行、在一定期间内依据约定的条件可以转换成股份的公司债券。对于可转换公司债券，可以采用假设转换法判断其稀释性，并计算稀释每股收益。首先，假设这部分可转换公司债券在当期期初（或发行日）即已转换成普通股，从而一方面增加了发行在外的普通股股数，另一方面节约了公司债券的利息费用，增加了归属于普通股股东的当期净利润。然后，用增加的净利润除以增加的普通股股数，得出增量股的每股收益，与原来的每股收益比较。如果增量股的每股收益小于原每股收益，则说明该可转换公司债券具有稀释作用，应当计入稀释每股收益的计算中。

计算稀释每股收益时，以基本每股收益为基础，分子的调整项目为可转换公司债券当期已确认为费用的利息等的税后影响额；分母的调整项目为假定可转换公司债券当期期初（或发行日）转换为普通股的股数加权平均数。

【例8-3】M上市公司2015年归属于普通股股东的净利润为40 000万元，期初发行在外普通股股数16 000万股，年内普通股股数未发生变化。2015年1月1日，公司按面值发行30 000万元的三年期可转换公司债券，债券每张面值100元，票面固定年利率为3%，利息自发行之日起每年支付一次，即每年12月31日为付息日。该批可转换公司债券自发行结束后18个月以后即可转换为公司股票，即转股期为发行18个月后至债券到期日止的期间。转股价格为每股10元，即每100元债券可转换为10股面值为1元的普通股。债券利息不符合资本化条件，直接计入当期损益，所得税税率为25%。

假设不具备转换选择权的类似债券的市场利率为4%。公司在对该批可转换公司债券初始确认时，根据《企业会计准则第37号——金融工具列报》的有关规定将负债和权益成分进行了分拆。2015年度稀释每股收益计算如下。

基本每股收益=40 000÷16 000=2.5（元/股）

每年支付利息=30 000×3%=900（万元）

负债成分公允价值=900÷（1+4%）+900÷（1+4%）^{2}+30 900÷（1+4%）^{3}

=29 167.47（万元）

权益成分公允价值=30 000−29 167.47=832.53（万元）

假设转换所增加的净利润=29 167.47×4%×（1−25%）=875.02（万元）

假设转换所增加的普通股股数=30 000/10=3 000（万股）

增量股的每股收益=875.02/3 000=0.29（元）

增量股的每股收益小于基本每股收益，可转换公司债券，具有稀释作用。

稀释每股收益=（40 000+875.02）/（16 000+3 000）=2.15（元）

四、认股权证和股份期权

认股权证是指公司发行的、约定持有人有权在履约期间内或特定到期日按约定价格向本公司购买新股的有价证券。股份期权是指公司授予持有人在未来一定期限内以预先确定的价格和条件购买本公司一定数量股份的权利，股份期权持有人对于其享有的股份期权，可以在规定的期间内以预先确定的价格和条件购买公司一定数量的股份，也可以放弃该种权利。

对于盈利企业，认股权证、股份期权等的行权价格低于当期普通股平均市场价格时，具有稀释性。对于亏损企业，认股权证、股份期权的假设行权一般不影响净亏损，但增加普通股股数，从而导致每股亏损金额的减少，实际上产生了反稀释的作用，因此，这种情况下，不应当计算稀释每股收益。

对于稀释性认股权证、股份期权，计算稀释每股收益时，一般无须调整分子净利润金额，只需要按照下列步骤调整分母普通股加权平均数。

（1）假设这些认股权证、股份期权在当期期初（或发行日）已经行权，计算按约定行权价格发行普通股将取得的股款金额。

（2）假设按照当期普通股平均市场价格发行股票，计算需发行多少普通股能够带来上述相同的股款金额。

（3）比较行使股份期权、认股权证将发行的普通股股数与按照平均市场价格发行的普通股股数，差额部分相当于无对价发行的普通股，作为发行在外普通股股数的净增加。也就是说，认股权证、股份期权行权时发行的普通股可以视为两部分，一部分是按照平均市场价格发行的普通股，这部分普通股由于是按照市价发行，导致企业经济资源流入与普通股股数同比例增加，既没有稀释作用也没有反稀释作用，不影响每股收益金额；另一部分是无对价发行的普通股，这部分普通股由于是无对价发行，企业可利用的经济资源没有增加，但发行在外普通股股数增加，因此具有稀释性，应当计入稀释每股收益中。

$$增加的普通股股数=拟行权时转换的普通股股数-\frac{行权价格\times 拟行权时转换的普通股股数}{当期普通股平均市场价格}$$

普通股平均市场价格的计算，理论上应当包括该普通股每次交易的价格，但实务操作中通常对每周或每月具有代表性的股票交易价格进行简单算术平均即可。股票价格比较平稳的情况下，可以采用每周或每月股票的收盘价作为代表性价格；股票价格波动较大的情况下，可以采用每周或每月股票最高价与最低价的平均值作为代表性价格。无论采用何种方法计算平均市场价格，一经确定，不得随意变更，除非有确凿证据表明原计算方法不再适用。当期发行认股权证或股份期权的，普通股平均市场价格应当自认股权证或股份期权的发行日起计算。

（4）将净增加的普通股股数乘以其假设发行在外的时间权数，据此调整稀释每股收益的计算分母。

【例8-4】M公司2015年度归属于普通股股东的净利润为600万元，发行在外普通股加权平均数为1 500万股，该普通股平均每股市场价格为5元。2015年1月1日，该公司对外发行300万份认股权证，行权日为2016年4月1日，每份认股权证可以在行权日以4元的价格认购本公司1股新发的股份。该公司2015年度每股收益计算如下。

基本每股收益=600/1 500=0.4（元/股）

调整增加的普通股股数=300−300×4÷5=60（万股）

稀释每股收益=600/（1 500+60）=0.38（元/股）

五、企业承诺将回购其股份的合同

企业承诺将回购其股份的合同中规定的回购价格高于当期普通股平均市场价格时，应当考虑其稀释性。计算稀释每股收益时，与前面认股权证、股份期权的计算思路恰好相反，具体步骤如下。

（1）假设企业于期初按照当期普通股平均市场价格发行普通股，以募集足够的资金来履行回购合同；合同日晚于期初的，则假设企业于合同日按照自合同日至期末的普通股平均市场价格发行足量的普通股。该假设前提下，由于是按照市价发行普通股，导致企业经济资源流入与普通股股数同比例增加，每股收益金额不变。

（2）假设回购合同已于当期期初（或合同日）履行，按照约定的行权价格回购本企业股票。

（3）比较假设发行的普通股股数与假设回购的普通股股数，差额部分作为净增加的发行在外普通股股数，再乘以相应的时间权数，据此调整稀释每股收益的计算分母数。

增加的普通股股数=回购价格×承诺回购的普通股股数/当期普通股平均市场价格
-承诺回购的普通股股数

【例8-5】M公司2015年度归属于普通股股东的净利润为600万元，发行在外普通股加权平均数为1 200万股。2015年4月2日，该公司与股东签订一份远期回购合同，承诺一年后以每股6.6元的价格回购其发行在外的260万股普通股。假设，该普通股2015年4月至12月平均每股市场价格为6元。2015年度每股收益计算如下。

基本每股收益=600/1 200=0.5（元/股）

调整增加的普通股股数=260×6.6÷6−260=26（万股）

稀释每股收益=600/（1 200+26×9/12）=0.49（元/股）

六、多项潜在普通股

企业对外发行不同潜在普通股的，单独考察其中某潜在普通股可能具有稀释作用，但如果和其他潜在普通股一并考察时可能恰恰变为反稀释作用。为了反映潜在普通股最大的稀释作用，应当按照各潜在普通股的稀释程度从大到小的顺序计入稀释每股收益，直至稀释每股收益达到最小值。稀释程度根据增量股的每股收益衡量，即假定稀释性潜在普通股转换为普通股的情况下，将增加的归属于普通股股东的当期净利润除以增加的普通股股数的金额。需要强调的是，企业每次发行的潜在普通股应当视作不同的潜在普通股，分别判断其稀释性，而不能将其作为一个总体考虑。通常情况下，股份期权和认股权证排在前面计算，因为其假设行权一般不影响净利润。

对外发行多项潜在普通股的企业应当按照下列步骤计算稀释每股收益。

（1）列出企业在外发行的各潜在普通股。

（2）假设各潜在普通股已于当期期初（或发行日）转换为普通股，确定其对归属于普通股股东当期净利润的影响金额。可转换公司债券的假设转换一般会增加当期净利润金额；股份期权和认股权证的假设行权一般不影响当期净利润。

（3）确定各潜在普通股假设转换后将增加的普通股股数。值得注意的是，稀释性股份期权和认股权证假设行权后，计算增加的普通股股数不是发行的全部普通股股数，而应当是其中无对价发行部分的普通股股数。

（4）计算各潜在普通股的增量股每股收益，判断其稀释性。增量股每股收益越小的潜在普通股稀释程度越大。

（5）按照潜在普通股稀释程度从大到小的顺序，将各稀释性潜在普通股分别计入稀释每股收益中。

分步计算过程中，如果下一步得出的每股收益小于上一步得出的每股收益，表明新计入的潜在普通股具有稀释作用，应当计入稀释每股收益中；反之，则表明具有反稀释作用，不计入稀释每股收益中。

（6）最后得出的最小每股收益金额即为稀释每股收益。

【例8-6】M公司2015年度归属于普通股股东的净利润为3 900万元，发行在外普通股加权平均数为13 000万股。年初已发行在外的潜在普通股有：（1）认股权证5 400万份，行权日为2016年6月1日，每份认股权证可以在行权日以9元的价格认购1股本公司新发股票；（2）按面值发行的五年期可转换公司债券60 000万元，债券每张面值100元，票面年利率为3.3%，转股价格为每股10元，即每100元债券可转换为10股面值为1元的普通股；（3）按面值发行的三年期可转换公司债券120 000万元，债券每张面值100元，票面年利率为1.6%，转股价格为每股12.5元，即每100元债券可转换为8股面值为1元的普通股。当期普通股平均市场价格为12元，年度内没有认股权证被行权，也没有可转换公司债券被转换或赎回，所得税税率为25%。假设不考虑可转换公司债券在负债和权益成份的分拆，且债券票面利率等于实际利率。

2015年度每股收益计算如下。

基本每股收益=3 900/13 000=0.3（元）

计算稀释每股收益如下。

（1）假设潜在普通股转换为普通股，计算增量股每股收益并排序，如表8-1所示。

表8-1　增量股每股收益计算表

	净利润增加	股数增加	增量股的每股收益	顺序
认股权证	—	1 350①	—	1
3.3%债券	1 485②	6 000③	0.25	3
1.6%债券	1 440④	9 600⑤	0.15	2

① 5 400−5 400×9÷12=1 350（万股）

② 60 000×3.3%×（1−25%）=1 485（万元）

③ 60 000/10=6 000（万股）

④ 120 000×1.6%×（1−25%）=1 440（万元）

⑤ 120 000/12.5=9 600（万股）

由此可见，认股权证的稀释性最大，票面年利率为1.6%可转换公司债券的次之，票面年利率为3.3%可转换公司债券的稀释性最小。

（2）分步计入稀释每股收益，如表8-2所示。

表8-2　稀释每股收益计算表

	净利润	股数	每股收益	稀释性
基本每股收益	3 900	13 000	0.3	
认股权证	0	1 350		
	3 900	14 350	0.27	稀释
1.6%债券	1 440	9 600		
	5 340	23 950	0.22	稀释
3.3%债券	1 485	6 000		
	6 825	29 950	0.23	反稀释

因此，稀释每股收益为0.22元/股。

七、子公司、合营企业或联营企业发行的潜在普通股

子公司、合营企业、联营企业发行能够转换成其普通股的稀释性潜在普通股，不仅应当包括在其稀释每股收益的计算中，而且还应当包括在合并稀释每股收益以及投资者稀释每股收益的计算中。

【例8-7】M公司2015年度归属于普通股股东的净利润为50 000万元（不包括子公司N公司利润或N公司支付的股利），发行在外普通股加权平均数为42 000万股，持有N公司70%的普通股股权。N公司2015年度归属于普通股股东的净利润为25 800万元，发行在外普通股加权平均数为10 000万股，该普通股当年平均市场价格为10元。年初，N公司对外发行700万份可用于购买其普通股的认股权证，行权价格为5元，M公司持有其中15万份认股权证，当年无认股权证被行权。假设除股利外，母子公司之间没有其他需抵销的内部交易；M公司取得对N公司投资时，N公司各项可辨认资产等的公允价值与其账面价值一致。2015年度每股收益计算如下。

（1）子公司每股收益计算如下。

① 基本每股收益=25 800/10 000=2.58（元/股）

② 调整增加的普通股股数=700−700×5÷10=350（万股）

③ 稀释每股收益=25 800/（10 000+350）=2.49（元/股）

（2）合并每股收益计算如下。

① 归属于母公司普通股股东的母公司净利润=50 000（万元）

包括在合并基本每股收益计算中的子公司净利润部分=2.58×10 000×70%=18 060（万元）

基本每股收益=（50 000+18 060）/42 000=1.62（元/股）

② 子公司净利润中归属于普通股且由母公司享有的部分=2.49×10 000×70%=17 430（万元）

子公司净利润中归属于认股权证且由母公司享有的部分=2.49×350×15/700=18.675（万元）

③ 稀释每股收益=（50 000+17 430+18.675）/42 000=1.61（元/股）

第四节 每股收益的列报

一、重新计算

（一）派发股票股利、公积金转增资本、拆股和并股

企业派发股票股利、公积金转增资本、拆股或并股等，会增加或减少其发行在外普通股或潜在普通股的数量，但并不影响所有者权益金额，为了保持会计指标的前后期可比性，企业应当在相关报批手续全部完成后，按调整后的股数重新计算各列报期间的每股收益。上述变化发生于资产负债表日至财务报告批准报出日之间的，应当以调整后的股数重新计算各列报期间的每股收益。

【例8-8】M企业2014年和2015年归属于普通股股东的净利润分别为428.4万元和540万元，2014年1月1日发行在外的普通股300万股，2014年5月1日按市价新发行普通股60万股，2015年7月1日分派股票股利，以2014年12月31日总股本360万股为基数每10股送2股，假设不存在其他股数变动因素。

2015年度比较利润表中基本每股收益的计算如下。

2015年度发行在外普通股加权平均数=（300+60+72）×12/12=432（万股）

2014年度发行在外普通股加权平均数=300×1.2×12/12+60×1.2×8/12=408（万股）

2015年度基本每股收益=540/432=1.25（元）

2014年度基本每股收益=428.4/408=1.05（元）

（二）配股

配股在计算每股收益时比较特殊，因为它是向全部现有股东以低于当前股票市价的价格发行普通股，实际上可以理解为按市价发行股票和无对价送股的混合体。也就是说，配股中包含的送股因素具有与股票股利相同的效果，导致发行在外普通股股数增加的同时，却没有相应的经济资源流入。因此，计算基本每股收益时，应当考虑配股中的送股因素，将这部分无对价的送股（不是全部配发的普通股）视同列报最早期间期初就已发行在外，并据以调整各列报期间发行在外普通股的加权平均数，计算各列报期间的每股收益。

企业首先应当计算出一个调整系数，再用配股前发行在外普通股的股数乘以该调整系数，得出计算每股收益时应采用的普通股股数。

调整系数=行权前发行在外普通股的每股公允价值÷每股理论除权价格

其中，每股理论除权价格=（行权前发行在外普通股的公允价值总额+配股收到的款项）÷行权后发行在外的普通股股数

因配股重新计算的上年度基本每股收益=上年度基本每股收益÷调整系数

本年度基本每股收益=归属于普通股股东的当期净利润÷（配股前发行在外普通股股数×调整系数×配股前普通股发行在外的时间权重+配股后发行在外普通股加权平均数）

【例8-9】M企业2015年度归属于普通股股东的净利润为6 110万元，2015年1月1日发行在外普通股股数为2 000万股，2015年6月10日，该企业发布增资配股公告，向截止到2015年6月30日（股权登记日）所有登记在册的老股东配股，配股比例为每4股配1股，配股价格为每股6元，除权交易基准日为2015年7月1日。假设行权前一日的市价为每股11元，2014年度基本每股收益为2.75元。2015年度比较利润表中基本每股收益的计算如下。

每股理论除权价格=（11×2 000+6×500）÷（2 000+500）=10（元）

调整系数=11÷10=1.1

因配股重新计算的2014年度基本每股收益=2.75÷1.1=2.5（元）

2015年度基本每股收益=6 110÷（2 000×1.1×6/12+2 500×6/12）=2.6（元）

二、列报

普通股或潜在普通股已公开交易的企业，以及正处于公开发行普通股或潜在普通股过程中的企业，应当计算每股收益指标，并在招股说明书、年度财务报告、中期财务报告等公开披露信息中予以列报。每股收益的计算以及相关信息的列报应当严格遵循每股收益准则的规定。

企业对外提供合并财务报表的，每股收益准则仅要求其以合并财务报表为基础计算每股收益，并在合并财务报表中予以列报；与合并财务报表一同提供的母公司财务报表中不要求计算和列报每股收益，企业可自行选择列报。

不存在稀释性潜在普通股的企业应当在利润表中单独列示基本每股收益。存在稀释性潜在普通股的企业应当在利润表中单独列示基本每股收益和稀释每股收益。编制比较财务报表时，各列报期间中只要有一个期间列示了稀释每股收益，那么所有列报期间均应当列示稀释每股收益，即使其金额与基本每股收益相等。

企业应当在附注中披露与每股收益有关的下列信息。（1）基本每股收益和稀释每股收益分子、分母的计算过程。（2）列报期间不具有稀释性但以后期间很可能具有稀释性的潜在普通股。（3）在资产负债表日至财务报告批准报出日之间，企业发行在外普通股或潜在普通股发生重大变化的情况。

企业如有终止经营的情况，应当在附注中分别持续经营和终止经营披露基本每股收益和稀释每股收益。

复习思考题

1. 什么是基本每股收益，如何计算？
2. 什么是潜在普通股？什么是稀释性潜在普通股？
3. 计算稀释每股收益应当考虑的因素有哪些？
4. 分别说明可转换公司债券、认股权证、股份期权和企业承诺将回购其股份的合同在什么情况下需要计算稀释每股收益。
5. 什么情况下每股收益列报时需要重新计算？为什么？
6. 每股收益应如何列报？

实务练习题

1. M公司为上市公司，2013年至2015年的有关资料如下。

（1）2013年1月1日发行在外普通股股数为50 000万股。

（2）2013年9月30日，经股东大会同意并经相关监管部门核准，向全体股东每10股发放2份认股权证，共计发放10 000万份认股权证，每份认股权证可以在2014年9月30日按照每股6元的价格认购1股M公司普通股。

2014年9月30日，认股权证持有人全部行权，M公司收到股款60 000万元。2014年10月1日，M公司将注册资本变更为60 000万元。

（3）2015年9月27日，经股东大会批准，M公司以2015年6月30日股份60 000万股为基数，向全体股东每10股派发2股股票股利。

（4）2013年度M公司归属于普通股股东的净利润为36 000万元，2014年度为42 000万元，2015年度为72 576万元。

（5）M公司股票2013年10月至2013年12月平均市场价格为每股10元，2014年1月至2014年9月平均市场价格为每股15元。

假定不存在其他股份变动因素。要求：

（1）计算M公司2013年度利润表中基本每股收益和稀释每股收益。

（2）计算M公司2014年度利润表中基本每股收益和稀释每股收益。

（3）计算M公司2015年度利润表中基本每股收益和稀释每股收益。

2. M上市公司2015年1月1日发行在外的普通股为40 000万股。2015年度M公司与计算每股收益相关的事项如下。

（1）4月1日，以年初发行在外普通股股数为基数每10股送3股红股，以资本公积每10股转增2股，除权日为5月1日。

（2）6月1日，M公司与股东签订一份远期股份回购合同，承诺3年后以每股14元的价格回购股东持有的1 500万股普通股。

（3）8月1日，授予高级管理人员2 400万股股票期权，每一股股票期权行权时可按6元的价格购买M公司1股普通股。

（4）9月1日，发行3 000万份认股权证，行权日为2016年3月1日，每份认股权证可在行权日以5元的价格认购1股M公司普通股。

M公司当期普通股平均市场价格为每股8元，2015年实现的归属于普通股股东的净利润为51 000万元。2014年实现的归属于普通股股东的净利润为54 000万元。

要求：

（1）计算M公司2015年度利润表中列示的基本每股收益。

（2）计算M公司2015年度利润表中列示的2010年稀释每股收益。

（3）计算M公司2015年度利润表中经重新计算的比较数据。

第九章 分部报告和中期财务报告

第一节 分部报告

一、分部报告概述

分部报告是指在企业对外提供的财务会计报告中，按照企业内部组织结构、管理要求、内部报告制度确定的经营分部为基础披露的分部信息，主要包括资产、负债、收入费用、利润等财务信息。

通过分部报告，可以了解和掌握企业以往的经营业绩，更好地评估企业的风险和回报。因此，分部报告可以为企业的相关关系人提供更为有用的、具体的财务信息，以便于从整体上对企业做出更为准确的判断。

二、经营分部的概念

经营分部是企业确认分部报告中的报告分部的基础，是指企业内同时满足下列条件的组成部分。

（1）该组成部分能够在日常活动当中产生收入、发生费用；

（2）企业管理层能够定期评价该组成部分的经营成果，以决定向其配置资源、评价其业绩；

（3）企业能够取得该组成部分的财务状况、经营成果和现金流量等有关会计信息。

若企业存在相似经济特征的两个或多个经营分部，同时满足《企业会计准则第 35 号——分部报告》第五条相关规定的，可以合并为一个经营分部。

在理解经营分部的概念时，注意把握以下要点。

（1）不是企业的每个组成部分都是经营分部或经营分部的一个组成部分。例如，企业的某些管理部门一般不单独产生收入，或仅仅取得偶发性收入，这些部门就不是经营分部或经营分部的一个组成部分。

（2）概念中所指的“企业管理层”强调的是一种职能，而不是具有特定职务的某一特定的管理人员。该职能主要是向企业的经营分部配置资源，并评价其业绩。

（3）对许多企业而言，根据经营分部的概念，通常可以清楚地确定经营分部。但是，企业可能将其经营活动以各种不同的方式在财务报告中予以披露。如果企业管理层使用多种分部信息，其他因素可能更有助于企业管理层确定经营分部，如每一组成部分经营活动的性质、对各组成部分负责的管理人员和向董事会呈报的信息等。

三、经营分部的确定方法

企业一般应当以内部组织结构、管理要求、内部报告制度为依据确定单独的经营分部。每一经营分部一般应具有独立的经济特征，比如生产的产品或提供的劳务性质、销售产品或提供劳务的方式、客户群等，不管哪一方面，只要具有独立的特征，都适合设定为一个经营分部，经济特征不相似的经营分部，应当确定为不同的经营分部。企业存在相似经济特征的两个或多个经营分部，如长期平均毛利率、资金回报率、未来现金流量等，为方便进行资源配置，企业可以将它们合并形成一个经营分部进行披露。具有相似经济特征的两个或多个经营分部，在同时满足下列条件时，可以合并为一个经营分部。

（1）单项产品或劳务的性质形同或相似，包括产品或劳务的规格、型号和最终用途等相同或相似。

（2）生产过程的性质相同或相似，包括采用劳动密集型或资金密集型组织生产、使用相同或相似的设备或原材料、采用委托生产或加工方式等。

（3）购买产品或接受劳务的客户类型相同或相似，包括大宗客户、零散客户；高端客户、一般客户等。不同类型的客户，在提供商品或提供劳务时，风险和报酬是不同的，应划分为不同的经营分部，如商用计算机用户和个人计算机用户就应划分为不同经营分部。

（4）销售产品或提供劳务的方式相同或相似，包括批发、零售、委托销售、自产自销、承包等。

（5）产品生产或劳务提供所处的法律、经济环境相同或相似，包括经营范围或交易定价机制等。企业生产产品或提供劳务总是处于一定的经济、法律环境之下，在不同环境下生产的产品或提供的劳务可能面临不同的风险和报酬，如内陆省份与香港，生产产品与提供劳务的法律环境不同，经济环境也不同，提供同样的产品和劳务面临的风险和报酬不同。

四、报告分部的概念及确定条件

（一）报告分部的概念

报告分部是指在分部报告中单独披露其财务信息的经营分部。根据分部报告准则的规定，并非所有的经营分部都有必要在分部报告中单独披露相关的财务信息。存在多种产品经营或者跨多个地区经营的企业可能会有大量规模较小、不是很重要的经营分部，如果都单独披露经营分部信息，不仅会给财务报告使用者带来困惑，也给财务报告编制者带来不必要的披露成本。因此，在确定报告分部时，应当考虑重要性原则，通常情况下，符合重要性标准的经营分部才能确定为报告分部。

（二）报告分部的 3 项 10%的重要性标准

1. 该经营分部收入占所有经营分部收入合计的 10%或者以上的经营分部

这里的收入是包括该分部对外交易收入和对其他分部交易收入。

分部收入通常不包括下列项目。

（1）利息收入（包括因预付或借给其他分部款项而确认的利息收入）和股利收入（采用成本法核算的长期股权投资取得的股利收入），但分部的日常活动是金融性质的除外。

（2）营业外收入，如出售无形资产、固定资产净收益、罚没收益等。

（3）处置投资产生的净收益，但分部的日常活动是金融性质的除外。

（4）采用权益法核算的长期股权投资确认的投资收益，分部的日常活动是金融性质的除外。

2. 该分部的利润（亏损）的绝对额，占所有盈利分部利润合计额或者所有亏损分部亏损合计额的绝对额两者中较大者的 10%或者以上的经营分部

分部利润（亏损），是指分部收入减去分部费用后的余额。在计算时，应注意将不属于分部收入和分部费用的项目剔除。

分部费用，是指可归属于分部的对外交易费用和对其他分部交易费用，通常包括营业成本、营业税金及附加、销售费用等，对于间接属于该分部的费用，在相关的经营分部间分配。

分部费用通常不包括下列项目。

（1）利息费用（包括因预收或向其他分部借款而确认的利息费用），但分部的日常活动是金融性质的除外。

（2）营业外支出，如处置固定资产、无形资产的净损失。

（3）处置投资发生的净损失，但分部的日常活动是金融性质的除外。

（4）采用权益法核算的长期股权投资确认的投资损失，但分部的日常活动是金融性质的除外。

（5）与企业整体相关的管理费用和其他费用。

3. 该分部的分部资产占所有分部资产合计额的 10%或者以上经营分部

分部资产是指经营分部日常活动中使用的可归属于该分部的资产，不包括递延所得税资产。在计量分部资产时，应当按照分部资产的账面净值进行计量。

企业在确定分部资产时，应注意分部资产与分部利润（亏损）、分部费用等之间存在的对应关系，这些关系如下。

（1）如果分部利润（亏损）包括利息或股利收入，分部资产中就应当包括相应的应收账款、贷款、投资或其他金融资产。

（2）如果分部费用包括某项固定资产的折旧费用、无形资产摊销费用，分部资产就应当包括该项固定资产、无形资产等。

只要确定的经营分部满足上述 3 个 10%重要性标准的任何一条标准，都可以确定为报告分部。

（三）报告分部确定的其他相关规定

企业在根据 10%重要性规定确认报告分部时，还必须遵守分部报告准则关于分部报告确定的以下相关规定。

1. 不满足报告分部确认标准的经营分部的处理

（1）企业管理层认为披露该经营分部信息对会计信息使用者有用，那么，无论该经营分部是否满足 10%的重要性标准，都可以将该经营分部直接指定其为报告分部。

（2）将未满足报告分部确认条件的两个或以上的相似经济特征的经营分部合并确认为一个报告分部。

（3）不将该经营分部直接指定为报告分部，也不将该分部与其他未作为报告分部的经营分部合并，在披露分部信息时，作为“其他项目”单独在分部报告中披露。

2. 分部报告中各报告分部的对外交易收入额合计应占合并总收入或企业总收入的 75%以上

根据分部报告准则规定，企业在确定报告分部时，除了要满足前述报告分部 10%重要性的确定标准外，还要注意报告分部的 75%外部交易收入约束条件。“报告分部的 75%外部交易收入约束条

件”是指确定为报告分部的经营分部，不管数量有多少，各个报告分部的对外交易收入合计占企业总收入的比重必须达到75%。未达到75%，则需增加报告分部，或指定或合并经营分部为一个报告分部。

3. 分部报告中报告分部的数量不应该超过10个

根据前述报告分部的确认标准以及对外交易收入占企业总收入75%的约束条件，企业确定的报告分部，若超过10个，应进行合并。

4. 分部报告中报告分部的确定应遵循可比性原则

对于上期是报告分部，若企业认为重要，即使本期未达标准，仍可作为报告分部；对于上期不是报告分部，而本期作为报告分部，也应追溯提供该经营分部上期分部报告，若重述所需信息无法获得，或不符合成本效益原则，则无须重述，但应在报表附注披露这一事实。

五、分部信息的披露

企业应当在财务报表附注中披露分部报告，充分揭示各个报告分部的相关信息。披露的分部信息主要如下。

（一）描述性信息

1. 确定报告分部考虑的因素

确定报告分部考虑的因素通常包括企业管理层是怎样对报告分部进行管理的，例如按照产品和服务管理、按地理区域管理、按业务管理或综合各种因素进行管理等。

2. 报告分部的产品和劳务的类型

（二）每一报告分部的利润（亏损）、资产总额、负债总额信息

1. 每一报告分部的利润（亏损）信息

（1）对外交易收入和分部间交易收入。

（2）利息收入和利息费用。但是，报告分部的日常活动是金融性质的除外。

（3）折旧费用和摊销费用，以及其他重大的非现金项目。

（4）采用权益法合算的长期股权投资确认的投资收益。

（5）所得税费用或所得税收益。

（6）其他重大的收益或费用项目。

2. 每一报告分部的资产总额、负债总额信息

（1）采用权益法核算的长期股权投资金额。

（2）非流动资产（不包括金融资产、独立账户资产、递延所得税资产）。

（三）分部会计政策及其变更的信息

1. 分部会计政策及其变更

分部会计政策是指与披露分部报告特别相关的会计政策。一般来说，分部会计政策应当与编制企业集团合并财务报表时所采用的会计政策一致。但某些分部信息采用了分部特有的会计政策，比如分部的确定，分部间转移价格的确定方法，以及将收入、费用、资产和负债分配给报告分部的基础等。

（1）分部间转移价格的确定基础；

（2）相关收入和费用分配给报告分部的基础；

（3）确定报告分部利润（亏损）使用的计量方法的变更及变更的性质及影响等。

对于分部会计政策的变更，应当提供前期比较数据。对于某一经营分部，如果本期满足报告分部的确定条件确定为报告分部，应追溯提供前期分部信息，重述不切实可行的除外。分部会计政策变更时，不论企业是否提供前期比较数据，均应在附注中披露这一事实。

2. 分部间转移价格各确定及其变更

企业在计量分部之间发生交易收入时，需要确定分部间转移价格。在一般情况下，分部间的交易定价不同于市场公允交易价格，为准确计量分部间转移价格，企业在确定分部间交易收入时，应当以实际交易价格为计量基础。由于企业不同期间生产的产品的成本不同，可能会导致不同期间分部间转移价格的确定产生差异，造成转移价格的变更。企业应当在附注中对此进行披露。

（四）报告分部与企业信息总额衔接的信息

企业披露的分部信息，应当与合并财务报表或企业财务报表中的总额信息相衔接。具体衔接内容如下。

1. 报告分部收入总额应当与企业收入总额衔接

报告分部收入包括该分部对外交易收入和对其他分部交易收入。报告分部收入总额与企业收入总额进行衔接时，需要将报告分部间的内部交易进行抵销。各个报告分部收入总额，加上未包含在报告分部中的对外交易收入金额之和，扣除报告分部间交易收入，应当与企业收入总额一致。

2. 报告分部利润（亏损）总额应当与企业利润（亏损）总额相衔接

报告分部利润（亏损）是报告分部收入总额，扣除报告分部费用总额后的差额，其与企业利润总额（亏损）进行衔接时，需要将报告分部间的内部交易产生的利润（亏损）进行抵销，两者才能保持一致。

3. 报告分部资产和负债总额应当与企业资产和负债总额相衔接

企业资产总额由归属于报告分部的资产总额和未分配给各个报告分部的资产总额组成。企业负债总额由归属于报告分部的负债总额和未分配给各个报告分部的负债总额组成。

上海城投控股股份有限公司 2013 年分部报告如表 9-1、表 9-2 所示。

表 9-1　　主营业务分行业、分产品情况

分行业	营业收入	营业成本	毛利率（%）	营业收入比上年增减（%）	营业成本比上年增减（%）	毛利率比上年增减（%）
水务收入	0.00	0.00	—	-100	-100	—
房地产业务	2 178 634 299.15	1 154 393 734.77	47.01	-37.87	-59.05	增 27.42
环保业务	740 763 819.93	531 301 328.82	28.28	30.43	40.46	减 5.12
油品销售	417 523 215.17	406 826 798.06	2.56	-41.97	-42.19	增 0.38

表 9-2　　主营业务分地区情况

地区	营业收入	营业收入比上年增减（%）
上海	3 085 861 595.26	-36.39
江苏	20 468 571.93	-22.37
浙江	45 913 907.98	6.42
四川	81 472 738.45	1.88
山东	97 504 561.21	242.12
其他	7 638 720.96	—

上海仪电电子股份有限公司 2015 年年度分部报告如表 9-3、表 9-4 所示。

表 9-3　　主营业务分行业情况　　单位：元

分行业	营业收入	营业成本	毛利率（%）	营业收入比上年增减（%）	营业成本比上年增减（%）	毛利率比上年增减（%）
制造业	796 571 685.76	593 091 517.16	25.54	-23.93	-30.50	增 7.01
食品贸易	204 986 100.51	194 416 916.99	5.16	1.89	1.44	增 0.42
物业租赁服务	28 907 809.97	16 380 889.96	43.33	-2.25	-17.60	增 10.56
系统集成及信息服务业	1 997 257 060.78	1 628 802 497.37	18.45	26.15	25.45	增 0.46
小计	3 027 722 647.02	2 432 694 851.48	19.65	5.82	2.91	增 2.25
公司内各业务分部相互抵销	60 196 745.22	53 472 328.89	11.17	-25.17	-28.43	增 4.06
合计	2 967 525 901.80	2 379 222 522.59	19.82	6.72	3.96	增 2.13

表 9-4　　主营业务分产品

分产品	营业收入	营业成本	毛利率（%）	营业收入比上年增减（%）	营业成本比上年增减（%）	毛利率比上年增减（%）
IDC 业务	183 240 853.91	127 801 253.19	30.26	31.80	33.25	减 0.76
软件业务	734 950 474.01	643 342 078.12	12.46	18.71	17.75	增 0.71
智能化业务	530 632 135.03	393 452 289.25	25.85	25.56	26.51	减 0.58
教育医疗业务	548 433 578.80	464 206 876.81	15.36	36.27	34.47	增 1.13
智能监测业务	238 545 819.00	146 709 865.87	38.50	7.29	0.35	增 4.25
显示业务	396 025 425.92	372 682 839.10	5.89	-42.53	-42.77	增 0.40
特殊电子业务	162 000 440.81	73 701 812.19	54.51	19.41	31.59	减 4.21
物业租赁业务	28 907 809.97	16 380 889.96	43.33	-2.25	-17.60	增 10.56
商品贸易	204 986 100.51	194 416 916.99	5.16	1.89	1.44	增 0.42
小计	3 027 722 647.02	2 432 694 851.48	19.65	5.82	2.91	增 2.25
公司内各业务分部相互抵销	60 196 745.22	53 472 328.89	11.17	-25.17	-28.43	增 4.06
合计	2 967 525 901.80	2 379 222 522.59	19.82	6.72	3.96	增 2.13

第二节 中期财务报告

随着市场经济的发展，企业间的竞争也越来越激烈，企业的投资者、债权人以及其他关系人对企业提供的财务信息的及时性的要求，也越来越高。因此，在年度财务报告的基础上产生了对中期财务报告的要求。

中期财务报告是指以中期为基础编制的财务报告。“中期”是指短于一个完整会计年度的报告期间。它可以是一个月、一个季度或半年，也可以是其他短于一个会计年度的期间。

一、中期财务报告的理论基础

（一）独立论

该理论将每一个中期报告期间都视为一个基本会计期间。因此，每一个中期经营成果的确定，采用与会计年度期间相同的方法。在这种理论下，每一个中期期末的递延、应计及估计。应按与会计年度相同的原理、判断及估计来确定。

（二）整体论

又称一体论。它将每一个中期报告期视为整个会计年度的一部分。在这种理论下，每一个中期期末的递延、应计及估计，均受到其对年度经营成果所做判断的影响。因此，若某一事件影响整个年度，则要根据估计的时间、销售量、生产量或其他基础，在各个中期报告期之间分配。

我国的现行准则侧重于“独立论”，明确规定“企业在中期财务报告中应当采用与年度财务报表一致的会计政策”。

二、我国中期财务报告应遵循的原则

（一）一致性原则

一致性原则指编制中期财务报告，应当遵循与年度财务报告一致的会计政策原则。

（二）重要性原则

在遵循重要性原则时，要注意重要性程度的判断应以中期财务数据为基础，而不得以预计的年度财务数据为基础，其次，要从信息使用者的角度，来认识重要性原则。

三、我国中期财务报告的内容

（一）基本内容

中期财务报告的最基本构成应当包括：（1）资产负债表；（2）利润表；（3）现金流量表；（4）附注。

中期资产负债表、利润表、现金流量表应当是完整报表，其格式内容一级指标的填列应当与上年度报表一致。当年若施行新的会计准则，对报表的内容格式有不同的要求时，中期报告也要按照新的准则编制。此外，基本每股收益和稀释每股收益应当在中期利润表中列示。

（二）比较财务报表的编制要求

为了提高财务报告信息的可比性、相关性和有用性，企业在中期期末除了编制中期期末的报表外，还应当提供与前期的比较财务报表。

《企业会计准则——中期财务报告》规定，中期财务报告应按下列规定提供比较财务报告。

（1）本中期末的资产负债表和上年度末的资产负债表。

（2）本中期的利润表、年初至本中期末的利润表以及上年度可比期间的利润表。

（3）年初至本中期末的现金流量表和上年度年初至上年可比本中期末的现金流量表。

（三）中期合并财务报表和母公司财务报表的编制要求

（1）上年度中编报合并报表的企业，其中期财务报告中也应当编制合并报表，而且合并报表的合并范围、合并原则、编制方法和合并报表的格式与内容等也应当与上年度合并财务报案表相一致。但当年企业会计准则有新的规定除外。

（2）上年度财务报告包括了合并财务报表，但报告中期内处置了所有应当纳入合并范围的子公司的，中期财务报告应包括当年子公司出之前的相关财务信息。

（3）企业在报告期内新增子公司的，在中期末就应当将该子公司财务报表纳入合并财务报表的合并范围。

（4）应当编制合并财务报表的企业，如果在上年度财务报告中除了提供合并财务报表之外，还提供了母公司财务报表，那么在其中期财务报告中除了提供合并财务报表之外，也应当提供母公司财务报表。

（四）中期财务报告的确认与计量

1. 中期财务报告的确认与计量的基本原则

（1）中期财务报告中各会计要素的确认和计量原则应当与年度财务报告所采用的原则一致。即企业在中期根据所发生交易或事项，对资产、负债、所有者权益、收入、费用和利润等会计要素进行确认和计量时，应当符合相应会计要素定义和确认、计量标准，不能因为财务报告期间的缩短（相对于会计年度而言）而改变。

（2）在编制中期财务报告时，中期会计计量应当以年初至本中期为基础，财务报告的频率不影响年度结果的计量。

（3）企业在中期不得随意变更会计政策，应当采用与年度财务报告相一致的会计政策。如果上年度资产负债表日之后按规定变更了会计政策，且该变更后的会计政策将在本年度财务报表中采用，中期财务报告应当采用变更后的会计政策。

对于会计估计变更，在同一会计年度内，以前中期财务报表项目在以后中期发生了会计估计变更的，以后中期财务报告应当反应该会计估计变更后的金额，但对以前中期财务报表项目金额不做调整。

2. 季节性、周期性或者偶然性取得的收入的确认和计量

取得上述收入时，应当在发生时予以确认和计量，不应当在中期财务报表中预计或者递延，但会计年度末允许预计或者递延的除外。

3. 会计年度中不均匀发生的费用的确认和计量

企业在会计年度中不均匀发生的费用，应当在发生时予以确认和计量，不应在中期财务报表中预提或待摊。但会计年度末允许预提或者待摊的除外。

（五）中期财务报告附注的编制要求和内容

1. 附注的编制要求

编制中期财务报告附注时，应注意理解中期财务报告的"重要性"原则。重要性原则中提出"中期财务数据"既包括本中期的财务数据，也包括年初至本中期末的财务数据。因此，在信息披露时，既需要披露本中期所发生的重要交易或事项，也需要再次披露本年度内以前发生的重要交易或事项。也就是说，一项交易或事项，如果或者对理解"年初至本中期末"的企业状况重要，或者对理解"本中期"的状况重要，就需要在本中期的报告中予以披露。

【例9-1】某企业销售旺季在第三季度，1～9月共实现净利润600万元，其中，第一季度亏损600万元，第二季度亏损800万元，第三季度盈利2 000万元。第三季度末，库存商品价值降低，不得不计提减值300万元，（账面1 800万元）。虽然该项损失，只占第三季度盈利的15%，但却占前三个季度总利润的50%。这对于理解该企业1～9月的财务成果来讲，属于重要事项。

【例9-2】某企业上半年实现净利润600万元，其中第一季度，亏损1 200万元，第二季度盈利1 800万元，（已经全额计入损失的对外理财投资，第二季度收回）。这一事项就是重要事项，对于理解第二季度经营状况是重要的，应披露该信息。

2. 附注的内容

中期财务报告中的附注信息，应当包括下列内容。

（1）中期财务报表所采用的会计政策与上年度财务报表相一致的声明，如果会计政策发生变更的，应当说明会计政策变更的性质、内容、原因及其影响金额；无法追溯调整的，应当说明原因。

（2）会计估计变更的内容，原因及其影响数；数额不能确定的，应当说明原因。

（3）前期差错的性质及其更正金额；无法追溯重述的，应当说明原因。

（4）企业经营的季节性或者周期性特征。

（5）存在控制关系的关联方发生变化的情况；关联方之间发生交易的，应当披露关联方关系的性质、交易类型和交易要素。

（6）合并财务报表的合并范围发生变化的情况。

（7）对性质特别或者金额异常的财务报表项目的说明。

（8）证券发行、回购和偿还情况。

（9）向所有者分配利润情况，包括在中期内实施的利润分配和已提出或者已批准但尚未实施的利润分配情况。

（10）根据《企业会计准则第 35 号——分部报告》规定披露分部信息的，应当披露经营分部的分部收入与分部利润（亏损）。

（11）中期资产负债表日至中期财务报告批准报出日之间发生的非调整事项。

（12）上年度资产负债表日以后所发生的或有负债和或有资产的变化情况。

（13）企业结构变化情况，包括如企业合并，对被投资单位具有重大影响、共同控制或者控制关系的长期股权投资的购买或者处置，终止经营等。

（14）其他重大交易或者事项，包括重大的长期资产转让及其出售情况，重大的固定资产和无形资产取得情况、重大的研究和开发支出、重大的资产减值损失、或有负债等。

复习思考题

1. 什么是分部报告？分部报告有什么作用？
2. 简述经营分部的概念以及其确定的基本原则和具体影响因素。
3. 什么是报告分部？企业确定报告分部的具体标准有哪些？
4. 什么是中期财务报告？
5. 中期财务报告的编制要求有哪些？
6. 中期财务报告应包括哪些内容？
7. 中期财务报告的理论基础是什么？

实务练习题

一、某公司经营管理分为：本省、境内和国外。各地区管理部门的资料如表9-5所示。

表 9-5　　某公司各地区管理部门的资料

	省内	境内	国外
分部资料：			
销售收入——对外交易	11 600 000	900 000	200 000
销售收入——对其他分部交易	150 000	400 000	100 000
营业利润	600 000	（60 000）	20 000
可辨认资产	11 800 0000	1 600 000	400 000
折旧与折耗	1 300 000	150 000	100 000
资本支出	1 500 000	100 000	200 000

其他经营资料如下：

营业利润总额		560 000
减：总公司费用	10 000	
利息费用	40 000	
少数股东利润	5 000	
所得税	250 000	305 000
净利润		255 000

要求：试判断哪些管理区域是报告分部（列出算式）。

二、甲公司有五个主要的经营分部在国内外经营。该公司2016年各经营分部及国外经营的收入情况如表9-6所示。

表 9-6 甲公司 2016 年各经营分部及国外经营的收入情况 单位：元

对外交易的销货			
	国内	国外	合计
食品	150 000	30 000	180 000
软性饮料	650 000	250 000	900 000
蒸馏水	500 000	50 000	550 000
化妆品	200 000	—	200 000
包装品	110 000	—	110 000
其他（四个小部门）	240 000	—	240 000
合计	1 850 000	330 000	2 180 000

各分部之间的销货							
销售╲购入	食品	软性饮料	蒸馏水	化妆品	包装品	其他	合计
食品	—	600	280	400	—	180	1 460
软性饮料	1 000	—	400	300	600	220	2 520
蒸馏水	2 000	1 100	—	290	—	210	3 600
化妆品	1 200	700	600	—	200	120	2 820
包装品	600	350	500	350	—	—	1 800
其他（四个小部门）	400	620	—	300	—	—	1 320
合计	5 200	3 370	1 780	1 640	800	730	13 520

按资产及营业利润判定的结果，只有软性饮料及蒸馏水可列为报告分部。

要求：按收入判定法，哪些经营分部门可以列为报告分部（列示所有算式）？

三、M公司是一家渔业生产和销售企业，需要对外提供季度财务报告。该公司的水产品销售主要集中在每年的第三季度。2016年1月1日至9月30日间北方公司累计实现净利润500万元，其中第一季度和第二季度共亏损2 000万元，第三季度盈利2 500万元。第三季度末，该公司尚有存货180万元，由于已经错过销售旺季，故计提存货跌价损失150万元。

要求；试问该公司是否应在2016年第三季度财务报告中披露该项存货跌价损失?为什么?

第十章 衍生金融工具会计

第一节 概述

一、衍生金融工具会计的相关概念

1. 金融工具

金融工具是指形成一个企业的金融资产，并形成其他单位的金融负债或权益工具的合同。

2. 衍生工具

衍生工具，又称衍生金融工具，是在基础金融工具（货币、债券、股票等）基础派生出来的，具有下列特征的金融工具或其他合同。

（1）其价值随特定利率、金融工具价格、商品价格、汇率、价格指数、费率指数、信用等级、信用指数或其他类似变量的变动而变动，变量为非金融变量的，该变量与合同的任一方不存在特定关系；

（2）不要求初始净投资，或与对市场情况变化有类似反应的其他类型合同相比，要求很少的初始净投资；

（3）在未来某一日期结算。

衍生工具包括金融远期合同、金融期货合同、金融互换和金融期权，以及具有远期合同、期货合同、互换和期权中一种或一种以上特征的工具。

二、衍生金融工具的内容

1. 金融远期合同

金融远期合同是指规定合约双方同意在将来某一特定日期按照事先约定的价格（如汇率、利率、股票价格等），已预先确定的方式买卖约定数量的某种金融工具的合约。按其标的来分，有远期外汇合约、远期利率协议、远期股票合约、远期运费协议等。相对于其他衍生金融工具，它具有以下特征。

（1）非标准化。该合约内容是根据交易双方的需要而特别制定的，合约的交易对象、数量、价格、交割时间和其他交易条件都是由交易双方协商决定，并没有统一的标准和限制。因此，远期合约的灵活性较大，但是由于合约是双方自愿达成的协议，不容易转让给第三方，且达成交易的成本相对较高。

（2）场外交易。由于没有统一的交易场所和清算机构，主要在银行间或者银行与企业之间进行，个人和小公司参与的机会很少。这种交易也称柜台交易，所受监管程度较低，违约风险较高。

（3）不实行保证金制度。除了银行对小客户收取保证金外，绝大多数远期合约都不用交纳保证金，合约到期的履约取决于交易中双方的信用和客户的履约能力。因此信用风险较大。

（4）大部分远期合约要进行实物交割。由于远期合约是双方达成的意愿，其流通性差，绝大多数合约要按照约定的时间进行实物交割。而期货合约在到期前，大部分都可以对冲了结。

2. 金融期货

金融期货是指买卖双方在有组织的交易所内，按交易所的规定，以公开竞价的方式达成协议，约定在未来的某一特定时间交割标准数量特定金融工具的交易方式。期货合约实质上就是在交易所内进行买卖的标准化金融远期合约。金融期货一般有外汇期货、利率期货、股票指数期货等。金融期货有以下特点。

（1）交易集中在有组织交易所内，一般不允许场外交易。交易所作为非营利机构，为期货交易者提供场所和必要的设施设备，并制定一系列规章制度，为交易双方的买卖提供担保。交易各方可以平等的公开竞价、参与买卖。交易所实行保证金制度，每日无负债结算制度，限仓制度、涨跌停板制度、风险准备金制度。进场交易和清算实行会员制。

（2）合约最终进行实物交割的比例较低。参与者除了少量为了规避风险进行套期，其余绝大多数都是投机者，多数合约在到期前会择机平仓了结。

（3）交易的对象是标准化合约。合约的标的除了价格可变，其他诸如数量、交割时间、规格、品质等均固定。从而使期货合约具有较强的流动性，易于买卖转让，同时也降低了交易成本，同时避免双方对合约条款理解不同产生纠纷。

（4）实行保证金制度。期货交易所为保障买卖双方的利益，要求参与期货买卖的各方，必须交纳一定数量的保证金，包括初始保证金和维持保证金，进入交割月，保证金的比例也会相应提高。初始保证金一般按合约价值的5%～10%。保证金制度既保障了期货交易的安全履约，也为投机者提供了高杠杆效应。保证金制度“以小博大”的杠杆效应也强有力地吸引着投机者的参与，从而使期货交易更加活跃，市场影响力更大。

3. 金融期权

期权是一种证券化契约，赋予买方在合约到期日或到期日之前，以契约约定价格向卖方买入或卖出一定数量的商品及有价证券的权利。它是一种选择权，买方有权决定履约或不履约。而期权卖出方，有义务接受买入方的要求，进行出售或购买。期权交易就是买卖权利的一种交易。期权交易中，买方买入期权支付的买价，称为期权费或期权价格。

例如，利率上限是指客户同银行达成一项协议，指定某一种市场参考利率，同时确定一个利率上限水平。在此基础之上，利率上限的卖出方向买入方承诺：在规定的期限内，如果市场参考利率高于协定的利率上限水平，卖方向买方支付市场利率高于利率上限的差额部分；如果市场参考利率低于或等于协定的利率上限水平，则卖方无任何支付义务。

金融期权是期权的一种，是投资者按一定价格购买期权合约，获得在规定时间内以约定价格买入或卖出某种金融工具的权利。一般有外汇期权、利率期权（利率上限、利率下限、利率双限）、股票期权、股票指数期权等。金融期权具有以下特点。

（1）风险收益不对称。买方有权决定履约或不履约，并没有必须履约的义务，卖出方有义务必须接受买方履约或不履约；买方没有义务履约，而只有对其有利的情况下，才会选择履约。因此买方的风险至多就是损失付出的期权费，而在有利时行权，可获得较高的收益。卖方的最大收益，是收取的期权费，在对方行权时，卖方有义务接受，因此期权卖出方的风险比较大；买方无须交纳保证金，而卖出方由于承担必须履行交易义务可能带来的损失，所以需要缴纳保证金。

（2）金融期权交易是就期权的价格达成协议，期权合约中的金融工具的价格是固定不变的。金融期货交易是就金融工具的合约价格达成协议。

（3）金融期权通常在有组织的交易所进行，合约也相应采用标准格式。标准化期权的买卖，买卖双方均需缴纳保证金。

4. 金融互换

金融互换是指交易双方根据互换合同，按照事先约定的价格，交换未来各自债务现金流量的一种金融交易方式。其实质是一种长期债权多头与另一种债券空头的组合，或是一种一系列远期合约的组合。一般是私下达成的协议。金融互换包括货币互换和利率互换。金融互换有以下特点。

（1）合约的标的是用于交换的两种不同金融工具，可以是不同的货币，可以是计息方式不同的同一货币。而其他衍生金融工具的标的是某一种金融工具。

（2）绝大部分金融互换的期限较长，一般是2～10年或更长，其他衍生金融工具一般在一年内到期。

（3）金融互换属于场外交易，为满足参与者特殊需要，通常进行具体的设计，量身定做，这使得互换合约具有较强的灵活性，同时也提高了金融互换成本。

（4）金融互换是利用交易双方各自对所交换的不同金融工具的优势进行的，交换的结果对双方均有利，因而是一种充分发挥资源优势的“双赢”或“多赢”交易方式。

（5）金融互换的目的主要是降低筹资成本和规避利率、汇率风险，很少用于投机，这也使得金融互换的市场风险较低。

第二节 衍生金融工具的会计处理

一、衍生金融工具会计处理的一般原则

持有衍生金融工具的主要目标包括投资获利和套期保值。除了用于有效套期的衍生工具外，衍生工具一般都应该归类为交易性金融资产或金融负债，而后按照交易性金融资产或金融负债的核算规则进行会计处理。对所有衍生金融工具的会计处理，归纳起来主要包括以下几项原则。

第一，在企业成为合同的一方时，进行初始确认，将衍生金融工具在资产负债表中确认为一项资产或负债。

第二，按公允价值计量所有的衍生金融工具，包括初始计量和后续计量。

第三，对于所有用于投资的衍生金融工具，资产负债表日公允价值的变动额计入当期损益，而用于套期保值的衍生金融工具，依照套期的不同类型，资产负债表日公允价值的变动额或计入当期损益，或计入所有者权益。

第四，在对衍生金融工具进行处置时，其公允价值与初始入账金额之间的差额确认为投资收益，并调整公允价值变动损益。

以下讨论针对企业用于投资以期获得风险收益的衍生金融工具的会计处理。在进行此类衍生金融工具的账务处理时，均应通过“衍生工具”一级账户进行核算。

二、会计处理

1. 远期外汇合约的会计处理

在各种衍生金融工具的核算过程中，最关键的是确定衍生金融工具的价值。远期外汇合约的公允价值，在考虑时间价值的影响后，应当按照各计量时点的远期外汇汇率进行折算。因此，远期外汇合约的公允价值确认需要 3 个方面的信息：（1）合同约定汇率，即远期合约达成时的市场远期汇率；（2）现行远期汇率，即各计量时点的市场远期汇率；（3）折现率，通常使用企业的增量借款利率。

【例10-1】2015年10月1日，某国内企业签订了一份6个月期的卖出1 000 000美元的远期合约（到期日为2016年3月31日），双方约定在交割日以净额现金交割。各相关时点的远期合约的即期汇率和远期汇率如表10-1所示。

表 10-1　　各相关时点的远期合约的即期汇率和远期汇率

日期	美元兑换人民币即期汇率（RMB/USD）	至交割日 2016 年 3 月 31 日美元兑换人民币远期汇率（RMB/USD）
2015 年 10 月 1 日	7.17	7.20
2015 年 12 月 31 日	7.14	7.17
2016 年 3 月 31 日	7.23	7.23

假设企业年增量贷款利率为12%，各时点远期合约的公允价值计算如表10-2所示。

表 10-2　　各时点远期合约的公允价值

日期	近期合约约定汇率	市场远期汇率	差异	名义本金（元）	预计交割的现金流量（元）	折现因子	估计公允价值的变动额（元）
2015 年 12 月 31 日	7.20	7.17	−0.03	1 000 000	−30 000	1.030 3	−29 118
2016 年 3 月 31 日	7.20	7.23	0.03	1 000 000	30 000	1	30 000

其中，2015年12月31日的折现因子是通过对增量借贷利率（折现率）进行月度复利计算得到的，即（1+12%/12）^{3}=1.030 3；而其公允价值变动额则是用预计交割的现金流量除以折现因子得到的，即30 000÷1.030 3=29 118（元）。

2015年10月1日，签订远期外汇合约。因公允价值为零，故没有会计分录，但需要登记备忘。

2015年12月31日，登记远期外汇合约的价值变动，会计分录如下。

借：公允价值变动损益——远期美元　　29 118
　　贷：衍生工具——期汇合约——美元　　29 118

2016年3月31日，执行远期合约，会计分录如下。

借：衍生工具——期汇合约——美元　　59 118
　　贷：公允价值变动损益——远期美元　　29 118
　　　　投资收益——远期美元　　30 000
借：银行存款　　30 000
　　贷：衍生工具——期汇合约——美元　　30 000

2. 金融期货交易的会计处理方法

【例10-2】假设某国内公司今年6月1日，在外汇期货市场上以0.17CNY/USD的成交价格买入9

月份到期的（卖出）200 000美元的期货合约。当日持仓的清算价格为0.155CNY/USD。日后，该公司平仓时的交易价为0.15CNY/USD。初始保证金的比率为交易金额的10%，维持保证金为2 000元。上述业务的会计处理如下（以人民币为记账本位币）。

（1）存入期货交易保证金（200 000×0.17×10%=3 400）。

借：衍生工具——外汇期货——保证金　　3 400

　　贷：银行存款　　3 400

（2）当日结算后，记录追加期货保证金[（0.155-0.17）×200 000=-3 000]，同时记录外汇期货合同的公允价值损失。

借：衍生工具——外汇期货——保证金　　3 000

　　贷：银行存款　　3 000

借：公允价值变动损益　　3 000

　　贷：衍生工具——外汇期货——保证金　　3 000

（3）记录平仓结算，同时收回保证金。

借：银行存款　　2 400

　　投资收益　　4 000

　　贷：衍生工具——外汇期货——保证金　　3 400

　　　　公允价值变动损益　　3 000

其中，投资收益=（0.15-0.17）×200 000=-4 000（元），银行存款=3 400-（0.155-0.15）×200 000=2 400（元）。

3. 金融期权交易的会计处理

对于在交易所交易的期权，市场价格是期权公允价值计量的最好工具；而对于场外交易的期权，交易方的报价则是期权公允价值计量的较好选择；如果交易方的报价无法取得，则只能通过相关定价模型来确定期权的价值。而期权的内在价值一般都能够单独计量，所以，期权的公允价值一般都能够表示为内在价值金额与时间价值金额之和。

在进行会计处理时，只有当期权合同被指定为有效套期工具时，才有必要将期权的内在价值和时间价值分开核算。其他情况下，也就是利用期权作为投机工具获取风险收益时，期权合同在资产负债表上都是按照整体公允价值报告的，整体公允价值的变动应计入当期损益。下例简要说明了在使用金融期权合约进行投机以获取风险收益情况下的会计处理方法。

【例10-3】乙公司于2015年7月1日通过其经纪人在交易所购买了以甲公司股票为标的物的欧式看涨期权1 000份，每份期权可以购买1股甲公司股票。表10-3是甲公司股票和以甲公司股票为标的证券的期权的相关信息。

表 10-3　　甲公司股票及期权的相关信息

	甲公司股票	看涨期权
到期时间	—	18个月
执行价格	—	10元/股
2015年7月1日市场价格	15元/股	4元/份
2015年12月31日市场价格	18元/股	9元/份
2016年12月31日市场价格	17元/股	7元/份

乙公司应编制会计分录如下。

（1）2015年7月1日，记录看涨期权的购买。

借：衍生工具——欧式看涨期权　　4 000

　贷：银行存款　　4 000

（2）2015年12月31日，记录所购入期权的公允价值变动。

借：衍生工具——欧式看涨期权　　5 000

　贷：公允价值变动损益　　5 000

（3）2016年12月31日，记录期权的公允价值变动，同时记录看涨期权的行权。

借：公允价值变动损益　　2 000

　贷：衍生工具——欧式看涨期权　　2 000

借：交易性金融资产——成本　　17 000

　贷：银行存款　　10 000

　　衍生工具——欧式看涨期权　　7 000

同时，

借：公允价值变动损益　　3 000

　贷：投资收益　　3 000

4. 金融互换交易的会计处理

互换也是衍生工具的一种，其会计处理与其他 3 种衍生工具一样，只不过互换的公允价值确定相对更加复杂。互换合约从交易安排的实质上看，其实是由一系列远期合同组成的。因此，互换的公允价值等于合约未来每期的收益（或支付）净额的贴现值，也就是计算每期交换的净现金流量的现值，然后将所有各期的净现金流量的现值加总。互换比远期合约复杂的是，在确定互换的公允价值时，必须估计各期期初的远期利率，并用这些估计的远期利率贴现各期的净现金流量。下面以利率互换为例，说明对金融互换交易的会计处理。

【例10-4】M公司于2015年1月1日与某金融机构签订了一项2年期的利率互换合约。双方约定，M公司将向该金融机构支付名义本金为10 000 000美元、浮动利率为LIBOR+0.5%的浮动利息，以前一个支付日的LIBOR为准，而该金融机构向M公司支付名义本金相等、固定利率4.515%（年利率）的利息。利息每半年交换一次。表10-4是互换合约期间的LIBOR利率。

表 10-4　互换合约期间的 LIBOR 利率

日期	LIBOR 年利率（%）
2015 年 1 月 1 日	4.015
2015 年 6 月 30 日	3.95
2015 年 12 月 31 日	4.05
2016 年 6 月 30 日	4.25
2016 年 12 月 31 日	4.15

M公司在互换期间的现金流量和互换的公允价值计算如表10-5所示。

表 10-5　现金流量和互换的公允价值计算

日期	浮动利率=LIBOR+0.5%	固定利率与浮动利率的差额	实际收取（支付）的现金（元）	互换的公允价值——以 LIBOR+0.5% 折现的净现值（元）	互换的公允价值变动额（元）
2015 年 1 月 1 日	4.515%	0	0	0	0
2015 年 6 月 30 日	4.45%	0.065%	0	9 332	9 332

续表

日期	浮动利率=LIBOR+0.5%	固定利率与浮动利率的差额	实际收取（支付）的现金（元）	互换的公允价值——以 LIBOR+0.5% 折现的净现值（元）	互换的公允价值变动额（元）
2015 年 12 月 31 日	4.55%	−0.035%	3 250	（3 384）	（12 716）
2016 年 6 月 30 日	4.75%	0.235%	（1 750）	（11 477）	（8 093）
2016 年 12 月 31 日			（11 750）	0	11 477

每期的公允价值都在期初时进行确认，但双方实际的交换行为却发生在期末。（计算年金现值）以2015年6月30日为例，说明互换公允价值的计算方法如下。

$$9\,332=\frac{3\,250}{(1+4.45\%/2)^1}+\frac{3\,250}{(1+4.45\%/2)^2}+\frac{3\,250}{(1+4.45\%/2)^3}$$

同理，2015年12月31日的互换公允价值是以每半年支付1 750元和2.275%（4.55%÷2）的贴现率折现（每半年复利，共两期）计算得到的。

在签订合约时，互换的定价机制决定的固定利率水平，应当使得双方的公允价值均为0。当我们假设市场收益率曲线为水平时，第一期双方的交换为0。如果没有假设水平的收益率曲线，而是根据对预期收益率的充分估计（如远期利率、利率期货等利率衍生产品的报价），尽管初始的公允价值仍然为0，但是第一期期末双方会存在交换行为。

根据上面的计算，M公司在互换期间应编制会计分录如下。

2015年1月1日，由于互换公允价值为0，所以不需要编制会计分录，但是应该登记备忘。

（1）2015年6月30日，记录互换公允价值的变动。

借：衍生工具——利率互换　　9 332

　　贷：公允价值变动损益　　9 332

（2）2015年12月31日，记录互换公允价值的变动以及根据互换合同收到的现金。

借：公允价值变动损益　　12 716

　　贷：衍生工具——利率互换　　12 716

借：银行存款　　3 250

　　贷：财务费用　　3 250

（3）2016年6月30日，记录互换公允价值的变动以及根据互换合同支付的现金。

借：公允价值变动损益　　8 093

　　贷：衍生工具——利率互换　　8 093

借：财务费用　　1 750

　　贷：银行存款　　1 750

（4）2016年12月31日，记录互换合约到期以及根据互换合同支付的现金。

借：衍生工具——利率互换　　11 477

　　贷：公允价值变动损益　　11 477

借：财务费用　　11 750

　　贷：银行存款　　11 750

第三节 套期保值会计

一、套期保值概述

套期保值（以下简称套期）是指企业为规避外汇风险、利率风险、商品价格风险、股票价格风险、信用风险等，指定一项或一项以上套期工具，使套期工具的公允价值或现金流量变动，预期抵销被套期项目全部或部分的公允价值或现金流量变动。简言之，就是企业指定某项衍生金融工具进行风险管理的过程。

套期保值定义中的外汇风险，也称为汇率风险，是指因汇率变化而产生的利润和财富方面的风险。利率风险是指企业借出或借入资金时，面临的因市场利率变动导致企业实际收到或支付的利息高于或者低于预期值的不确定性。商品价格风险、股票价格风险均是针对价格变化的不确定性的风险。信用风险是指交易对方不还债或者逾期还债所产生的风险。这些风险的主要特征是将会影响企业的经营状况，增大企业经营业绩的波动性。套期保值业务对企业的影响主要有两个方面：一方面可以降低企业经营活动的风险，以及回避境外投融资活动的风险；另一方面给企业管理人员以选择盈利模式的可能，如果不进行套期，公司可能会面临高风险、高收益的情况；而进行套期，一般都能降低风险，但同样也可能减少潜在的超额收益。

（1）套期是指金融工具之间或金融工具与非金融工具之间的一种特殊关系，进行套期行为可以理解为指定套期工具和被套期项目的过程，即建立一种套期关系。

（2）套期可以减少甚至消除风险，降低特定风险暴露可能形成的不利影响。套期的作用机制是针对被套期项目，购入或售出一项或多项衍生金融工具或非衍生金融工具（特定情况），使其公允价值或未来现金流量的变动方向与被套期项目相反、金额相当，以全部或部分抵销特定风险所导致的被套期项目价值变动所带来的损失。

（3）套期与投机有本质区别。投机是买空卖空，利用市场上金融工具或非金融工具的价格差别来获取风险收益。套期则着重于缓解风险，尽可能规避价格等因素的波动可能给企业带来的不利影响。当然，从实际交易的结果看，套期在规避风险的同时，也可能部分损失或全部丧失获利的机会。

二、套期保值的分类

企业为规避资产、负债、确定承诺、很可能发生的预期交易、或在境外经营的净投资有关的外汇风险、利率风险、股票价格风险、信用风险等展开的套期保值业务，为确定套期保值的会计方法，按照套期关系（即套期工具和被套期项目之间的关系），可划分为公允价值套期、现金流量套期和境外经营净投资套期。

1. 公允价值套期

公允价值套期是指对已确认资产或负债、尚未确认的确定承诺（或该资产、负债，或尚未确认的确定承诺中的可辨认部分）的公允价值变动风险进行套期。该类价值变动源于某特定风险，并且将影响企业的损益。例如，企业对承担的固定利率负债采用利率互换避险，属于公允价值套期。又如，航空公司签订了一项3个月后以固定外币金额购买飞机的合同（未确认的确定承诺），为了规避外汇风险，采用远期外汇或外汇期货对该确定承诺的外汇风险进行套期，也属于公允价值套期。

2. 现金流量套期

现金流量套期是指对现金流量变动风险进行的套期。该类现金流量变动源于与已确认资产或负债（如浮动利率债务）、很可能发生的预期交易有关的某类特定风险，并且将影响企业的损益。需要注意的是，很可能发生的预期交易，表明企业进行套期保值需要具有前瞻性和相应的规划。例如，企业承担的浮动利率债务，其未来的现金流量（利息支付）将随市场利率的波动而变动，若将此种未来现金流量的波动抵销，就属于现金流量套期。又如，企业准备在未来1年内大量购入某种原材料，未来需要支付的现金将随此原材料的市场价格波动而变化，此时若企业购入期货合同用于套期保值，也属于现金流量套期。与公允价值套期不同的是，现金流量套期没有在现货市场签订合同。

对确定承诺的外汇风险进行的套期，企业既可以作为现金流量套期，也可以作为公允价值套期。

公允价值套期和现金流量套期的区别可以用下面一个简单的例子说明。假设某金融机构拥有100元资产和90元负债（这些资产和负债具有性质相似的风险和条款），如果该金融机构想对10元的净风险敞口进行套期，则它可以将资产中的10元指定为被套期项目。若这些资产和负债是固定利率的金融工具，则该指定为公允价值套期；若这些资产和负债是变动利率的金融工具，则该指定为现金流量套期。

3. 境外经营净投资套期

境外经营净投资套期是指对境外经营净投资的外汇风险进行的套期。境外经营净投资是指企业在境外经营净资产中的权益份额。这种套期主要考虑对境外净投资可能因汇率变动而给企业带来的风险。

若企业拥有既无计划也无可能在可遇见的未来会计期间进行结算的长期外币货币性应收项目（包括贷款），应当视同境外经营净投资的组成部分。但是，因销售商品或提供劳务等形成的期限较短的应收账款等项目，不构成境外经营净投资。

三、套期工具和被套期项目

套期工具和被套期项目是单位经营者为适应风险管理策略需要进行保值业务而指定的套期关系中最重要的两个因素。

（一）套期工具

1. 套期工具的定义

套期工具是指企业为进行套期而指定的、其公允价值或现金流量变动预期可抵销被套期项目的公允价值或现金流量变化的衍生工具。对外汇风险进行套期，还可以将非衍生金融资产或非衍生金融负债作为套期工具。

衍生工具通常可以作为套期工具。衍生工具包括远期合同、期货合同、互换和期权，以及具有远期合同、期货合同、互换和期权中一种或一种以上特征的工具。例如，企业为规避库存铜价格下降的风险，可以卖出一定数量的铜期货合同。其中，铜期货合同即是套期工具。

在理解套期工具的概念时，需要注意以下几点。

（1）如果衍生工具无法有效地对冲被套期项目的风险，则不能作为套期工具。例如，对于利率上下限期权或由一项发行的期权和一项购入的期权组成的期权，其实质相当于企业发行的一项期权（即企业收取了净期权费），不能将其指定为套期工具。

（2）非衍生金融资产或非衍生金融负债，只有用于对外汇风险进行套期时，才能被指定为套期工具。比如，某种外币借款可以作为对同种外币结算的销售承诺的套期工具；又如，持有至到期投资可以作为规避外汇风险的套期工具。

（3）无论是衍生工具还是某些非衍生金融资产或非衍生金融负债，其作为套期工具的基本条件就是公允价值能够可靠计量。因此，在活跃市场上没有报价的权益投资工具，以及与该权益挂钩并须通过该权益工具进行结算的衍生工具，由于其公允价值难以计量，不能作为套期工具。企业自身的权益工具既非企业的金融资产也非金融负债，因而也不能作为套期工具。

（4）在运用套期会计方法时，只有涉及报告主体以外的主体的工具，才能作为套期工具。这里所指报告主体，是指企业集团或企业集团内的各企业，也指提供分部会计信息的各分部。因此，在分部或集团内各企业的财务报告中，只有涉及这些分部或企业以外的主体的工具及相关套期指定，才能在符合套期保值准则规定条件时运用套期会计方法；而在集团合并报表中，如果这些套期工具及相关套期指定并不涉及集团外的主体，则不能对其运用套期会计方法进行处理。

2. 对套期工具的指定

对于符合套期工具条件的衍生工具，在确立套期关系时，通常应将其整体或其一定比例（不含套期工具剩余期限内的某一时段）指定为套期工具。例如，将衍生工具名义金额的60%指定为某具有价格风险的资产套期。但下列情况除外。

（1）对于期权，企业可以将期权的内在价值和时间价值分开，只就内在价值变动将期权指定为套期工具。

（2）对于远期合同，企业可以将远期合同的利息和即期价格分开，只就即期价格变动将远期合同指定为套期工具。这样规定，是因为期权的内在价值和远期合同的贴水通常可以单独计量。

需要说明的是，单项衍生工具通常被指定为对一种风险进行套期。但是，附有多种风险的衍生工具也可以被指定为对一种以上风险进行套期，前提是可以清晰地辨认这些被套期风险，并且可以证明套期有效性，同时可以确保该衍生工具与不同风险头寸之间存在具体指定关系。

企业也可以将两项或两项以上衍生工具的组合或该组合的一定比例指定为套期工具。对于外汇风险套期，企业可以将两项或两项，以上非衍生工具的组合或该组合的一定比例，或将衍生工具和非衍生工具的组合或该组合的一定比例指定为套期工具。但是，对于利率上下限期权或由一项发行的期权和一项购入的期权组成的期权，其实质相当于企业发行的一项期权（即企业收取了净期权费），不能将其指定为套期工具。

（二）被套期项目

1. 被套期项目的定义

被套期项目是指使企业面临公允价值或现金流量变动风险，且被指定为被套期对象的下列项目。

（1）单项已确认资产、负债、确定承诺、很可能发生的预期交易，或境外经营净投资；

（2）一组具有类似风险特征的已确认资产、负债、确定承诺、很可能发生的预期交易，或境外经营净投资；

（3）利率风险公允价值组合套期中分担同一被套期利率风险的金融资产或金融负债组合的一

部分。

其中，确定承诺是指在未来某特定日期或期间，以约定价格交换特定数量资源、具有法律约束力的协议。预期交易是指尚未承诺但预期会发生的交易。

2. 被套期项目的指定

在指定被套期项目时，应当注意以下几点。

（1）对持有至到期投资的指定。对于企业的持有至到期投资，如果被套期风险是外汇风险或信用风险，则该投资可以指定为被套期项目。如果被套期风险是利率风险或提前还款风险，则该投资不能指定为被套期项目。

（2）对集团内部交易项目的指定。一般而言，只有涉及主体以外的其他方的资产、负债、确定承诺、很可能发生的预期交易，才能指定为被套期项目。但是，企业集团内部交易形成的货币性项目的汇兑损益，不能在合并报表中全额抵销的，该货币性项目的外汇风险可以在合并报表中指定为被套期项目。企业内部很可能发生的预期交易，按照进行此项交易的主体的记账本位币以外的货币标价，且相关的外汇风险将影响合并利润或损失的，该外汇风险可以在合并报表中指定为被套期项目。

（3）对金融项目和金融项目组的指定。对于与金融资产或金融负债现金流量或公允价值的一部分相关的风险，其套期有效性可以计量的，企业可以就该风险将金融资产或金融负债指定为被套期项目。把具有类似风险特征的金融资产或金融负债组合在一起作为一个资产组或负债组进行套期的条件有两个。一是组合中的各单项金融资产或单项金融负债共同承担被套期风险；二是组合内各单项金融资产或单项金融负债由被套期风险引起的公允价值变动，预期与该组合由被套期风险引起的公允价值整体变动基本成比例。

（4）对非金融项目的指定。非金融资产或非金融负债指定为被套期项目的，被套期风险应当是该非金融资产或非金融负债相关的全部风险或外汇风险。这样规定的原因在于，非金融资产或非金融负债除外汇风险以外的特定风险所引起的现金流量或公允价值变动部分难以合理分离和计量。

（5）对现金流量的指定。企业可以将金融资产或金融负债的全部指定为被套期项目，但金融资产或金融负债现金流量的一部分指定为被套期项目的，被指定部分的现金流量应当少于该金融资产或金融负债现金流量总额。

四、运用套期保值会计的条件

1. 套期会计方法

套期会计方法是指在相同会计期间将套期工具和被套期项目公允价值变动的抵销结果计入当期损益的方法。套期会计是一种特殊的会计处理方法，它将套期工具和被套期项目作为一个经济业务组合来进行会计处理，改变了套期工具和被套期项目的常规的确认和计量程序。套期会计产生的根本原因是由于常规会计方法下对套期工具和被套期项目的会计处理存在确认脱节和计量脱节。所谓“确认脱节”，是指在常规会计下，套期工具及其产生的损益已经在资产负债表或利润表中确认，而被套期项目以及对冲损益却不能确认。比如，企业利用外汇远期合同来对其以外币结算的预期销售进行套期时，常规会计要求远期合同的损益应立即在当期利润表中反映，而预期销售却还未发生，因此，不能在当期确认对冲损益。所谓“计量脱节”，是指在常规会计下，作为套期工具的衍生金融工具以公允价值来计量，而被套期项目却很可能不是以公允价值计量的其他金融工具（如持有至到期金融资产等），甚至是非金融工具（如确定承诺、预期交易等），从而造成计量属性上的不匹配。实施套期会计的目的就是要改变这种不合理的脱节，使得套期工具和被套期项目的价值变动能够联系在一起反映。

公允价值套期、现金流量套期或境外经营净投资套期必须同时满足一定条件，才能作为套期保值工具，并采用相应的套期会计方法进行处理。这些条件具体如下。

（1）应当明确指定套期工具、被套期项目以及所规避的风险。因此，必须有正式书面文件，包括风险管理目的及策略、指定用哪一个衍生工具来规避某一资产、负债、确定承诺或预期交易的哪一种风险。

（2）该套期保值要高度有效，且符合企业最初为相关套期关系所确定的风险管理策略。

（3）对预期交易的现金流量套期，预期交易应当发生的可能性很大，并且必须使企业面临最终将影响损益的现金流量变动风险。

（4）套期有效性能够可靠计量，即被套期风险引起的被套期项目的公允价值或现金流量以及套期工具的公允价值能够可靠计量。

（5）企业应当持续地对套期有效性进行评价，并确保该套期在套期关系被指定的会计期间高度有效。

上述套期会计使用条件中提到两个重要的概念——套期高度有效和套期有效性的评价。企业需要对套期行为是否高度有效进行认定，并对持续的套期有效性进行评价。

2. 套期高度有效的认定

企业为规避风险采用套期保值时，只有套期保值高度有效，才能采用相应的套期会计进行处理。一般来说，企业应至少在编制年度或中期财务报表时对该套期的有效性进行评价。评价套期有效性的方法取决于企业的风险管理策略。比如，若企业的风险管理策略是定期调整套期工具的金额，以反映被套期头寸的变动，则企业只需证明在对套期工具金额进行下一次调整之前的期间内，套期预期是高度有效的。企业对于其套期策略的书面记录中，应包括其评价套期有效性的程序。这些程序应指明对有效性的评价是否包括了套期工具的全部利得或损失，或者是否将套期工具的时间价值排除在外。

一项套期只有在满足下列两个条件时，企业才能认定其为高度有效。

（1）在套期开始时和后续期间内，预期该套期在抵销指定套期期间内归属于被套期风险的公允价值变动或现金流量变动方面是高度有效的。这种预期可以通过比较归属于被套期风险的被套期项目公允价值或现金流量的过去变动与套期工具公允价值或现金流量的过去变动，或者通过证明被套期项目的公允价值或现金流量与套期工具的公允价值或现金流量之间存在统计上的高度相关。

（2）该套期的实际抵销结果在 80%～125%的范围内。例如，某企业套期的实际结果是，套期工具公允价值变动形成的损失为 120 万元，而被套期项目的公允价值变动形成的利得为 100 万元，两者相互抵销的程度可以计为 20÷100×100%=120%或者 100÷120÷100%=83.33%。如果该套期也同时满足上面的条件（1），那么，该企业可以认定套期是高度有效的。

五、套期保值确认和计量

套期工具的初始计量、后续计量按照金融工具的确认、计量处理。对于不同套期类型的套期保值事项，适用不同的会计处理程序。表 10-6 简要总结了对公允价值套期保值、现金流量套期保值和境外经营净投资套期保值的会计处理方法，之后将分别对这 3 种套期类型的会计处理进行详细的论述。

表 10-6　　3 种套期类型的会计处理方法

套期类型	套期关系	计量	因被套期风险形成的利得或损失
公允价值套期	套期工具	调整账面金额，以公允价值计量	确认当期公允价值变动损益
	被套期项目	调整账面金额，以公允价值计量	确认抵销的利得或损失，计入当期损益
现金流量套期	套期工具	公允价值计量	无效套期部分，确认当期公允价值变动损益；有效套效部分，确认递延利得或损失（所有者权益项目），在被套期项目影响损益的相同期间等比例转入当期损益
	被套期项目	套期期间不处理	常规方法确认
境外经营净投资套期	套期工具	公允价值计算	无效套期部分，确认当期公允价值变动损益；有效套期部分，递延利得或损失（所有者权益项目），在境外经营机构处置时转入当期损益
	被套期项目	即期汇率计量	递延处理，处置时转入损益

1. 公允价值套期的会计处理

在财务报告期间，公允价值套期符合运用套期会计方法的条件的，应当按照以下规定进行处理。

套期工具为衍生工具的，套期工具公允价值变动形成的利得或损失应当计入当期损益；套期工具为非衍生工具的，套期工具账面价值因汇率变动形成的利得或损失应当计入当期损益。

被套期项目因被套期风险形成的利得或损失应当计入当期损益，同时调整被套期项目的账面价值。被套期项目如为按成本与可变现净值孰低法进行后续计量的存货、按摊余成本进行后续计量的金融资产或可供出售的金融资产，也应当按此规定处理。

如果被套期项目是以摊余成本计量的金融工具，则按照上述（2）的规定，应当按照调整日重新计算的实际利率在调整日至到期日的期间进行摊销，计入当期损益。而对利率风险组合的公允价值套期，在资产负债表中单列的相关项目，也应当按照调整日重新计算的实际利率在调整日至相关的重新定价期间结束日的期间摊销。采用实际利率法进行摊销不可行的，可以采用直线法进行摊销。上述调整金额应当在金融工具到期日之前摊销完毕；对于利率风险组合的公允价值套期，应当在相关重新定价期间结束日之前摊销完毕。

如果被套期项目是尚未确认的确定承诺，该确定承诺因被套期风险引起的公允价值变动累计额应当确认为一项资产或负债，相关的利得或损失应当计入当期损益，相关的套期工具公允价值变动也应当计入当期损益。而在购买资产或承担负债的确定承诺的公允价值套期中，该确定承诺因被套期风险引起的公允价值变动累计额（已确认为资产或负债），应当调整履行该确定承诺所取得资产或承担负债的初始确认金额。

套期满足下列条件之一的，企业应终止使用公允价值套期会计。

（1）套期工具已到期、被出售、合同终止或已行使。但是，套期工具展期或被另一项套期工具替换时，展期或替换是企业正式书面文件所载明的套期策略组成部分的，不作为已到期或合同终止处理。

（2）该套期不再满足运用套期会计方法的条件。

（3）企业撤销了对套期关系的指定。

2. 现金流量套期的会计处理

在财务报告期间，现金流量套期符合运用套期会计方法的条件的，应当按照以下规定进行处理。

（1）套期工具利得或损失中属于有效套期的部分，应当直接确认为所有者权益，并单列项目反映。该有效部分的金额，按以下两项的绝对金额较低者确定。

① 套期工具自套期开始的累计利得或损失；

② 被套期项目自套期开始的预计未来现金流量现值累积变动额。

（2）套期工具利得或损失中属于无效套期的部分（即扣除直接确认为所有者权益后的其他利得或损失），应当计入当期损益。

（3）在正式的风险管理策略书面文件中，如载明套期有效性评价将排除套期工具的某部分利得或损失或相关现金流量的影响，被排除的该部分利得或损失可参考金融工具的确认和计量的有关方法来确定。

如果被套期项目是预期交易，要特别强调注意预期交易必须是“很可能发生的”，并且对“很可能发生的”判断必须基于一些可观察的事实以及随后的情况，而不能仅仅依据管理层的意图。被套期项目为预期交易，且该预期交易使企业随后确认了一项金融资产或一项金融负债的，原直接确认为所有者权益的相关利得或损失，应当在该金融资产或金融负债影响企业损益的同一期间转出，计入当期损益。但是，企业预期原直接在所有者权益中确认的净损失全部或部分在未来一个或一个以上财务报告期间不能补偿的，应当将不能补偿的部分转出，计入当期损益。

被套期项目为预期交易，且该预期交易使企业随后确认一项非金融资产或一项非金融负债的，企业应当选择以下两种方式之一进行处理。

（1）原直接在所有者权益中确认的相关利得或损失，应当在非金融资产或非金融负债影响企业损益的同一期间转出，计入当期损益。但是，企业预期原直接在所有者权益中确认的净损失全部或部分在未来一个或一个以上财务报告期间不能补偿的，应当将不能补偿的部分转出，计入当期损益。

（2）将原直接在所有者权益中确认的相关利得或损失转出，计入该非金融资产或非金融负债的初始入账价值。

非金融资产或非金融负债的预期交易成为一项确定承诺时，如果该确定承诺符合采用公允价值套期会计的条件，也应当选择以上两种方式之一进行会计处理。企业选择了以上两种处理方式之一作为会计政策后，应当一致地运用于相关的所有预期交易套期保值业务，不得随意变更。

预期交易套期除以上两种情况以外的，原直接计入所有者权益中的套期工具利得或损失，应当在被套期预期交易影响损益的相同期间转出，计入当期损益。

终止使用现金流量套期会计方法的条件，基本与终止使用公允价值套期会计方法的条件相同，需要注意的是，对于预期交易套期，在套期有效期间直接计入所有者权益的套期工具利得或损失不应当转出，直到预期交易实际发生或预计不会发生。预期交易实际发生的，应按上述有关规定处理；预期交易预计不会发生的，原直接计入所有者权益中的套期工具利得或损失应当转出，计入当前损益。

3. 境外经营净投资套期的会计处理

对境外经营净投资的套期，企业应按类似于现金流量套期会计的规定处理。

（1）套期工具形成的利得或损失中，属于有效套期的部分，应当直接确认为所有者权益，并单列项目反映。处置境外经营时，上述在所有者权益中单列项目反映的套期工具利得或损失应当转出，计入当期损益。

（2）套期工具形成的利得或损失中，属于无效套期的部分，应当计入当期损益。

同时，境外经营净投资也要按照现时汇率（公允价值）进行计量，汇率变动产生的损益（即折算调整金额）列入所有者权益，并于境外经营处置时转出，计入当期损益。

六、套期的会计处理

1. 套期业务的会计处理

【例10-5】某公司于2015年12月1日买入A股票，共100 000股，每股市价20元，并将其归入可供出售金融资产。半个月后，A股每股市价为23元。为了规避股价下跌的风险，该公司于2015年12月15日买入6个月后到期的欧式看跌期权，标的物为100 000股A股票，执行价格为每股23元，支付权利金200 000元。同时，公司将该看跌期权指定为A股票的套期工具，套期的有效性以投资的公允价值变动和看跌期权的内在价值的变动作为评估基础，即不考虑期权的时间价值变化。套期期间的股票和期权价格变化如表10-7所示。假定2015年6月15日，A股票的市价为每股18元，公司行使该期权，同时对套期业务进行处理。

表10-7　　套期期间的股票和期权价格变化　　单位：元

		2015年12月1日	2015年12月15日	2015年12月31日	2016年6月15日
A股票	每股价格	20	23	22	18
	数量（股）	100 000	100 000	100 000	100 000
	总价值	2 000 000	2 300 000	2 200 000	1 800 000
欧式看跌期权	内在价值		0	100 000	500 000
	时间价值		200 000	170 000	0
	市场价格		200 000	270 000	500 000

公司对此业务的账务处理如下。

（1）2015年12月1日，对证券投资业务按公允价值进行初始确认。

借：可供出售金融资产——A股票　　2 000 000

　　贷：银行存款　　2 000 000

（2）2015年12月15日，确认股价上涨，指定A股票为被套期项目，购入看跌期权并指定为套期工具。

借：可供出售金融资产——A股票　　300 000

　　贷：其他综合收益　　300 000

借：被套期项目——A股票　　2 300 000

　　贷：可供出售金融资产——A股票　　2 300 000

借：套期工具——看跌期权　　200 000

　　贷：银行存款　　200 000

（3）2015年12月31日，确认套期工具和被套期项目的公允价值变动（注意要区分期权内在价值和时间价值变动的不同处理）。

借：套期损益　　100 000
　贷：被套期项目——A股票　　100 000
借：套期工具——看跌期权　　100 000（内在价值变动）
　贷：套期损益　　100 000
借：套期损益　　30 000
　贷：套期工具——看跌期权　　30 000（时间价值变动）

（4）2016年6月15日，确认套期工具和被套期项目的公允价值变动，同时确认行使看跌期权，并将直接计入资本公积的可供出售金融资产价值变动转出，计入当期损益。

借：套期损益　　400 000
　贷：被套期项目——A股票　　400 000
借：套期工具——看跌期权　　400 000（内在价值变动）
　贷：套期损益　　400 000
借：套期损益　　170 000
　贷：套期工具——看跌期权　　170 000（时间价值变动）
借：银行存款　　2 300 000
　贷：套期工具——看跌期权　　500 000
　　被套期项目——A股票　　1 800 000
借：其他综合收益　　300 000
　贷：套期损益　　300 000

【例10-6】某国内企业于2015年11月1日与一家美国企业签订购货合同，约定将于 2016年1月31日以60 000美元的价格购入一批原材料。该企业为规避购入原材料成本的外汇风险，于签订购货合同当天与某金融机构签订一项3个月到期的远期外汇合约，约定汇率为1美元=7.80元人民币，远期合约金额为60 000美元。2016年1月31日，该企业以净额方式结算远期外汇合约，并购入原材料。合约期间，2015年12月31日，1个月美元兑人民币的远期汇率为1美元=7.70元人民币，2016年1月31日，美元兑人民币的即期汇率为1美元=7.60元人民币。该企业的增量借款利率为6%。假定该套期符合运用套期保值准则所规定的运用套期会计的条件，并且为了简化问题，不考虑增值税等相关税费。

对上述事项的会计处理如下。

2015年11月1日，由于远期合约在定价时，对双方的公允价值均为零，故不需做账务处理，但是要将套期保值进行表外登记备忘。

2015年12月31日，确认套期工具和被套期项目的公允价值变动。

远期外汇合约的公允价值$=\dfrac{(7.70-7.80)}{1+6\%/12}\times 60\,000=-5\,970$（元），即按将付出差额进行一个月的折现。

借：套期损益　　5 970
　贷：套期工具——远期外汇合约　　5 970
借：被套期项目——确定承诺　　5 970
　贷：套期损益　　5 970

2016年1月31日，确认套期工具和被套期项目的公允价值变动，远期合约结算，同时确认对原材料的购买，并用被套期项目的余额调整原材料的入账价值。

远期外汇合约的公允价值=（7.60−7.80）×60 000=−12 000（元）

期间公允价值变动=−12 000−（−5 970）=−6 030（元）

借：套期损益　　6 030

　　贷：套期工具——远期外汇合约　　6 030

借：套期工具——远期外汇合约　　12 000

　　贷：银行存款　　12 000

借：被套期项目——确定承诺　　6 030

　　贷：套期损益　　6 030

借：原材料　　456 000

　　贷：银行存款（60 000×7.60）　　456 000

借：原材料　　12 000

　　贷：被套期项目——确定承诺　　12 000

2. 现金流量套期的会计处理

【例10-7】继续【例10-6】外汇合约的例子。根据套期保值准则，对外汇确定承诺的套期既可以划分为公允价值套期，也可以划分为现金流量套期。如果将该远期外汇合约划分为现金流量套期，则其会计处理如下。

（1）2015年11月1日，不做账务处理，将套期保值进行表外登记。

（2）2015年12月31日，确认套期工具的公允价值变动。

借：其他综合收益（套期工具价值变动）　　5 970

　　贷：套期工具——远期外汇合约　　5 970

（3）2016年1月31日，确认套期工具的公允价值变动，结算远期外汇合约，并确认原材料采购。

借：其他综合收益（套期工具价值变动）　　6 030

　　贷：套期工具——远期外汇合约　　6 030

借：套期工具——远期外汇合约　　12 000

　　贷：银行存款　　12 000

借：原材料　　456 000

　　贷：银行存款　　456 000

借：原材料　　12 000

　　贷：其他综合收益　　12 000

【例10-8】N公司于2015年1月1日借入2年期限的10 000 000美元债务，以年利率LIBOR+0.5%的利息每半年支付一次，LIBOR在每个利息支付日重新确定。因为公司没有收取浮动利息的资产，公司为了规避现金流量变动的风险，同日与某金融机构签订了一项2年期的利率互换合约。双方约定中电公司向金融机构支付名义本金相等、固定利率为4.515%（年利率）的利息，而金融机构将向中电公司支付名义本金为10 000 000美元、浮动利率为LIBOR+0.5%的浮动利息，以前一个支付日的LIBOR为准。利息每半年交换一次。

表10-8是互换合约期间的LIBOR利率。

表 10-8 互换合约期间的 LIBOR 利率

日期	LIBOR 年利率（%）
2015 年 1 月 1 日	4.015
2015 年 6 月 30 日	3.95
2015 年 12 月 31 日	4.05
2016 年 6 月 30 日	4.25
2016 年 12 月 31 日	4.15

N公司将该互换合约指定为浮动利率债务的现金流量套期工具。假定该套期完全有效，并符合应用现金流量套期会计应用的全部条件。N公司在互换期间的现金流量和互换的公允价值计算如表10-9所示。

表 10-9 现金流量和互换的公允价值计算

日期	浮动利率=LIBOR+0.5%	浮动利率与固定利率的差额	实际收取（支付）的现金（元）	互换的公允价值——以 LIBOR+0.5% 折现的净现值（元）	互换的公允价值变动额（元）
2015 年 1 月 1 日	4.515%	0	0	0	0
2015 年 6 月 30 日	4.45%	0.065%	0	（9 332）	（9 332）
2015 年 12 月 31 日	4.55%	-0.035%	（3 250）	3 384	12 716
2016 年 6 月 30 日	4.75%	0.235%	1 750	11 477	8 093
2016 年 12 月 31 日			11 750	0	（11 477）

每期的公允价值都在期初时进行确认，但双方发生实际的交换行为却发生在期末。

N公司在套期期间应做的会计分录如下。

（1）2015年1月1日，记录公司借入浮动利率借款，并将其指定为被套期项目。而由于作为套期工具的利率互换合约的公允价值为0，所以不需要做会计分录，但是应该进行登记备忘。

借：银行存款　　10 000 000
　　贷：长期借款　　10 000 000
借：长期借款　　10 000 000
　　贷：被套期项目——长期借款　　10 000 000

（2）2015年6月30日，记录支付的浮动利率现金利息，同时记录套期工具公允价值的变动。

借：财务费用（10 000 000×4.515%÷2）　　225 750
　　贷：银行存款　　225 750
借：其他综合收益　　9 332
　　贷：套期工具——利率互换　　9 332

（3）2015年12月31日，记录支付的浮动利率现金利息和互换合约的净额结记录套期工具公允价值的变动。

借：财务费用（10 000 000×4.45%÷2）　　222 500
　　贷：银行存款　　222 500
借：财务费用　　3 250
　　贷：银行存款　　3 250

借：套期工具——利率互换　　12 716

　　贷：其他综合收益　　12 716

（4）2016年6月30日，记录支付的浮动利率现金利息和互换合约的净额结算，同时记录套期工具公允价值的变动。

借：财务费用（10 000 000×4.55%÷2）　　227 500

　　贷：银行存款　　227 500

借：银行存款　　1 750

　　贷：财务费用　　1 750

借：套期工具——利率互换　　8 093

　　贷：其他综合收益　　8 093

（5）2016年12月31日，记录支付的浮动利率现金利息和互换合约的净额结算，同时记录套期工具公允价值的变动，以及偿还长期借款。

借：财务费用（10 000 000×4.75%÷2）　　237 500

　　贷：银行存款　　237 500

借：银行存款　　11 750

　　贷：财务费用　　11 750

借：其他综合收益　　11 477

　　贷：套期工具——利率互换　　11 477

借：被套期项目——长期借款　　10 000 000

　　贷：银行存款　　10 000 000

上例中，由于企业采取收取浮动利息、支付固定利息的互换合约将浮动利率负债转换成了固定利率负债，因此，每期实际付出的利息费用金额相等。因为上例中假设套期不存在任何无效部分，所以，套期工具的所有公允价值变动损益都计入所有者权益。同时，由于互换的公允价值在互换合约到期日变为0，计入所有者权益的公允价值变动损益最终也变为0，因此不存在转出到当期损益的问题。

3. 境外经营净投资套期的会计处理

【例10-9】2015年10月1日，M公司在其境外子公司有一项境外净投资，价值 1 000万美元，此时美元兑人民币的汇率为7.76RMB/USD。为了规避境外经营净投资的外汇风险，中经公司与某境外金融机构签订了一项外汇远期合约，约定2016年4月1日卖出美元1 000万元，约定汇率为7.73RMB/USD。该企业每个季度对境外经营净投资余额进行检查，并根据检查结果调整对净投资价值的套期。2015年12月31日，即期汇率为7.66RMB/USD；2016年4月1日，汇率为7.56RMB/USD。企业在评价套期有效性时，将远期合约的时间价值排除在外得到2015年12月31日和2016年4月1日远期合约的公允价值变动分别为70万元和170万元。假定上述套期满足运用套期会计方法的所有条件（2015年末，该项净投资实际为900万美元）。

M公司的会计处理如下。（单位：万元）

（1）2015年10月1日，由于外汇远期合约的公允价值为0，因而不做处理。

（2）2015年12月31日，确认远期合约的公允价值变动。

借：套期工具——远期外汇合约　　70

　　贷：其他综合收益　　70

借：其他综合收益　　70
　　贷：外币报表折算差额　　63（有效套期为90%）
　　　　财务费用　　7
借：衍生工具——远期外汇合约　　70
　　贷：套期工具　　70

（3）2016年4月1日，确认远期合约的公允价值变动。

借：衍生工具——远期外汇合约　　100
　　贷：财务费用——汇兑损失　　100

若实际交割：

借：银行存款　　7 730
　　贷：银行存款——美元　　7 560
　　　　衍生工具——远期外汇合约　　170

若年末对子公司净投资超过1 000万美元，为不足额套期，年末前套期工具价值变动，均调“外币报表折算差额”，至4月份该工具价值变动调“财务费用”。

复习思考题

1. 什么是衍生金融工具？它有什么特点？
2. 衍生金融工具一般有哪几种？各有什么特点？
3. 如何理解套期？
4. 怎样区分公允价值套期与现金流量套期？

实务练习题

1. 某企业于2015年12月8日以180 000元价格卖出一项股票指数期货，初始保证金为10%，维持保证金不低于初始保证金的80%，12月25日买入相同该合约，买入价格为172 000元。该期货合约价值变动如表10-10所示。

表10-10

日期	期货价格	浮动损益	持仓损益
12月8日	180 000		
12月15日	179 000		
12月22日	175 000		
12月25日	172 000		

要求：

（1）根据盯市原则，及时反映持仓损益。

（2）计算平仓损益以及必要的会计处理。（不考虑手续费）

2. 某出口企业在2015年5月2日与国外某公司签订一销售合同，合同标的为200万美元。交货、结算日期为7月31日。为规避现金流量风险，出口商于5月2日签订90天远期汇率为6.75，卖出200万美元外汇合约。汇率如下。

5月2日 即期汇率 6.80

5月31日 远期汇率 6.78

6月30日 远期汇率 6.76

7月31日 即期汇率 6.74

要求：按现金流量套期进行会计处理。

3. 某出口商于2015年11月3日向美国进口商销售一宗商品，售价200万美元，合同要求进口商应于2016年2月1日支付货款。出口商于2015年11月3日与经纪公司签订一项按90天远期汇率卖出200万美元的远期外汇合约，以避免该笔应收款可能承受的汇率风险。有关汇率如下。

2015年11月3日，人民币兑美元即期汇率：6.85

远期汇率：6.75

2015年12月31日 即期汇率 6.80

2016年2月1日 即期汇率 6.72

要求：对公允价值套期保值进行会计处理。

教师服务登记表

* 填表日期：________年___月___日

尊敬的老师：

您好！感谢您购买我社出版的____教材。

我社为进一步加强与高校教师的沟通与合作，更好地为高校教师提供优质的教学服务，特附此登记表，请您填妥后回复给我们，我们将定期向您寄送我社最新的图书出版信息。

感谢您对我社图书的关注与支持！

个人资料（**请准确填写**）

☆院校信息		☆教师信息			
*学　校		*姓　　名		*性　　别	□男　□女
*学　院		出生年月		*职　　务	
*系　所		*职　　称	□教授　□副教授　□讲师　□助教		
*教研室		*办公电话		*E-mail	
*邮　编		家庭电话		*手　机	
*通　信　地　址	省　　　市　　　区／县________________				

☆讲授课程信息

主讲课程			作者及出版社	共同授课教　师	教材满意度
课程 1					□希望更换 □不满意 □一般 □满意
层　　次	学生人数	学　　期			
□专□本□研	人/学期	□春　□秋			
课程 2					□希望更换 □不满意 □一般 □满意
层　　次	学生人数	学　　期			
□专□本□研	人/学期	□春　□秋			

☆图书出版信息

已出版著作		
著书计划	方向一	
	方向二	

☆样书申请信息

*书号（ISBN）	*书名	作者	索要样书说明	学生人数
978-7-115			□教材 □参考	人/学期
978-7-115			□教材 □参考	人/学期

☆意见和建议

对本书的意见或建议	
其他意见或建议	

填妥后请选择以下任何一种方式将此表返回：（如方便请赐名片）

地址：北京市丰台区成寿寺路 11 号邮电出版大厦 教育出版中心　　　邮编：100164

电话：（010）81055215　　　E-mail：xujinxia@ptpress.com.cn

图书详情可登录 http:// www.ryjiaoyu.com 网站查询